基于灾情信息特征的
应急物流
决策优化模型研究

OPTIMIZATION MODELS IN EMERGENCY
LOGISTICS DECISIONS BASED ON CHARACTERISTICS OF
DISASTER SITUATION INFORMATION

葛洪磊◎著

ZHEJIANG UNIVERSITY PRESS
浙江大学出版社
·杭州·

图书在版编目(CIP)数据

基于灾情信息特征的应急物流决策优化模型研究／
葛洪磊著. —杭州:浙江大学出版社,2024.5
ISBN 978-7-308-24712-2

Ⅰ.①基… Ⅱ.①葛… Ⅲ.①突发事件－物流－系统
决策－优化模型－研究 Ⅳ.①F252.1

中国国家版本馆 CIP 数据核字(2024)第 052492 号

基于灾情信息特征的应急物流决策优化模型研究
葛洪磊 著

责任编辑	杨　茜	
责任校对	许艺涛	
封面设计	雷建军	
出版发行	浙江大学出版社	
	(杭州市天目山路 148 号　邮政编码 310007)	
	(网址:http://www.zjupress.com)	
排　　版	杭州星云光电图文制作有限公司	
印　　刷	杭州钱江彩色印务有限公司	
开　　本	710mm×1000mm　1/16	
印　　张	18	
字　　数	265 千	
版 印 次	2024 年 5 月第 1 版　2024 年 5 月第 1 次印刷	
书　　号	ISBN 978-7-308-24712-2	
定　　价	88.00 元	

推荐序

突发事件指突然发生,造成或者可能造成重大人员伤亡、财产损失、生态环境破坏和社会危害,危及公共安全的事件。突发事件包括自然灾害、事故灾难、公共卫生事件和社会安全事件等。我国是世界上自然灾害最严重的国家之一,灾害种类多,地震、洪水、台风等灾害均时有发生,灾害损失严重。突发事件发生后,灾民面临着衣、食、住、行、用、医等各方面困难,需要及时进行应急救济,快速、高效、公平地进行物流决策,以减少灾民的财产损失,保障生命安全。鉴于此,本书研究了在应急管理中如何兼顾效率和公平来进行应急物流决策,以更好地满足受灾人员需求,减少受灾人员的损失,具有重要的现实意义。

葛洪磊博士是我指导的 2008 级在职博士研究生,他于 2008 年秋季以优异的成绩加入我的研究团队,入学后就开始关注应急物流方面的研究。在校期间,他作为研究骨干参与了我主持的国家自然科学基金面上项目"城市应急物流中不完全扑灭的多商品分配问题研究"、重大研究计划培育项目"基于组群信息刷新的非常规突发事件资源配置优化决策研究",取得了若干优秀成果。我和葛洪磊博士合作,先后在《系统工程理论与实践》《管理工程学报》等一级刊物上发表了多篇学术论文,并出版了学术专著《应急资源配置决策的理论、方法及应用》。毕业后,葛洪磊博士更加专注于应急物流,尤其是针对突发性公共卫生事件的应急物流决策优化的研究。我很高兴地看到,作为浙江省哲学社会科学重点研究基地(临港现代服务业与创意文化研究中心)的系列研究成果,葛洪磊博士的专著《基于灾情信息特征的应急物流决策优化模型研究》即将出版。

该书综合运用物流系统理论、区域灾害系统论、应急管理理论、统计决策理论与复杂系统理论等多种理论,基于突发事件的演化规律,分析应急管理中应急准备、应急响应、应急恢复等三个阶段的灾情信息特征,基于应急管理不同阶段灾情信息特征、决策问题、决策特征和决策准则,建立了以受灾人员损失最小为主要目标的五类应急物流决策优化模型,设计了模型的有效算法并给出算例,证实了模型的科学性和有效性。全书在系统性、理论体系的创新性、研究方法的多样性及应用范围的广泛性等方面具有诸多特色和创新。

第一是系统性。整本书围绕应急管理周期、灾情演化周期、应急物流决策周期三个相互关联的系统递进展开,逐步深入,在以上三个周期演化特征的基础上分别建立了五类应急物流决策模型。其中灾情演化周期是主线,通过灾情的不断演化,将应急管理周期和应急物流决策周期联系起来。由于灾情的不断演化,应急管理划分为不同的阶段,应急物流决策的决策问题、决策特征和决策准则也在不断调整,进而需要建立起五类不同的应急物流决策模型,以解决不同的应急物流决策问题。

第二是理论体系的创新性。首先,该书提出了基于应急管理不同阶段灾情信息特征进行应急物流决策建模的观点,体现了"模型的粗糙度与不完备信息度应该相匹配"的建模思想。基于灾情信息特征、决策问题、决策特征和决策准则,提出了在各个应急管理阶段中进行应急物流决策的具体建模方法。其次,提出了应急物流决策的反馈式"情景—应对"决策方法。基于突发事件演化与应急物流动态决策存在交互与反馈关系的复杂性特征,建立了突发事件演化与应急物流动态决策的仿真模型,体现了"灾害情景—应急决策……灾害情境—应急决策"的反馈式"情景—应对"决策方法。

第三,研究方法的多样性。该书运用了多种信息处理和建模方法,以解决突发事件不同情景下的灾情演化和应急物流决策问题。在应急准备阶段采用了随机规划建模方法,在应急响应阶段的"黑箱"期运用了D-S证据理论进行信息处理,在应急响应阶段初期使用贝叶斯序贯决策建模方法,在应急响应阶段中后期应用了动态仿真建模方法,在应急恢复阶段综合运用了线性规划、非线性规划和多目标规划等建模方法。上述建模方法有效解决了相应的应急物流决策问题,其中两阶段随机规划模型、贝叶斯序贯决策模型、动态仿真模型在应急物流决策研究领域具有一定的创新性。

第四,应用范围的广泛性。该书所构建的五类应急物流决策优化模型针对地震、化学储罐爆炸事故、新冠疫情等案例进行了算例分析,涵盖了自然灾害、事故灾难、公共卫生事件等三类突发事件,包括瞬时型、延续型两种类型的突发事件。

应急管理和应急物流决策研究的最终目的是帮助政府和其他应急管理组织有效地预防突发事件,减轻人类痛苦,保障人的生命、健康和尊严。该书可为高等院校、科研院所从事应急和风险管理、公共管理、物流管理等专业的教师、研究人员和研究生提供参考,也可供政府应急救援和管理部门的技术人员参考。

刘　南

浙江省物流管理和工业工程类专业教学指导委员会副主任委员

曾任浙江大学物流与决策优化研究所所长、

管理学院管理科学与工程学系主任

自　序

庄子说过,"吾生也有涯,而知也无涯"。一个人穷其一生,对于某一个领域的研究也只能是管中窥豹。所以,对于出版一本专著,我一直怀着忐忑的心情,总是担心言不尽意,误导了读者。走过学校阳明学堂,我又一次看到了王阳明先生的四句教诲:"无善无恶心之体,有善有恶意之动,知善知恶是良知,为善去恶是格物。"我从读博士开始到现在,在应急物流领域的探索和研究已有十多年了,完成了几项课题,发表了一些论文,也算是格了不少"应急物流"方面的"物"了。但回过头来想,这些格物有多少是"为善去恶"的呢?似乎很少,大多是带着名利心去做的,因此感到很惭愧。但是阳明先生给了我勇气,来重新整理这些研究成果,因为"无善无恶心之体,有善有恶意之动"。我将重新专注在这些文字和研究上,将出版这本专著的目的提升一些,希望这些研究成果能够用于减轻突发事件给人们带来的生命、财产和精神损失。

本书综合运用了物流系统理论、区域灾害系统论、应急管理理论、统计决策理论与复杂系统理论,分析灾害演化规律,分析应急管理中应急准备、应急响应、应急恢复等三个阶段的灾情信息特征,基于应急管理不同阶段的灾情信息特征、决策问题、决策特征和决策准则,建立了以受灾人员损失最小为主要目标的应急物流决策优化模型,设计了模型的有效算法并给出算例,分析了模型特征及变量之间的关系。本书的研究内容主要包括:

(1)研究应急管理不同阶段灾情信息的特征。从灾情信息的动态性和不确定性出发,对应急管理不同阶段的孕灾环境、致灾因子、承灾体和防灾减灾等灾情信息的特性分别进行了分析。

(2)分析了应急管理不同阶段应急物流决策框架和建模方法,提出了基于应急管理不同阶段灾情信息特征进行应急物流决策建模的观点。基于灾情信息特征、决策问题、决策特征和决策准则，提出了在各个应急管理阶段进行应急物流决策的具体建模方法。

(3)在应急准备阶段，构建了灾害情景，建立了应急物流决策的随机规划模型。以灾情信息作为情景要素，提出了灾情信息分类与组合两阶段灾害情景构建方法和相应的构建步骤。针对应急准备阶段灾情信息具有静态不确定性的特征，基于灾害情景，建立了一个两阶段随机规划模型，进行应急物资的设施定位决策、应急物资库存决策和不同灾害情景下应急物资的预分配决策，设计了有效的算法，并基于四川地震带的相关数据给出了算例。

(4)在应急响应阶段的"黑箱"期，基于D-S证据理论建立了应急物流决策优化模型。在应急响应阶段的"黑箱"期，灾情信息具有多源性和部分无知性，这给应急物流的科学决策带来了困难。将D-S证据理论与运筹学模型结合起来，构建了一个多出救点、单受灾点的三阶段应急物流决策优化模型。第一阶段进行灾情信息的证据表达、证据组合与概率转换；第二阶段根据灾情信息的概率分布求解最优应急资源调配量；第三阶段根据最优应急资源调配量确定出救点和调配方案。结合一个重大安全事故进行了算例分析，验证了模型的有效性。

(5)在应急响应的初期，构建了应急物流决策的贝叶斯序贯决策模型。随着应急响应工作的开展，突发事件灾情信息不断被观测和更新。此时将决策时间的确定和决策方案的制订纳入一个系统框架，建立了应急物流决策问题中多出救点选择的贝叶斯决策模型，确定灾情信息最大观测周期、各决策周期应急方案最优决策时间、总的最优物资分配量、出救点及其物资供应量，以使各决策周期的总损失最小、应急时间最短。使用随机模拟和贝叶斯分析方法进行求解，给出了地震和新冠疫情两个算例，并进行了数值仿真。

(6)在应急响应阶段中后期，构建了应急物流决策的仿真模型。随着对突发事件灾情信息的进一步观测和更新，突发事件的关键信息和演化规律被初步掌握，可以建立相应的仿真模型来模拟突发事件的演化情景。此时应急物流的动态决策与突发事件的动态演化产生了复杂的交互和反馈,使用动态仿真方法比较适合解决这一应急物流决策问题。以传染病疫情演化与应急物流动态决策为研究对象,综合使用基于 Agent 的建模、离散事件建模和系统动力学建模等三类仿真建模方法,构建了疫情动态演化下的应急物流动态决策仿真模型,求解应急物资供应、应急物资采购、应急物资配送等决策方案,结合 2020 年武汉的新冠疫情进行了动态仿真分析。

(7)在应急恢复阶段,构建了应急物流决策的效率—公平模型。在应急恢复阶段,应急物流决策的公平性尤为重要和突出。首先,归纳了四类资源分配效率—公平模型。其次,建立一个不包含公平目标或公平约束的单出救点、多受灾点、多种物资的应急物流决策效率模型作为基础模型。最后,依次建立具有非线性目标函数的效率模型、具有公平约束的效率模型、具有多目标的效率—公平模型等。这些模型基本使用同样的目标函数或约束条件,以便于相互比较。

本书能够顺利出版,首先要感谢我的博士生导师刘南教授,他的学术精神和人格魅力对我影响很大,没有他的悉心指导,我不可能完成这本专著。其次,我要感谢我的家人、同事和学生,他们给了我各方面的支持和帮助。最后,感谢浙江省哲学社会科学重点研究基地(临港现代服务业与创意文化研究中心)、浙大宁波理工学院商学院对于本书出版的大力支持。感谢浙江大学出版社的杨茜编辑,她工作严谨细致、精益求精,给了我很大帮助。

鉴于作者水平有限,本书的错误和不当之处在所难免,敬请各位专家和读者批评指正!

目　录

第一章　绪　论

第一节　研究背景

突发事件指突然发生,造成或者可能造成重大人员伤亡、财产损失、生态环境破坏和严重社会危害,危及公共安全的事件。突发事件包括自然灾害、公共卫生事件、社会群体事件等。我国是世界上自然灾害最严重的国家之一,灾害种类多,地震、洪水、台风等灾害均时有发生;分布地域广,我国70%以上的城市、50%以上的人口分布在气象、地震、地质和海洋等自然灾害严重的地区;发生频率高,我国受季风气候影响,气象灾害频繁,是多地震国家,森林和草原火灾时有发生;灾害损失严重,2011年到2020年,我国平均每年因各类自然灾害造成约2.35亿人(次)受灾,直接经济损失平均超过3600亿元。除突发性自然灾害外,公共卫生事件、生产事故、交通事故、森林火灾等突发事件也时有发生,给人民的生命和财产造成很大损失。根据国家统计局发布的《中华人民共和国2022年国民经济和社会发展统计公报》,2022年全年农作物受灾面积为1207万公顷,其中绝收135万公顷。全年因洪涝和地质灾害造成直接经济损失1303亿元,因干旱灾害造成直接经济损失513亿元,因低温冷冻和雪灾造成直接经济损失125亿元,因海洋灾害造成直接经济损失24亿元。全年大陆地区共发生5.0级以上地震27次,造成直接经济损失224亿元。

1

全年共发生森林火灾 709 起,受害森林面积约为 0.5 万公顷。全年各类生产安全事故共死亡 20963 人。工矿商贸企业就业人员 10 万人生产安全事故死亡人数为 1.097 人,煤矿百万吨死亡人数为 0.054 人,道路交通事故万车死亡人数为 1.46 人。

在突发事件发生后,灾民面临着衣、食、住、行、用、医等各方面困难,需要及时进行应急救济,以减少灾民的财产损失,保障生命安全。应急物资储备、运输、分配等应急物流活动为应对突发事件,提升应急救援、减灾救灾能力提供了物质基础。以地震灾害为例,根据汶川特大地震新闻发布会的数据,自 2008 年 5 月 12 日至 6 月 17 日,共下拨帐篷 94.40 万顶,彩条布 2909.11 万平方米,帆布 682.52 万平方米,油毡 18 万平方米,方便食品 42990 吨,饮用水 44672 吨,粮油 12.05 万吨,肉类 2789 吨,棉被(絮)241.37 万床,衣物 114.05 万件,成品油 25.14 万吨;累计建成援建活动板房 166281 套、材料运抵现场待建 110624 套。以新冠疫情为例,自 2020 年 1 月 27 日至 5 月 27 日,全国通过铁路、公路、水运、民航、邮政快递等运输方式累计向湖北地区运送医疗酒精、消毒液、医疗器械、口罩、测温仪、应急帐篷、防护服等防疫物资和生活物资 171.56 万吨,运送电煤、燃油等生产物资 377.65 万吨。可见,有效的应急物流决策保证了在抗震救灾和抗疫过程中及时实施各项救助、安置措施,全力抢救和安置受灾群众,努力恢复灾区生产,保障抗震救灾和抗疫工作取得重大胜利。

在这种情况下,党和国家日益重视应急体系的构建和应急管理工作。"十三五"时期,我国各地区、各有关部门以习近平新时代中国特色社会主义思想为指导,认真贯彻落实党中央、国务院决策部署,推动应急管理事业改革发展取得重大进展,改革完善应急管理体制,组建应急管理部,强化了应急工作的综合管理、全过程管理和力量资源的优化管理,增强了应急管理工作的系统性、整体性、协同性,初步形成统一指挥、专常兼备、反应灵敏、上下联动的中国特色应急管理体制。对标全灾种、大应急任务需要,加大先进、特种、专用救援装备配备力度,基本建成中央、省、市、县、乡五级救灾物资储备体系,完善全国统一报灾系统,加强监测预警、应急通信、紧急运输等保障能力建设,灾害事故综合应急能力大幅提高,成功应对了多次重特大事故灾害,经受住了一系列严峻考验。但是目前我国应急管理基础依然薄弱,科技信息化水平总体较低,风险隐患早期感知、早期识别、早期预警、早期发布能力欠缺,应急物资、应急通信、指挥平台、装备配备、紧急运输、远程投送等保障尚不完善。

国务院 2022 年 2 月发布的《"十四五"国家应急体系规划的通知》明确指出,到 2035 年,建立与基本实现现代化相适应的中国特色大国应急体系,全面实现依法应急、科学应急、智慧应急,形成共建共治共享的应急管理新格局;提出要强化应急物资准备,包括优化应急物资管理、加强物资实物储备、提升物资产能保障;强化紧急运输准备,加快建立储备充足、反应迅速、抗冲击能力强的应急物流体系;强化救助恢复准备等。党的二十大报告提出,要提高防灾减灾救灾和重大突发公共事件处置保障能力,加强国家区域应急力量建设。

应急管理和应急物流决策研究已经成为当前管理、信息、生命和灾害等学科交叉研究的热点领域。但大部分研究都是研究在突发事件的某一假设情景下应急资源如何进行配置,而很少考虑突发事件的整个演化过程和规律。突发事件的一个特点是灾情及相关信息是不断变化的,这些信息主要包括突发事件的灾害程度、发生频率、持续时间、区域范围、起始速度、空间扩散等特性信息,以及应急资源的储备、供应、运力、运输方式等相关信息。突发事件发生后,灾情信息往往是零散的、冲突的、不确定的,随着灾情的演化和灾情信息的不断获得,灾情信息变得更加充分、统一和确定。因此,使用灾情信息的演化特点可以描述完整的突发事件演化过程和应急管理过程,基于应急管理不同阶段的灾情特征建立应急物流决策模型,可以为构建突发事件应急管理理论体系提供一类合理的途径。

第二节　研究目的与研究意义

一、研究目的

本书综合运用物流系统理论、区域灾害系统论、应急管理理论、统计决策理论与复杂系统理论,基于灾害演化规律分析应急管理的应急准备、应急响应、应急恢复等三个阶段的灾情信息特征,基于应急管理不同阶段的灾情信息特征、决策问题、决策特征和决策准则,建立以受灾人员损失最小为主要目标的应急物流决策优化模型,设计模型的算法并给出算例,分析模型特征与变量之间的关系,为构建应急管理理论体系贡献力量,为提升我国应急管理水平提供政策启示。本书研究的最终目的是希望帮助政府和其他应急管理组织有效地预防突发事件,减轻人类痛苦,保障人的生命、健康和尊严。

二、研究意义

本书的研究具有以下意义:

(1)本书拟利用灾害科学、管理科学、信息科学、统计决策分析、复杂系统等多个相关学科的知识进行交叉和集成研究,有利于完善对突发事件应急管理客观规律的科学认识。

(2)本书基于"模型的粗糙度与不完备信息度应该相匹配"的建模思想,提出了基于应急管理阶段灾情信息特征进行应急物流决策建模的观点,给出了不同应急管理阶段的信息特征、应急物流决策类型及决策方法(模型)之间的关系,对于应急管理优化建模具有一定的指导意义。在此基础上,进一步提出了基于应急管理不同阶段灾情信息特征、决策问题、决策特征和决策准则确定应急物流决策建模方法的选择框架,这一框架贯穿了整个应急管理周期、灾情演化周期、应急物资决策周期,对于其他应急物流决策问题或应急管理问题选择合理的建模方法具有一定的指导意义。

(3)本书基于突发事件演化过程和灾情信息特征对应急物流决策进行建模优化,并结合四川地震带、新冠疫情、重大安全事故的案例进行实证分析和模拟仿真,努力实现管理科学理论与工程应用的结合,为加强中央和地方抗灾救灾物资储备网络建设、提升救灾物资运输保障能力、建立科学的应急物流管理制度提供理论支持和政策启示。

第三节　研究技术路线

本书的研究思路如下:整个研究围绕应急管理周期、灾情演化周期、应急物流决策周期三个相互关联的系统递进展开,逐步深入,在以上三个周期演化特征的基础上建立应急物流决策模型。在应急管理周期中,将应急管理分为三个阶段:应急准备、应急响应、应急恢复,分析其主要的应急物流活动。在灾情演化周期中,从灾情信息的动态性和不确定性出发,分析不同应急管理阶段孕灾环境、致灾因子、承灾体和防灾减灾等灾情信息的特性。在应急物流决策周期中,分析应急管理各阶段应急物流的决策问题、决策特征和决策准则。最后,基于应急管理不同阶段的灾情信息特征、应急物流决策问题、决策特征和决策准则进行应急物流决策建模,求解应急物流决策方案。基于这一研究思路,本书的关键技术路线如图 1.1 所示。

第四节　研究内容

第一章:绪论。提出本书的研究背景、研究目的和研究意义,介绍本书的研究思路、关键技术路线图、研究内容、研究方法、主要创新点。

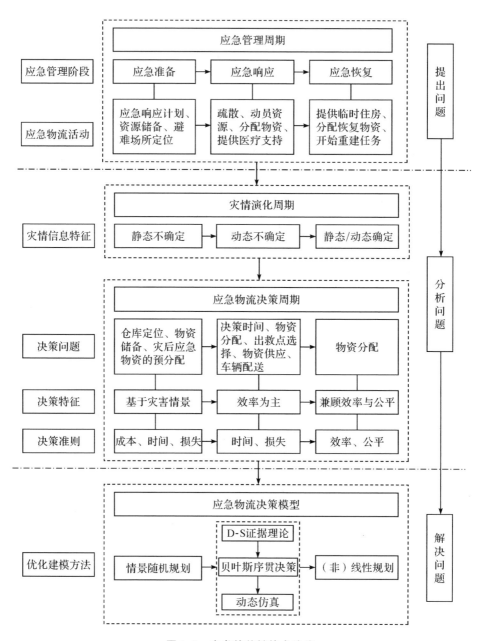

图 1.1　本书的关键技术路线

　　第二章：主要概念与相关研究。主要介绍突发事件、灾情信息、应急物资、突发事件的情景、应急管理、应急物流等概念，归纳应急物流决策方面的最新研究进展,为应急物流决策问题分析和决策模型构建提供理论基础。

第三章:应急管理不同阶段灾情信息特征与应急物流决策建模方法。从灾情信息的动态性和不确定性出发,对应急管理不同阶段的孕灾环境、致灾因子、承灾体和防灾减灾等灾情信息的特性分别进行分析。提出基于应急管理不同阶段灾情信息特征进行应急物流决策建模的观点,给出不同应急管理阶段的信息特征、应急物流决策类型与决策方法之间的关系。然后分别基于应急准备、应急响应和应急恢复三个阶段的灾情信息特征、决策问题、决策特征和决策准则,提出在各个应急管理阶段进行应急物流决策的具体建模方法。

第四章:应急准备阶段应急物流决策的随机规划模型。针对应急准备阶段灾情信息具有静态不确定性的特征,首先提出以灾情信息作为情景要素,通过灾情信息分类与组合来构建灾害情景的方法。然后建立一个基于情景的两阶段随机规划模型,进行应急物资的设施定位决策、应急物资库存决策和不同灾害情景下的应急物资预分配决策,设计有效的算法,并基于四川地震带的相关数据给出算例。

第五章:应急响应阶段基于 D-S 证据理论的应急物流决策模型。在应急响应阶段的"黑箱"期,灾情信息具有多源性和部分无知性,这给应急物流的科学决策带来了困难。将 D-S 证据理论与运筹学模型结合起来,构建了一个多出救点、单受灾点的三阶段应急物流决策优化模型:第一阶段进行灾情信息的证据表达、证据组合与概率转换,第二阶段根据灾情信息的概率分布求解最优应急资源调配量,第三阶段根据最优应急资源调配量确定出救点和调配方案。本书给出了求解步骤,并结合一个重大安全事故进行了算例分析,验证了模型的有效性。

第六章:应急响应阶段应急物流决策的贝叶斯序贯决策模型。基于应急响应阶段初期应急物流决策属于不可逆决策的特征及突发事件灾情信息不断观测和更新的特征,将决策时间的确定和决策方案的制订纳入一个系统框架,建立了应急物流决策问题中多出救点选择的贝叶斯序贯决策模型,确定灾情信息最大观测周期、各决策周期应急方案的最优决策时间、最优物资分配量、出救点及其物资供应量,以使各决策周期的总损失最小、应急时间最短。使用随机模拟和贝叶斯分析方法进行求解,给出算例并进行仿真。

第七章:应急响应阶段应急物流决策的仿真模型。随着对突发事件灾情信息的进一步观测和更新,突发事件的关键信息和演化规律被初步掌握,可以建立相应的仿真模型来模拟突发事件的演化情景。此时应急物流的动态决策与突发事件的动态演化产生复杂的交互和反馈作用,使用动态仿真方法比较适合解决这一复杂系统的应急物流决策问题。以传染病疫情演化与应急物流动态决策为研究对象,综合使用基于 Agent 的建模、离散事件建模和系统动力学建模等三类仿真建模方法构建了疫情动态演化下的应急物流动态决策仿真模型,求解应急物资供应、应急物资采购、应急物资配送等决策方案,结合 2020 年武汉的新冠疫情进行了动态仿真分析。

第八章:应急恢复阶段应急物流决策的效率—公平模型。在应急恢复阶段应急物流决策的公平性尤为重要和突出。在归纳资源分配的效率—公平模型的基础上,首先建立一个不包含公平目标或公平约束的单出救点、多受灾点、多种应急物资的应急物流决策效率模型作为基础模型,以便于和其他效率—公平模型相对比。然后,依次建立具有非线性目标函数的效率模型、具有公平约束的效率模型、具有多目标的效率—公平模型等。这些模型基本使用同样的目标函数或约束条件,以便于相互比较。

第九章:研究结论及展望。总结本书的研究结论,并对下一步研究做出展望。

第五节　研究方法

本书主要采用文献总结法、实地调查法、案例分析法和建模优化法等方法进行研究。

1. 文献总结法

对突发事件、应急管理、应急物资、灾情信息、应急物流等相关研究文献进行归纳和总结,了解前人在该领域的研究成果,同时分析其存在的不足,并在此基础上提出作者认为更加合理的理论框架。

2.实地调查法

对 2008 年汶川地震重灾区四川崇州市、都江堰市等地民政部门和灾民进行调研,了解应急物资的供应与分配情况;对宁波市民和社区的应急物资储备情况进行调研,了解应急物资的基层储备情况;通过调研获得了相关统计数据和历史资料,并在算例中进行应用。

3.案例分析法

主要对汶川地震、玉树地震、近几年登陆的台风、武汉的新冠疫情等突发事件进行跟踪式案例分析,通过综合各个突发事件的演化过程和应急措施来抽象出突发事件的演化规律及灾情信息的主要特征。

4.建模优化法

在应急准备、应急响应、应急恢复三个阶段分别建立基于情景的两阶段随机规划模型、基于 D-S 证据理论的决策模型、贝叶斯序贯决策模型、动态仿真模型、效率—公平模型等五类模型,并根据模型特点设计科学合理的算法进行求解。

第六节　研究创新

应急管理相关研究对应急管理知识的贡献可以分为三类:建立模型、理论创新和开发应用工具(Altay & Green,2006)。建立模型是指建立一个分析模型,对应急管理问题进行求解和分析或估计产出。理论创新是指检验假设、分析系统行为或提供一个框架,以加深我们对于这一领域某些问题的理解。开发应用工具是指开发一个计算工具或原型。本书力求在建立模型和理论创新方面有所贡献。

一、建立模型

本书基于应急管理不同阶段中灾情信息的特征、应急物流决策问题、决策特征和决策准则建立了不同的应急物流决策模型,并分析了各类模型的特征,设计了有效的算法。本书建立的各类模型具有严密的逻辑关系,模型假设更加符合现实情况,模型以受灾损失最小作为主要目标,目标更加合理,设计的算法更有效率,模型算例尽量使用现实数据,便于决策者更有效地制订出应急物流决策方案。

1. 应急准备阶段

在应急准备阶段,基于突发事件灾情信息具有静态不确定的特征,构建灾害情景,建立了一个应急设施选址、应急物资库存与分配决策的两阶段随机规划模型,该模型与之前的模型相比,考虑了更多的不确定信息和随机变量,模型更加复杂,与现实更加接近。在现有的类似的两阶段随机规划模型中,大部分都假设 1~2 个灾情信息是不确定的,考虑 1~2 个随机变量,问题相对比较简单。而本书考虑了地震灾害的灾害等级、时间和空间等致灾因子的不确定性,以及由此导致的受灾人口和应急物资需求的不确定性、运输道路损毁的不确定性、应急设施损毁的不确定性、承灾体脆弱性的不确定性等多种不确定信息,使用了受灾比例、受灾点系数、仓库应急物资的可用比例、应急运输时间与正常运输时间比例等 4 个随机变量,在算例中,决策变量达到 3976 个,问题比较复杂,因此模型也更加接近现实决策。在求解该复杂模型时,将第一阶段选址—库存模型转化为一个无约束非线性优化模型,对于第二阶段的供需匹配模型,则提出了"势能抵消算法"。同时,在算例中查找了大量的统计数据和科学研究数据,在能够获得实际数据的前提下尽量采用现实数据,努力实现管理科学与管理工程的结合。

2. 应急响应阶段

在应急响应阶段的"黑箱"期,基于突发事件灾情信息具有多源性和部分无知性的特征,将 D-S 证据理论与运筹学模型结合起来,构建了一个多出救点、单受灾点的三阶段应急物流决策优化模型,将多源、部分无知的灾情信息纳入应急物流决策框架。在应急响应阶段的"黑箱"期,通过 D-S 证据理论可以将灾情信息集合的信度转换成灾情信息的概率分布,为应急响应阶段初期建立贝叶斯序贯决策模型提供了灾情信息的基础。

在应急响应阶段初期,基于突发事件灾情信息不断观测和更新的特征及应急物流决策不可逆的特征,将决策时间的确定和决策方案的制订纳入一个系统框架,建立了一个贝叶斯序贯决策分析与运筹优化决策分析的两阶段模型,将动态更新的灾情信息纳入应急物流决策框架,求解单周期与多周期的应急物流决策问题,确定灾情信息最大观测周期、各决策周期应急方案最优决策时间、总的最优物资分配量、出救点及其物资供应量,以使各决策周期的总损失最小、应急时间最短。通过数值模拟与仿真,分析了受灾比例先验均值、受灾比例先验标准差、受灾比例观测标准差、最大观测次数等相关参数与最优决策时间、总期望决策损失、最大观测周期之间的关系。在应急响应阶段初期,利用贝叶斯公式,使用灾情信息的观测样本修正先验分布,得到灾情信息的后验分布,通过不断的观测与修正,得到了相对稳定的灾情信息概率分布,为应急响应阶段中后期建立仿真模型提供了灾情信息的基础。

在应急响应阶段中后期,基于突发事件部分灾情信息概率分布相对稳定的特征及突发事件演化与应急物流动态决策存在交互与反馈关系的复杂性特征,建立了突发事件演化与应急物流动态决策的仿真模型。以疫情演化与应急物流动态决策为研究对象,综合使用基于 Agent 的建模、离散事件建模和系统动力学建模等三类仿真建模方式,构建了疫情动态演化下的应急物流动态决策仿真模型,求解疫情动态演化下的应急物资供应、应急物资采购、应急物资配送等决策方案,并分析应急物流决策对疫情演化的反馈作用,体现了"灾害情景—应急物流决策……灾害情景—应急物流决策"的反馈式"情景—应对"决策方法。

3.应急恢复阶段

在应急恢复阶段,建立了一组应急物流决策模型来对比分析应急物流决策方案的效率与公平性。首先建立了一个不包含公平目标或公平约束的单出救点、多受灾点、多种应急物资的应急物流决策效率模型作为基础模型。然后,依次建立具有非线性目标函数的效率模型、具有公平约束的效率模型、具有多目标的效率—公平模型等。这些模型都使用受灾点损失作为效率的度量指标,使用基尼系数作为公平度量指标,并且基本使用同样的约束条件,以便于相互比较。通过数值分析对各个模型的应急物流决策量、效率和公平性进行了详细的比较分析。这种建立一组相关模型并对其进行综合评价与比较的建模思路,对于各类资源分配问题建模都具有一定的借鉴意义。同时,针对建立的应急物流决策线性规划模型设计了比较简单的贪婪算法,可以有效提高求解的效率。

二、理论创新

本书有以下九点理论创新:

一是基于灾害演化规律,从灾情信息的动态性和不确定性出发,通过理论分析与实证分析,对应急管理不同阶段中孕灾环境、致灾因子、承灾体和防灾减灾等灾情信息的特性进行研究。研究发现,应急准备阶段灾情信息具有静态不确定的特性,应急响应阶段灾情信息具有动态不确定的特性,而应急恢复阶段灾情信息具有静态/动态确定的特性。

二是基于"模型的粗糙度与不完备信息度应该相匹配"的建模思想,提出了基于应急管理阶段灾情信息特征进行应急物流决策建模的观点,给出了不同应急管理阶段的信息特征、应急物流决策类型与决策方法(模型)之间的关系,对于应急管理优化建模具有一定的指导意义。在此基础上,进一步提出了基于应急管理不同阶段灾情信息特征、决策问题、决策特征和决策准则确定应急物流决策建模方法的选择框架,这一框架贯穿了整个应急管理周期、灾情演化周期、应急物流决策周期,对于其他应急物流决策问题或应急管理问题选择合理的建模方法具有一定的指导意义。

三是对应急响应阶段的三个不同时期,区分了三类不同特征的动态不确定灾情信息,给出了不同灾情信息的处理方法,实现了三类灾情信息的合理转换与有效利用。在应急响应阶段的"黑箱"期,灾情信息具有多源性和部分无知性的特征,使用 D-S 证据理论进行处理并转换成服从概率分布的灾情信息。在应急响应阶段初期,已知灾情信息的先验分布但是灾情信息仍被不断观测,使用贝叶斯公式不断修正灾情的先验信息与观测信息,得到了相对稳定的灾情信息概率分布。在应急响应阶段中后期,部分灾情信息概率分布相对稳定,基于这些概率分布相对稳定的灾情信息建立突发事件演化的动态仿真模型,用于获得或预测其他动态变化的灾情信息。这样,应急响应阶段"黑箱"期的灾情信息就转化为应急响应阶段初期的灾情信息,而应急响应阶段初期的灾情信息则进一步转化为应急响应阶段中后期的灾情信息,实现了灾情信息的合理转换与有效利用。

四是在基于情景的随机规划模型中,情景识别和分配概率是比较困难的事。鉴于此,本书提出了以灾情信息作为情景要素,基于灾情信息分类与组合的两阶段灾害情景构建方法,并以地震灾害为例,给出了灾害情景构建的 7 个步骤,为灾害情景构建提供了一种方法和框架。

五是分析了一些应急响应活动具有不可逆决策的特征,应急响应决策方案一旦做出就无法调整,或者调整的成本非常高。在应急物流决策属于不可逆决策或者调整的成本非常高时,应急物流决策方案难以调整,只能通过确定最优决策时间来选择决策时机,此时决策时机就变得特别重要。本书提出,应急响应活动中应该将决策时间的确定和决策方案的制订纳入一个系统框架。

六是区分了应急响应阶段应急物流决策的两类损失:决策延误损失和决策失误损失。决策延误损失是指由应急物资延迟分配造成的受灾点损失。决策失误损失是指由受灾比例和应急物资需求信息不确定导致物资分配量不能满足物资需求量,从而造成的受灾点损失。决策延误损失发生在应急物流决策之前,而决策失误损失则发生在应急物流决策之后,两者往往存在着背反关系。当观测与延迟决策的边际收益等于边际成本时,总期望决策损失最小,从而得到最优决策时间。

七是提出了一类"灾害情景—应急决策……灾害情景—应急决策"的反馈

式"情景—应对"决策方法。传统的"情景—应对"式决策方法强调先构建突发事件灾害情景,然后根据灾害情景进行应急决策,并不强调应急决策对于突发事件灾害情景的反向影响。本书在应急响应阶段中后期,基于突发事件演化与应急物流动态决策存在交互与反馈关系的复杂性特征,建立了突发事件演化与应急物流动态决策的仿真模型,分析突发事件演化与应急物流动态决策这一复杂系统中应急物流决策与突发事件演化之间的交互与反馈作用,是一类反馈式"情景—应对"决策方法。

八是提出了一种比较简单的实现效率与公平均衡的应急物资两阶段分配策略:第一阶段按照相同的需求满足率分配应急物资,第二阶段将剩余的物资按照效率最大化分配。这样,应急物流决策的第一阶段追求公平,而第二阶段则注重效率,在一定程度上实现了效率与公平的均衡。

九是提出了对效率与公平的背反关系进行平衡时可以考虑的三个准则:以效率和公平的变化幅度作为选择标准;将效率降低幅度控制在一定的水平上;考虑受灾点对不公平的容忍程度。

第二章　主要概念与相关研究

第一节　主要概念界定

一、突发事件

《中华人民共和国突发事件应对法》于 2007 年 11 月 1 日发布,该法对突发事件提出了明确的定义。突发事件是指突然发生,造成或者可能造成严重社会危害,需要采取应急处置措施予以应对的自然灾害、事故灾难、公共卫生事件和社会安全事件。《国家突发公共事件总体应急预案》根据突发事件的发生过程、性质和机理,将突发事件主要分为以下四类:自然灾害、事故灾难、公共卫生事件、社会安全事件。突发事件一般具有突发性/紧急性、高度不确定性、影响社会性、扩散性、非程序性决策等几个基本特征(王宏伟,2019)。

本书主要以突发事件中的自然灾害、事故灾难、公共卫生事件作为案例进行研究。

二、灾情信息

有效地进行应急物流决策首先要获取突发事件的关键信息,对灾情及时进行评估,而灾情评估工作贯穿于整个灾害管理过程。无论是在灾害防御、减轻、预警等阶段,还是在响应、恢复、发展等阶段,都需要开展评估工作,为应急管理决策提供依据。

（一）灾情信息及其分类

自然灾害等突发事件一般利用灾害事件的大小、频率、持续时间、区域范围、起始速度、空间扩散、时间间隔(重现期)等特征参数进行描述。除了描述灾害事件的这些自然属性外,还需要关注灾害造成的损失和社会经济影响,这些统称为灾情信息。从广义角度讲,灾情是各种灾害发生情况的简称,包括灾害发生的范围、强度、次数及灾害造成的损失情况和社会经济影响等。从狭义角度讲,灾情是灾害造成的各种损失情况(袁艺,2010)。

从区域灾害系统的观点来看,灾害是由孕灾环境、致灾因子和承灾体共同组成的地球表层异变系统,灾情是这个系统中各子系统相互作用的产物(史培军,1996,2002,2005)。因此,灾情信息可以从孕灾环境、致灾因子和承灾体三个方面进行测量,这对应着广义的灾情。其中孕灾环境信息包括孕育产生灾害的流体、固体环境及生物环境等自然环境,语言、民族与种族、经济及政治制度等人文环境;致灾因子信息包括灾害的强度、频率、持续时间、区域范围、起始速度、空间扩散、时间间隔(重现期)、分类等;承灾体信息包括受灾人口、直接损失、间接损失、资源破坏等。可见,承灾体信息对应的是狭义的灾情。对于灾害造成的各种损失情况,即狭义的灾情,包括直接破坏和经济损失、间接经济损失情况和社会经济影响等三大类(袁艺,2010)。除了从灾害系统本身来定义灾情以外,还可以从防灾减灾的角度来定义灾情。如石丽红等(2007)从防灾系统的角度将突发事件信息分为静态信息和动态信息两大类,具体内容包括:基础空间数据、灾害发生的位置及范围数据、灾害属性数据、社会经济数据、基础设施环境数据、救灾物资数据、历史案例等。

按照不同的分类标准,灾情数据有着不同的类别体系,而各个类别体系之间又相互穿插、相互关联(刘浩等,2011)。从时态性考虑,灾情数据可分为静态数据和动态数据;按空间属性,可分为空间数据与非空间数据;从实际应用角度,可分为地理支撑数据与灾情相关信息数据;从数据源考虑,有卫星遥感数据、航摄的影像数据、GPS 地面跟踪数据、移动终端设备(PDA 等)获取的位置信息数据、实时监测数据及不同时态的灾情属性信息数据等;从比例尺上,可分为 1∶400 万、1∶100 万、1∶25 万、1∶5 万、1∶1 万及更大比例尺的数据;从数据种类上,可分为地理影像数据、地理矢量数据、地理高程数据、三维模型数据、监控数据、灾情产品数据、灾情公文数据、地名数据及属性数据等;从数据格式上,可分为 JPG、tiff、doc、PDF、BMP、txt、AVI、xls、X、shp、3ds 等。

结合区域灾害系统和防灾减灾系统关于灾情信息的相关定义,本书中的灾情信息主要包括孕灾环境、致灾因子、承灾体和防灾减灾等信息。其中孕灾环境信息包括孕育产生灾害的自然环境与人文环境;致灾因子信息包括灾害的强度、频率、持续时间、区域范围、起始速度、空间扩散、时间间隔、分类等;承灾体信息包括受灾人口、直接损失、间接损失、资源破坏等;防灾减灾信息则包括基础空间数据、社会经济数据、基础设施环境数据、救灾物资数据、历史案例等。

(二)灾情信息的特点

灾情信息具有动态性、多源性、不确定性、冲突性和复杂性等特征。

1. 动态性

一些灾害持续时间较长,在时间和空间上也会发生动态变化,灾情信息也随之演变。如台风或飓风形成后,一般会移出源地并经过发展、成熟、减弱和消亡的演变过程。台风的路径突变、强度突变、移速突变和登陆后暴雨突变等问题会使台风的演变非常复杂,灾情信息多变。

而很多原生灾害还会引发灾害链,从而造成灾害在时间、空间和方式上的演变,灾情信息也就具有了动态性。灾害链是指原生灾害及其引起的一种或多种次生灾害所形成的灾害系列(李健梅等,2020)。所谓原生灾害,是指由动力活动或环境异常变化直接形成的自然灾害;次生灾害是由原生灾害引起的"连带性"或"延续性"灾害。在中国东南沿海地区,台风、风暴潮、暴雨、崩塌、滑坡、泥石流这种地质灾害链较为常见。在地震高发区,地震引起海啸、崩塌、滑坡、堰塞湖、洪水等灾害链也比较常见。如2011年3月11日下午,日本发生特大地震,由地震引发的海啸高达10米,同时造成核电站核泄漏,灾情不断发生演变。

即使突发事件持续时间比较短,也没有引发次生灾害,但是突发事件的应急处置与救援、事后恢复与重建往往也要持续很长一段时间。2010年青海玉树"4·14"地震发生后,抢险救灾、应急救援到5月1日才基本结束,进入安置受灾群众、恢复正常秩序、加快恢复重建的新阶段。在应急处置与救援过程中,各类灾害损失和防灾减灾信息也在不断更新。

2. 多源性

灾情信息在数据源上有卫星遥感数据、航摄的影像数据、GPS地面跟踪数据、移动终端设备(PDA等)获取的位置信息数据、实时监测数据及不同时态的灾情属性信息数据等。2008年汶川地震发生后,国家减灾中心利用不同方式获取各类灾情信息,包括基础地理数据、灾前灾后遥感影像数据、地震烈度数据和媒体报道灾情信息等(国家减灾委员会-科学技术部抗震救灾专家组,2008)。

3. 不确定性

突发事件发生后,由于事件的突发性和紧急性,灾情信息难以立刻被全面、准确地掌握。对于地震等自然灾害还会造成通信中断或不畅,使灾情信息无法被正确传递和汇总,这些都导致应急管理决策中使用的灾情信息是不确定的。如2008年汶川地震给重灾区的通信基础设施造成了毁灭性的破坏。特别是对通信光缆的破坏,不仅造成重灾区汶川、北川、茂县等地的固定电话对外界的联系完全中断,还使大批的移动通信基站退出服务。在地震发生后的两天内,这些重灾区成为通信的孤岛,里面的准确灾情无法及时传递出来,使抗震救灾的指挥调度十分被动(杨然,2008)。

4. 冲突性

由于灾情信息的多源性,而不同消息源的信息发布具有利益倾向性,这就造成灾情信息存在一定矛盾冲突(王晶红和胡小锋,2010)。如对于 2010 年玉树地震后的道路通畅情况,人民网于 2020 年 4 月 15 日 17 点发布信息,"中国交通运输部表示主要道路全部通畅",18 点又发布消息,"公安部提示 214 国道拥堵,建议社会车辆改道"。17 日的记者目击中称,"15 日 20 点,从西宁出发,在 214 国道上历经 21 个小时,16 日 17 时才抵达玉树灾区"。灾情信息的不一致会引起受众的误解,导致对灾情的误判。

5.复杂性

灾情数据按照不同的分类标准就有不同的类别体系,而各类别体系之间又相互穿插、相互关联(刘浩等,2011;王毅等,2022),这就造成灾情信息非常复杂。我国虽已建成一批灾害数据库范例,但数据来源的可靠性与广泛性、收录数据标准界定、数据管理范式(包括灾害特征类、字段名称、对应数据类型等规范的确定、典型的关系数据库结构应用及与国际同类数据库互访与接轨)存在明显的不协调,缺乏统一的标准(刘耀龙等,2008;吴吉东等,2018),这对于形成结构清晰的灾情信息体系是不利的。

(三)灾情信息的获取与保存

邓凌凌(2005)认为,获取灾情信息的步骤包括:确定评估目的和任务,选择寻找信源、采集信息,进行信息准确性、可用性分析,选用合适的评估方法修正推断结果、得出评估结论。灾情评估和信息获取方法可分为 3 大类共 6 种方法(袁艺,2010):第一类包括基于历史灾情统计资料的评估方法和基于承灾体易损性的评估方法;第二类包括现场抽样调查统计方法、遥感图像或航片识别法及基层统计上报方法;第三类为经济学方法。突发事件信息的获取可以依托各种信息渠道和技术,如空间信息基础设施(SII)、空间数据基础设施(SDI)、C/S 计算机网络等基础设施,3S 技术,即全球定位系统(GPS)、遥感技术(RS)、地理信息系统(GIS),微信文本(姚桂福等,2023)等。

以汶川地震灾情信息的获取与应用为例,2008 年汶川地震发生后,国家减灾中心紧急启动《应对突发性自然灾害响应工作规程》、空间与重大灾害国际宪章和国内卫星遥感数据共享机制,利用不同阶段获取的各类信息,包括基础地理数据、灾前灾后遥感影像数据、地震烈度数据和媒体报道灾情信息等,结合灾害应急响应不同阶段的需求,24 小时不间断开展受灾人口、房屋倒损、道路损毁、堰塞湖及次生灾害的监测与评估工作,为国家减灾救灾决策提供技术支持。根据汶川地震救灾工作需要,灾情评估分为三个阶段:灾害快速评判、灾情遥感应急监测与评估、灾区范围灾情综合评估,获得了大量的、动态的灾情数据(国家减灾委员会-科学技术部抗震救灾专家组,2008)。

国内外各类灾害数据库存储了大量的灾情信息,为获得突发事件灾情信息的历史数据和统计特征奠定了基础。如美国国家海洋和大气管理局(National Oceanic and Atmospheric Administration, NOAA)的国家数据中心保存着灾害天气、海啸、地震、火山等的历史数据,其源数据可追溯到 1807 年。NOAA 从 1851 年开始持续对所有的大西洋热带风暴和飓风进行记录,形成了飓风数据库 HURDAT。HURDAT 中的数据每 6 小时记录一次(分别是世界标准时间的每天 00:00,06:00,12:00,18:00),数据包括风暴中心位置的经度和纬度、风暴强度(包括最高风速和最低中心气压)。Emmett 等(2009)就曾使用 HURDAT 中的飓风数据,得到了飓风风速的分布规律。

三、突发事件的情景

由于突发事件,特别是非常规突发事件前兆缺失,发生和演变机理复杂,直接及次生衍生危害严重,同时事件是具有"情景依赖"的,很难预测、预警,因此,传统的针对突发事件的"预测—应对"的决策模式并不适用。"情景—应对"型理论体系基于事件静、动态情景分析生成应急决策方案,已成为重大突发事件应急决策的基本范式(陈波等,2021)。本书研究突发事件不同信息特征下的应急物流决策模型,也可以看作一种"情景—应对"型决策模式。这里首先对于突发事件的情景进行界定。

(一)情景的定义

"情景"(scenario)一词最早出现于 1967 年 Kahn 和 Wiener 合著的《2000

年》一书中。他们认为，"情景"就是对未来情形及能使事态由初始状态向未来
状态发展的一系列事实的描述。

（二）突发事件的情景

在突发事件应急管理领域，情景往往作为评估应急资源需求，对应急资源
进行布局、配置和调度的依据，是对突发事件发生时或发生后有关情形的一种
简单假设。

Barbarosoglu 和 Arda(2004)认为，地震风险情景包括那些进行稳健的、高
效的灾害响应和管理计划所需考虑的必备要素。他们将地震的情景分成两个
组成部分：第一部分是地震情景(earthquake scenarios)，包括震中和震级等地
震信息；第二部分是影响情景(impact scenarios)，包括地震对生命、结构、系统
和社会经济结构造成的损害。Chang 等(2007)认为，情景代表了未知问题参数
的可能实现，并使用可能的救援需求点和救援设备需求量作为情景要素，通过
GIS 系统的数据处理和网络分析功能，将不同的洪水情景提取出来。Rawls 等
(2010)将情景定义为某受灾点对某种应急物资的预测需求量，使用 15 个飓风
的历史数据作为构建情景的基础数据，构建了飓风灾害的 51 种情景。张玲等
(2010a)将地震灾害发生后的情景划分成两个阶段的随机事件，前一个随机事
件表示灾害刚发生后震源位置、震级大小的信息；后一个表示当震源和震级的
信息确定后各个灾区的需求量。Mete 和 Zabinsky(2010)根据地震发生的时间
和地点特性构建了不同的地震情景，并将应急物资需求量、运输时间等灾情信
息嵌入地震情景中。王旭坪等(2013)构建了非常规突发事件情景构建与推演
方法体系，具体包括关键要素及其作用机理提取与表示、多源信息融合下的应
急情景链构建、面向"情景—应对"的应急情景推演、情景推演结果评判与应对
实效评估四个部分。巩前胜(2018)选取情景状态、应急活动、应急资源及应急
环境为关键要素，分析突发事件情景演化规律与路径，运用动态贝叶斯网络理
论，构建突发事件情景网络，计算情景状态概率，从而推演情景发展趋势。沙勇
忠和付磊(2022)通过搜集突发重大传染病防治案例，采取扎根理论方法提取突

21

发重大传染病事件情景要素,利用事故树分析方法梳理关键情景要素之间的逻辑,构建出突发重大传染病防治情景。王莉等(2023)在对近5年我国地铁水灾事件分析的基础上,通过分析地铁水灾事件情景演化全流程,构建地铁水灾事件情景贝叶斯网络。

目前,突发事件情景分析已有一些成果,但是尚未形成清晰的研究主线(南锐等,2023)。由于突发事件可以通过各类灾情信息进行表达,因此本书中突发事件情景是指以各类灾情信息作为情景要素而组合表达的突发事件发生、发展的态势。各类灾情信息作为情景要素,可以组合成不同的突发事件的情景。突发事件情景的演变可以表现为各类灾情信息组合的不断获取与更新。即使突发事件本身在变化,如果其灾情信息没有得到及时更新,那么突发事件的情景也就不可能实现演变。因此,本书中的突发事件情景实际上是指突发事件的灾情信息组合。在这一概念下,对于突发事件序贯决策的多个阶段,前一阶段的结束情景即为后一阶段的初始情景。

四、应急物资

应急物资指在突发事件即将发生前用于控制突发事件发生,或突发事件发生后用于疏散、抢险、抢救等应急救援的工具、设备、器材、装备等一切相关物资。有些学者将应急物资扩展到应急资源,将人力、物力、财力、信息等都作为应急资源,其中人力包括救援人员、医护人员等,财力包括各种拨款、捐款等,信息包括各类灾情信息。本书中的应急物资一般是指物力资源,不包括人力、财力和信息等资源。

与普通物资相比,应急物资具有以下特点:

(1)不确定性。由于灾情发生的时间、强度和影响范围具有不可预测性,这就决定了应急物资的需求数量、发放范围、运输方式等不能确定。

(2)不可替代性。应急物资的用途非常特殊,是在特定环境下启用的特殊物资。如疫情发生后使用的疫苗、战场救护用的血液等,都不能用其他物资代替。

(3)时效性。应急物资要发挥其本身的使用价值,就必须在一定的时间内送达需求者手中,才能发挥其效用和价值,超过时限就失去了应急的意义,也就不能再称为"应急物资"了。

(4)滞后性。应急物资的启用是在灾情发生后,根据灾害的强度、波及范围而使用,时间上滞后于灾情的发生。

五、应急管理

应急管理一般是指突发事件的应急管理,因此是一个与突发事件紧密联系的概念。计雷等(2005)认为,应急管理是在应对突发事件的过程中,为了降低突发事件的危害,达到优化决策的目的,基于对突发事件的原因、过程及后果进行的分析,有效集成社会各方面的资源,对突发事件进行有效预警、控制和处理的过程。Altay 和 Green(2006)认为,应急管理是指在灾难发生之前、期间、之后进行的一系列活动,其目的是防止生命损失,减少灾难对经济的影响,尽快恢复到灾前正常状态。陈安等(2017)认为,应急管理一般是指为了降低突发事件的危害,达到优化决策的目的,基于对突发事件的原因、过程及后果的分析,有效集成社会各方面的资源,对突发事件进行有效的应对、控制和处理。王宏伟(2019)认为,应急管理是为了预防与应对自然灾害、事故灾难、公共卫生事件和社会安全事件,将政府、企业和第三部门的力量有效组合起来而进行的减缓、准备、响应与恢复活动。因此,应急管理强调以下三个方面:应急管理的对象是各种突发事件;应急管理包括对突发事件的准备、响应、恢复与减缓行为;应急管理的本质是协调与整合。

《中华人民共和国突发事件应对法》将突发事件应对过程划分为预防与应急准备、监测与预警、应急处置与救援和事后恢复与重建四个过程。美国联邦应急管理署则认为,应急管理是一种全过程的管理,应对任何一种风险和灾害,都要经过减缓、准备、响应与恢复四个阶段。王宏伟(2019)也把应急管理分为四个阶段:减缓、准备、响应、恢复。这四个阶段的主要活动如表 2.1 所示。

表 2.1　应急管理四个阶段的主要活动

应急管理阶段	主要活动
减缓	建筑法规、建筑使用管理、立法、公众教育、公共信息、保险、奖惩、土地使用管理
准备	应急响应计划、预警系统、疏散计划、应急沟通、互助协议、公众教育、公众信息、资源储备、训练项目、检验性演练、避难场所
响应	预案执行、紧急状态宣布、预警消息、公共信息、注册与跟踪、通知上级机构、激活协调中心、疏散、动员资源、分配救灾物资、损失评估、搜救、提供医疗支持、实施公共卫生措施、迅速提供救助
恢复	提供临时住房、关键基础设施恢复、废墟与拆除管理、恢复基本服务、开展咨询项目、金融支持或帮助、分配恢复物资、捐赠物资管理、掌握公众信息、长期医疗支持、满足公众诉求、恢复公共财产、经济影响研究、评估发展计划、开始重建任务

与传统的决策相比,应急管理决策问题具有以下特性:(1)决策问题的重要属性都是不确定的,如其突发事件的形式、本质、规模、何时何地发生等;(2)决策环境快速变化并且不可控;(3)决策必须在短时间内做出,决策信息不完全或不精确;(4)在很多情况下,只能追求一两个最重要的目标,并且使用满意标准;(5)决策情景的有效性与其可执行性紧密相关,潜在的风险不可避免。

六、应急物流

目前学界对应急物流仍然没有形成一个公认的、统一的定义。但是,应急物流一般强调以下几个方面:(1)应急物流是面向各类突发事件的;(2)应急物流决策的基本对象是各类救援物资,扩展对象包括人员、资金等资源,以及信息、服务等流程;(3)应急物流的目的是以有效、高效的方式满足受灾人员需求,以降低灾害损失;(4)应急物流仍然是一种物流活动,包括物资获得、运输、储存、装卸、搬运、包装、配送及信息处理等功能性活动。因此,本书给出以下定义:应急物流是在各类突发事件情况下,对应急物资进行紧急保障以满足受灾人员需求、降低灾害损失为目标的一种特殊物流活动。

与一般物流相比,应急物流具有突发性、不确定性、需求的急迫性和多样性、非常规性及弱经济性等特点。Kovács 和 Spens(2007)通过文献综述,总结出应急物流的主要特征,如表 2.2 所示。

表 2.2　应急物流的主要特征

分类	主要特征
主要目的	减轻受灾人员痛苦
行动主体的结构	利益相关者没有明确的关系,通常是以非政府机构和政府作为行动主体
基本特征	供应和供应商具有变动性;大规模活动;非常规需求;大规模应急状态下的特殊约束
供应链特征	在应急响应阶段物资供应以"推动"方式分配到受灾点,而在重建阶段主要采用"拉动"方式
运输与基础设施	基础设施不稳定,食品和药品供应的质量缺乏保证
时间效应	时间延迟可能导致生命损失
有限知识情况下的行动	大部分灾害的本质要求立即响应,因此尽管灾情信息非常有限,也要立即设计出供应链并运行
供应商结构	选择有限,有时是不理想的供应商
控制问题	由于灾情紧急,缺乏对运作的控制

应急物流决策与一般物流决策在系统目标、系统构成、设施特性、方案规划、权衡算法效率与优化结果、配送模式等方面存在显著差异(Tzeng et al.,2007),如表 2.3 所示。

表 2.3　应急物流决策与一般物流决策的区别

比较项目	一般物流决策	应急物流决策
系统目标	利润最大化或成本最小化	兼顾公平与效率
系统构成	厂方、配送中心、客户	物资汇集点、转运站、物资需求点
设施特性	常设性	临时性
方案规划	分为长期、中期、短期	具有紧迫性,在最短时间内做出不坏的决策
权衡算法效率与优化结果	侧重结果的优化	强调算法的效率
配送模式	往返式、巡回式	往返式

七、应急物流与应急管理的关系

从表 2.1"应急管理四个阶段的主要活动"中可以发现,应急物流只是其中的一类应急管理活动,如准备阶段的资源储备,响应阶段的动员资源、分配救灾物资,恢复阶段的分配恢复物资等,主要物流活动如表 2.4 所示。除了应急物流这一类活动,应急管理还有其他很多活动。在整体结构上,应急管理体系由 5个功能不同的系统组成:指挥调度系统、资源保障系统、信息管理系统、处置实施系统、决策辅助系统(计雷等,2005),应急物流系统则属于资源保障系统的一个子系统。

表 2.4　应急管理四个阶段的主要物流活动

应急管理阶段	主要物流活动
减缓	无
准备	应急响应计划、资源储备、避难场所定位
响应	疏散、动员资源、分配救灾物资、提供医疗支持、迅速提供救助
恢复	提供临时避难所/住房、关键基础设施恢复物资调度、废墟与拆除物料处理、分配恢复物资、捐赠物资分配

尽管本书研究的应急物流在整个应急管理系统中只是一个子系统,但是其在整个系统中的地位非常重要。离开了应急物流的保障,应急管理只能沦为纸上谈兵。同时,研究应急物流决策问题应该在应急管理系统框架下进行研究,充分考虑应急管理和应急物流的特点和系统性,以更好地为整个应急管理系统服务。

第二节　应急物流决策的相关研究

自 2008 年四川汶川地震发生以来,国内突发事件应急管理及应急物流决策的相关研究逐步丰富起来。目前,国内外对应急物流决策的研究热点包括不确定信息情景下的应急物流决策、应急物流决策的效率与公平问题、针对传染病疫情的应急物流决策等,下面分别进行归纳。

一、不确定信息情景下的应急物流决策研究

(一)随机规划模型

很多研究假设灾情信息服从概率分布,建立了随机规划模型。Beraldi 等(2004)考虑应急医疗服务需求的随机性,建立了具有概率约束的随机规划模型,用于解决应急医疗服务的定位与应急车辆的分配问题,目标是最小化车辆运营成本和应急服务点的建设成本,使用联合概率分布函数的 p 有效点方法将随机规划模型转化为确定型的等价模型。Barbarosoglu 和 Arda(2004)考虑了资源需求、资源供应设施易损性和路线通畅性的随机性,通过一个随机的、多物资、多运输模式的网络流模型来描述城市交通网络中的物资流,并基于地震情景,建立了一个地震应急物资分配和运输问题的两阶段有补偿的随机规划模型,目标是使两阶段物资分配总成本的期望值最小,使用随机规划软件进行求解。Chang 等(2007)考虑了需求点、救援中心的集合、救援设备需求量的随机性,建立了两个随机规划模型,用于解决城市洪水灾害中应急物资的配送问题。第一个模型是分级分组模型,用于将灾害救援区域分组;第二个模型是定位—分配模型,用于决定区域救援基地的选址、各个梯队仓库的救援设备储备量、救援设备的运输计划等。Rawls(2010)考虑了储备物资需求、灾后运输网络和灾后存储物资可用比例的不确定性,从网络流的角度,建立了一个两阶段随机混合整数规划模型,解决应急设施的选址和应急物资的分配问题,目标是使所有灾害情景下的期望成本最小。张玲等(2010a)考虑了地震震源和震级信息、灾区物资需求量的不确定性,建立基于情景的随机整数规划模型,求解中心仓库的库存决策,临时供应中心的选址与库存决策,应急物资分配决策,利用分支定界算法进行了求解。Mete 和 Zabinsky(2010)在灾害预防阶段,提出一个基于情景的两阶段有补偿的随机规划模型,选择医疗物资的存储点,并确定每种医

疗物资的库存水平和各种情景下的车辆路径。同时，使用一个混合整数规划模型将随机规划模型第二阶段求解的物资分配量转化成每种情景下的装载和车辆路径决策。Tofighi 等(2015)针对多个中心储备仓库和本地配送中心选址问题，利用基于场景的可能性随机规划方法，建立了一个两阶段人道主义应急物流决策模型。Torabi 等(2018)提出了一个基于两阶段情景的混合模糊随机规划模型，用于在混合不确定数据下，基于数量柔性契约来确定灾前出救点预定位决策及物资应急采购计划。Paul 和 Zhang(2018)针对飓风灾害建立了一个两阶段随机规划模型，在第一阶段优化配送点的位置、医疗供应水平和运输能力，在第二阶段优化运输流决策，目标是使总社会成本最小。张玲和曾倩(2021)考虑受灾点和临时避难所两类不同物资需求点，研究不确定需求下应急物资储备库选址及物资储备问题，建立了一个基于情景的两阶段随机规划模型。

（二）包含区间数或模糊数的决策优化模型

一些研究模型使用区间数或模糊数表达应急物资需求信息。邓先明和汪传旭(2009)针对救援车辆从一个应急物资救援中心到多个受灾点的情况，运用模糊数学的可能性理论，建立了基于模糊需求的带有单边硬时间窗的应急运输车辆路径优化模型，目标是救援车辆的运输时间和在受灾点的卸货时间最短，利用节约算法进行求解。魏国强和景琳(2010)建立了单应急点资源调度两目标混合整数规划模型，并在此基础上，在出救时间分别为实数和区间数的条件下将模型推广到了多应急点的情形，目标为应急开始时间最早、出救线路及出救点最少。张玲等(2010b)将灾害发生时需求的不确定性表达为区间数，建立了一个两阶段随机规划模型，解决应急资源分配问题，目标是使资源配置的相关费用最小，利用可调整鲁棒优化方法进行求解。郭子雪和齐美然(2010)对于应急物资储备库到应急物资需求点的行车时间为梯形模糊数的应急物资储备库选址问题，构建了约束条件中含梯形模糊参数的位置集合覆盖模型，目标是使物资储备库数量最小，并给出了一种基于梯形模糊数排序准则的求解算法。魏国强和罗晓棠(2011)研究了系统参数为区间数的应急资源布局与调度问题，以应急准时开始可能性最大、资源布局调度费用最小为目标,构建了多目标模糊规划模型,并推广到多出救点联合救援的情况,提出了用分层序列法求解模型的方法。田军等(2011)针对应急条件下的物资配送与车辆调度面临着需求信息不准确、需求紧急程度差异和运输路网动态变化的复杂环境,借助模糊数学中的三角模糊数描述应急物资需求量,利用连续速度时间依赖函数模拟真实的动态路网交通状况,并考虑不同需求点的需求紧急程度差异,建立了应急物资配送动态调度的多目标数学模型,并通过粒子群优化算法进行求解。Sadjadi等(2016)考虑需求、供应、成本等参数的不确定性,建立了供应商、物资分配中心和受灾点构成的三级救灾网络鲁棒优化模型。

(三)考虑灾情信息动态更新的决策优化模型

还有一些研究考虑了灾情信息的动态更新。杨继君等(2010)针对非常规突发事件具有突发性和不可预测性等特点,建立了应急决策者和突发事件之间的不完全信息序贯博弈模型,通过有限次序贯博弈获取未来应急资源的需求信息,形成资源调度的最优方案。王炜等(2010)利用马尔科夫决策方法,对突发公共事件下应急物流决策方案的动态优化过程进行研究,以期找到特定场景下最优应急物流决策方案,保证应急救援行动的时效性。杨保华等(2011)建立了一种综合考虑灾害自身演化过程及外界相互作用的应急抢险过程GERT网络,设计了求解不同资源配置情况下突发事件状态转移概率的极大熵模型,给出了基于GERT网络的应急抢险过程资源最优配置的求解算法。詹沙磊和刘南(2013)考虑灾情信息更新问题,建立了应急物资配送的多目标随机规划模型,用于解决多出救点、多受灾点、多物资、多车型的应急车辆选址、路径选择和物资配送问题,并决定最优停止观测时刻。叶永等(2013)以随机变量的形式记录道路损毁率的历史信息和样本信息,应用贝叶斯分析、最优化理论等对基于道路损坏率信息更新的应急资源"观测—决策—配置"序贯决策问题进行系统建模,并设计基于矩阵编码的遗传算法进行求解。Liu和Ye(2014)用概率反映灾情信息,用贝叶斯条件概率作为更新后的灾情信息,建立了应急物资配置的贝叶斯决策模型。刘舒悦等（2016）研究地震发生后的应急物资调配方案，将应急救援过程按灾情信息获知程度分为"黑箱"期与"灰箱"期："黑箱"期根据历史地震灾情数据得到相应的离散情景集，并基于此使用鲁棒优化建模；在"灰箱"期，根据震害指数更新烈度圈及各受灾点的物资需求，计算未满足率，从而决定是否进行新一次的配送，使用数学规划求解配送方案。

二、应急物流决策的效率与公平研究

Dreznera 等（2009）研究了考虑公平因素的设施定位问题，以基尼系数作为公平指数，建立了以基尼系数和平均差为目标的双目标规划模型。安李璐（2010）将应急物流决策分为两个阶段：不同群组间的分配，同一群组内的分配。第一阶段：对于不同群组，按照灾区群组的受灾程度由重到轻进行分配。第二阶段：对于同一群组内的不同灾区，使用单位资源满足需求的偏差作为救灾公平程度的指标，借鉴席位公平分配模型，建立了以方差最小为目标的应急物资组内公平分配模型，尽可能地缩小总体偏差。Horner 和 Widener（2010）讨论了飓风灾害中应急设施选址的公平与效率问题。以 p-中位模型作为选址的效率模型，目标是最小化总的运输成本；以 p-中位模型作为公平模型，目标是最小化最大的运输成本。冯春等（2017）建立了效率目标与公平目标相结合的多周期应急物资分批配送模型，效率目标计算了规划周期内所有车辆的运输成本，公平目标通过使各周期惩罚成本最小化，实现物资在受灾点间的均衡分配。陈刚和付江月（2018）构建了以总加权嫉妒值最小为公平目标，以总物流成本最小为效率目标，以比例公平为约束条件的多目标数学优化模型求解应急物资分配问题。Erbeyoglu 等（2020）考虑了灾前固定物资储备点和灾后临时物资储备点的选址优化，建立了一个以公平和效率为目标的灾前储备模型，保证受灾点居民在最近的储备点领取物资。朱莉等（2020b）提出用相对剥夺成本来刻画救援公平性，构建了一个包含效率与公平的多目标动态调配模型来实现灾后应急物资的有效分配和路径优化选择。和媛媛等（2021）兼顾应急物资配送的公平性、经济性和时效性，以综合嫉妒值最小化、降低分配总成本和优化最大完成时间为目标建立多救援点、多疫区和多物资品种的应急物资配送模型。宋英华等（2022）以同级间各灾点应急物资未满意度最小为基准设计公平性衡量指标，以调度时间最小化和应急物资分配公平性最大化为目标，构建了考虑差异化灾情分级的应急物资公平调度优化模型。

三、针对传染病疫情的应急物流决策研究

王新平和王海燕（2012）针对突发公共卫生事件应急管理体系中应急物资需求的不确定性和连续性，考虑同时在多疫区间展开的多周期救援过程，构建了一类应急物流网络优化多目标随机规划模型，采用遗传算法进行求解，以得到多疫区多周期应急物资协同优化调度方案。葛洪磊和刘南（2020）基于对新冠疫情时空分布的分析，从时段、关键事件、传播动力学、空间分布、感染规模、信息特征、医疗资源等七个维度构建了重大传染病疫情演化的五种情景，提出了各种情景下需要解决的五个关键应急物资配置决策问题；综合考虑疫情应急物资配置的空间、信息、物资、供应、需求和网络等特性，分析了每一个决策问题进行建模优化的关键因素，并基于这些关键因素构建了一个多周期贝叶斯序贯决策模型。王付宇等（2021）利用 SEIR 预测决策时刻各灾区感染人数，由此计算灾区紧迫程度权重与物资需求量，基于紧迫程度构建以灾民满意度最大化、总成本最小化和考虑分配公平的应急资源调度多目标优化模型。李艳等（2021）考虑各疫区应急物资需求优先度、应急物资的分配量及到达时间等因素，构建患者恐慌心理函数，以量化的患者恐慌心理最小和物资分配总成本最小作为优化目标，建立了多周期的应急物资分配模型，并融合泛化反向学习和自适应惯性权重设计了改进的鲸鱼群优化算法。赵银婷等（2022）以各疫灾点总的等待时间最短为目标函数，综合考虑配送车型的多样性、医疗物资多样性、供需不平衡等约束，构建了疫情地储备中心到多个疫灾点间的车辆—路径集成优化模型。Adnan 等（2022）针对疫情中封控社区应急物资缺乏的问题，建立了一个有能力限制的应急物资工厂选址模型，并根据救援组织的能力和邻近程度为其分配了服务目标，确定了物资分配方案。Li 等（2022）考虑到疫情暴发时应

急物资需求的时变性,建立了一个两阶段随机模型,用于解决医疗物资在疫情期间的存储和分配问题。何珊珊等(2023)针对疫情,提出了避免应急物资库存耗尽的情况下如何增大松弛库存问题,采用转运结合的公铁联运协同配送模式,构建了应急物流网络的双目标优化数学模型,以提高均衡松弛库存,降低总时间成本。蒋阳升等(2023)基于传染病扩散模型,提出了一种物资配送方案周期滚动优化模型。该模型结合医疗物资外源补给和点对点运输的特点,考虑疫区医疗物资数量和物资配送时间对新冠疫情扩散的影响,以感染人数和使用车辆数最小化为目标,对配送中心物资补给数量、疫区物资配送时间及配送量等进行联合决策。周林等(2023)提出了基于疫情核心区"相濡以沫"式互救与外部救助相结合的应急物资协同调度方案,在分析疫情扩散规律的基础上,设计改进的 SVEIR 模型精细刻画了疫情扩散过程,在此基础上构建了疫情动态演化、政府响应决策与物资调度耦合场景下的应急物资协同优化模型。龙圣杰等(2023)考虑突发公共卫生事件下多个受灾地区之间跨区域的应急资源配置,针对患者转运的跨区域动态协同应急物流选址—分配优化问题,建立了跨区域的患者转运与应急资源协同配置两阶段优化决策模型,其第一阶段优化确定患者动态变化与相应医院数量及其选址,第二阶段优化确定应急物资配送中心选址与应急物资分配。

四、研究评述

综上可见,目前国内外对不确定信息情景下的应急物流决策、应急物流决策的效率与公平问题、针对传染病疫情的应急物流决策开展了比较多的研究。但是多数研究系统性还不强,即没有基于突发事件演化规律,针对应急管理阶段及其灾情信息情景特征进行建模,因此在研究背景、模型假设、应急物资需求函数、建模优化方法、模型目标等方面都没有形成一个统一的框架和体系。鉴于此,本书将围绕应急管理周期中的准备、响应、恢复等三个阶段,分别分析其灾情信息的特征、应急物流决策特性和主要目标,并基于这些特性,采用合适的优化方法建立应急物流决策模型,形成基于应急管理全过程的应急物流决策框架。

第三章　应急管理不同阶段的灾情信息特征与应急物流决策建模方法

　　从区域灾害系统和防灾减灾系统的角度来看,灾情信息主要包括孕灾环境、致灾因子、承灾体和防灾减灾等四类信息。其中孕灾环境信息包括孕育产生灾害的自然环境与人文环境;致灾因子信息包括灾害强度、频率、持续时间、区域范围、起始速度、空间扩散、时间间隔(重现期)、分类等;承灾体信息包括受灾人口、直接损失、间接损失、资源破坏等;防灾减灾信息则包括基础空间数据、社会经济数据、基础设施环境数据、救灾物资数据、历史案例等。

　　为了将现有的理论和方法应用到应急管理中,需要对突发事件的属性有深刻的理解。而灾情信息及其变化特征是表达突发事件属性的主要手段。尽管很多研究都强调灾情信息具有动态性、多源性、不确定性、冲突性和复杂性等特征,但是灾情信息的这些特征在应急响应阶段表现得比较突出,对于应急准备和应急恢复阶段,灾情信息的特征往往有所不同。因此,为了基于突发事件的信息特征来进行应急物流决策,首先要分析应急管理不同阶段中灾情信息的特征。

　　在应急管理中,灾情信息往往具有多源性、冲突性和复杂性等特征。由于多源、冲突和复杂数据的处理主要涉及数据挖掘方面的模型和工具,是应急物流决策建模的前期工作,不是本书关注的重点,本书假设已经初步对多源、冲突和复杂数据进行了一定的处理。但是,灾情信息的动态性会影响应急物流决策模型的各阶段决策的序贯性,而灾情信息的不确定性则会影响所选模型的粗糙度,因为模型的粗糙度与不完备信息度应该相匹配(Huang,2002)。因此,本书主要从灾情信息的动态性和不确定性出发,对灾情信息的特性进行研究,进而基于灾情信息的特性建立相匹配的应急物流决策模型。需要说明的是,在一定时期内或在一个应急管理周期中,一些防灾减灾信息,如基础空间数据、社会经济数据、基础设施环境数据、历史案例等,可以看作静态的、确定的,这些灾情信息往往不会影响对应急物流决策问题建模方法的选择。因此,本书中应急管理不同阶段灾情信息特征分析中的灾情信息主要是指会影响应急物资供需和应急物流决策的那些灾情信息。

从时态特征考虑,突发事件灾情信息可分为静态信息和动态信息,静态信息是指不随时间而变化的信息,或一个时点的信息;而动态信息是指随着时间而动态变化的信息。与静态信息对应的是静态决策,是指在某个时间点上做出的决策,也称为单项决策。与动态信息对应的是动态决策,是指在一系列时间上有先后顺序的决策,前一决策的结果将影响后一个决策,也称为序贯决策。序贯决策需要考虑各个决策之间的相关性(武小悦,2010;郭文强等,2020)。

按照信息的多少,灾情信息又分为确定信息和不确定信息。确定的信息是指完全掌握决策需要的各种情报资料,或自然状态完全确定。在决策分析中,对不确定的定义有很多,这里进行一个归纳和区分。传统上的不确定信息一般分为两种情况:风险信息和严格不确定信息。风险信息是指未来出现何种自然状态是不能完全确定的,但可以预测其发生的概率。严格不确定信息是指不仅无法确定未来出现哪种自然状态,而且对其出现的概率也一无所知。广义的不确定性的表现形式多种多样,如随机性、模糊性、粗糙性、模糊随机性及其他的多重不确定性(刘宝碇等,2003;郭文强等,2020)。这些不确定性的来源包括测量误差、缺乏足够的历史/统计数据、缺乏足够可用的理论、知识表达的方式、人类的主观性判断或偏好等。突发事件的孕灾环境、致灾因子、承灾体和防灾减灾等灾情信息的不确定性,不仅仅表现为严格不确定信息和风险信息,还表现为模糊性、粗糙性、模糊随机性及其他的多重不确定性。基于信息的时态特征和信息的多少,可以将灾情信息分为静态确定信息、静态不确定信息、动态确定信息和动态不确定信息,如图 3.1 所示。

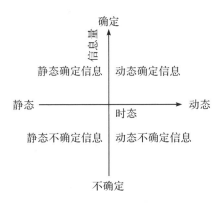

图 3.1　灾情信息的分类

　　但是,不确定性的主要表现形式有两种:一种是事件是否发生的不确定性,即随机性;另一种是事件本身状态的不确定性,称为模糊性,如"大与小""胖与瘦""高与矮"等没有确切界限的一些对立概念都是模糊概念(徐玖平和李军,2005)。相应地,传统的不确定规划分为随机规划和模糊规划两大类。为了方便建模和求解,在应急物流决策的建模中,本书假设不确定性的信息主要为随机信息,或者是可以转化为随机信息的其他类型的不确定信息。

第一节　应急准备阶段灾情信息的特征分析

一、应急准备阶段灾情信息的特征

　　突发事件,特别是自然灾害等突发事件,在发生之前往往只能通过研究判断致灾因子在未来一段时期内的可能强度(或破坏能力)及其发生的可能性,也即自然灾害的危险性(或致灾因子灾变致险程度)。自然灾害的危险性是指地震、洪涝、风雹、崩滑流(崩塌、滑坡、泥石流)等自然灾变(或致灾因子)在未来一段时期内的可能强度(或破坏能力)及其发生的可能性,属自然灾害之自然属性范畴,反映的是造成灾害之自然灾变的可能严重程度和频繁程度(高庆华等,

2003;高庆华,2005;葛全胜等,2008;黄崇福,2012)。自然灾变是自然界中的一种异常过程或超常变化,且这种过程或变化的进程越逼近,自然灾变的发生临界或这种过程或变化的频率越高,那么它给人类社会经济系统造成破坏的可能性就越大;过程或变化的超常程度越高,它对人类社会经济系统造成的破坏就可能越强烈。因此,自然灾害的危险性是对自然灾变之灾变可能性大小和变异程度强弱两方面因素的综合度量;且一般地,自然灾变的变异强度越大、发生灾变的可能性越大或灾变发生的频率越高,则自然灾害的危险性越高。故而,自然灾害的危险性高低通常用如下范式予以表达:

$$H = f(M, P)$$

其中:H(hazard)指自然灾害的危险性;

M(magnitude)指造成灾害之自然灾变的变异强度;

P(possibliity)指自然灾变发生的概率或频率。

关于自然灾害的危险性,特别是特定灾害过程的危险性,国内外包括我国各大专业部门已有大量研究(葛全胜等,2008;史培军,2011;黄崇福,2012),并在各专门的防灾减灾领域发挥了应有的作用。从国内外研究现状来看,研究成果较好的当属地震灾害领域的地震(烈度)区划工作。随着科学认识的加深和技术的进步,地震(烈度)区划方法经历了从确定性方法到概率性方法的进步,区划指标也经历了由地震烈度到峰值地面加速度等地震动参数的改进,从而使地震区划图对工程建设和防灾减灾的指导意义越来越明确。《中国地震动参数区划图》(GB18306—2015)中已经明确给出了中国地震动峰值加速度区划图、中国地震动反应谱特征周期区划图。

一些研究还基于历史地震烈度资料对于特定区域的地震危险性进行了评估,如文雯等(2023)将云南地区按照 0.1°×0.1° 划分网格,收集了 1713—2022 年 6 级以上和 1900—2022 年 5 级以上(或震中烈度≥Ⅵ度)地震的烈度资料,分析这些地震对各网格的影响,对云南地区的地震危险性进行评估,给出了每个网格发生某一烈度的重复周期,同时预估了未来 50 年发生某一烈度的超越概率,给出了 50 年超越概率为 10% 的地震动峰值加速度。

有关我国水灾、气象灾害、地质灾害、农作物生物灾害、森林生物灾害等特定灾害过程危险性分析与区划,以及自然灾害综合危险性分析与区划的相关研究可以参考高庆华等(2003)、高庆华(2005)、原国家科委国家计委国家经贸委自然灾害综合研究组(2009)、赵志军等(2017)、余瀚等(2022)等的文献。

自然灾害区划表明了致灾因子在未来一段时期内的可能强度及其发生的概率,因此致灾因子这种灾情信息是一类不确定信息,而且这种信息往往具有一定的稳定性。我国从 1957 年开始实施地震烈度区划图标准,正常情况下每 10 年左右修订一次,现在已经是第五代标准。因此,在自然灾害发生前的应急准备阶段,致灾因子这种灾情信息可以看作静态的不确定信息。但是不同的研究者对于同一致灾因子在未来一段时期内的可能强度及其发生的概率判断不同,这在一定程度说明了灾情信息的多源性、冲突性和复杂性。

致灾因子的不确定性是由孕灾环境的不确定性造成的。同时,由于致灾因子的不确定性,导致承灾体信息和防灾减灾信息,包括受灾人口、直接损失、间接损失、资源破坏、救灾物资等都具有不确定性。综上,应急准备阶段灾情信息的特征如表 3.1 所示。

表 3.1 应急准备阶段灾情信息的特征

灾情信息	孕灾环境信息	致灾因子信息	承灾体信息	防灾减灾信息
信息特征	静态不确定信息	静态不确定信息	静态不确定信息	静态不确定信息

2018 年 10 月 10 日,中央财经委员会第三次会议明确提出要开展全国灾害综合风险普查。2020 年 5 月 31 日,国务院办公厅印发《关于开展第一次全国自然灾害综合风险普查的通知》,调查任务是:全面获取全国地震灾害、地质灾害、气象灾害、水旱灾害、海洋灾害、森林草原火灾等 6 大类 23 种灾害的致灾要素数据,人口、房屋、基础设施、公共服务系统、产业、资源和环境等 6 大类 27 种承灾体数据,政府、社会、基层家庭等 3 大类 16 种综合减灾能力数据,1978 年以来年度灾害和 1949 年以来重大灾害事件调查数据,以及重点灾害隐患调查数据。这些普查获得的数据对于未来可能发生的突发事件而言,基本都属于应急准备阶段的灾情信息。

二、应急准备阶段灾情特征实证分析——以汶川地震为例

《中国地震动参数区划图》(GB18306—2001)显示,四川汶川所在的龙门山断裂带是地震灾变危险性比较高的地区。而高庆华等(2003)将地震灾变综合危险性以省为单元划分为5级,其中四川、甘肃、陕西等省份为特重度灾变危险性省。

在汶川地震发生前,存在着对汶川地震正确和错误预测的两种对立意见(汪成民和翟明磊,2009)。一些正确的预测包括:从2003年起就应该警惕四川地区发生7级以上地震的可能(陈学忠,2002),在2008年左右川滇地区有可能发生≥6.7级强烈地震(龙小霞等,2006),青藏高原东缘的北川断层(Beichuan fault)和彭灌断层(Pengguan fault)为区域地震危险性的潜在震源(Densmore et al.,2007)。当然,在汶川地震发生前,很难判断这些成果是正确还是错误的,但是这些研究成果在一定程度上给出了该地区发生地震的强度和概率的趋势判断。由于应急物资选址和储备决策是一种应急准备决策,因此不依赖于短期的关于突发事件时间、地点和强度的精确预测。基于一些中长期的趋势预测,就可以得到该地区地震这一致灾因子的强度及其概率分布规律,从而可以用于应急物资的选址和储备决策。

2008年5月12日,四川汶川的8级大地震发生后,汶川地震灾区面临着灾后重建的紧迫任务。根据国务院的要求,中国地震局修订了汶川地震灾区的地震动参数区划图,编制了《四川、甘肃、陕西部分地区地震动参数区划图》(高孟潭等,2008),形成了《中国地震动参数区划图》(GB 18306—2001)国家标准第1号修改单,该修改单由国家标准化管理委员会于2008年6月11日批准,自批准之日起实施。龙门山断裂带南坝以北段和以南段存在明显的差异,而且中段与南段也存在较大的差别。因此,龙门山断裂带可分为南段、中段和北段。中段为汶川地震地表破裂段,北边界为南坝附近,构造上为岷山隆起北边缘,南边界位于三江,止于四姑娘山、西岭雪山隆起边缘,长220km,震级上限为8级。南段长150km,依据南段断裂晚更新世活动段长度(约150km),并考虑南段动力学背景与构造程度比中段弱,震级上限定为7.5级;现有资料表明,北段未见

晚更新世活动的证据,考虑该段的动力学环境,将其震级上限定为 7 级。这一修订的规划图为新时期应急物资的选址和储备决策提供了基础,以应对下一次地震灾害。

当然,要在地震灾害发生之前得到地震灾害强度及其概率分布,往往需要借助地震灾害专家的专业知识和专业模型(葛全胜等,2008;黄崇福,2012),以用于应急物资的选址和储备决策。由于时间和精力有限,本书未能联系地震灾害专家,给出汶川地震带的地震强度及其概率分布,因此在本书第四章中,仅仅根据相关研究给出了汶川地震带假设的地震强度及其概率分布,得到了地震这一致灾因子的静态不确定信息,并以此得到承灾体的静态不确定信息。

第二节　应急响应阶段灾情信息的特征分析

一、应急响应阶段灾情信息的特征

突发时间发生后的应急响应阶段中,灾情信息的最大特征是不确定的,并且是动态更新的(Emmett et al.,2009;于辉和刘洋,2011;詹沙磊和刘南,2013;叶永等,2013;陈涛等,2015;刘舒悦等,2016)。目前,对应急响应阶段灾情信息特征的研究,主要分散在各类突发事件各自独立的领域。为了分析应急响应阶段灾情信息的特征,根据致灾因子持续时间将突发事件分为两类:瞬时型突发事件和延续型突发事件。其中瞬时型突发事件是指致灾因子从暴发到结束持续时间非常短的突发事件,如地震灾害、工矿商贸等企业的各类安全事故、交通运输事故、公共设施和设备事故、恐怖袭击事件等。而延续型突发事件则是指致灾因子从暴发到结束持续时间比较长的突发事件,如水旱灾害、气象灾害、地质灾害、海洋灾害、生物灾害、森林草原火灾、环境污染和生态破坏事件、传染病疫情、群体性不明原因疾病、食品安全和职业危害、动物疫情、经济安全事件等。这一分类与突发性和渐发性灾害的分类有所不同。渐发性灾害一般持续时间比较长,没有明确的自然现象标志其发生和停止,主要指干旱灾害。而突发性灾害是指持续时间相对较短,有明确的自然现象标志其发生和消除,包括其他大部分灾害类型(葛全胜等,2008)。

对于瞬时型突发事件,因为致灾因子持续时间非常短,致灾因子的信息比较容易得到,往往能够在短时间内由不确定信息变为确定信息,如地震发生后可以在几分钟甚至几秒钟之内确定震中、震级和地震时间等致灾因子信息。目前,中国地震台网中心已建成的速报预警平台能够实时接收全国和全球多个台站的共享数据,实现全国2分钟内、全球10分钟内有影响地震的自动速报。当然地震的震级信息有时也需要修正,如2011年"3·11"日本大地震,日本气象厅最初报出的震级为里氏震级7.9级,随后修正为8.8级,3月13日又修正为9.0级。而对于延续型突发事件,由于致灾因子持续时间比较长而且在不断变化,因此需要不断进行观测,并更新致灾因子的强度和地点等灾情信息,如台风、水旱灾等。但是不管是瞬时型突发事件,还是延续型突发事件,其承灾体的信息往往都是不确定的,而且会随着应急救援的深入不断获得新的信息;孕灾环境也往往由于致灾因子和孕灾环境的互动而动态变化;防灾减灾信息随着致灾因子的变化或承灾体信息的变化往往也是变化的、不确定的。这里以地震和台风为例,分别说明瞬时型突发事件和延续型突发事件灾情信息的变化特征。

(一)地震灾害

根据中华人民共和国国务院发布的《破坏性地震应急条例》(自1995年4月1日起施行,2011年修订)第22条规定:破坏性地震发生后,有关的省、自治区、直辖市人民政府应当宣布灾区进入震后应急期,并指明震后应急期的起止时间。震后应急期一般为10日;必要时,可以延长20日。因此,地震应急响应期一般为10天左右。10天以后,将转入震后恢复重建期。应急响应期与地震震级大小有关,一般来说震级在7级左右时,应急响应期在10天左右;如果震级在8级以上,应急响应期应稍长些;震级在6级以下,应急响应期应稍短些(高建国,2004)。在这10天里,每天的应急工作是有所侧重的,可以将震后应急期划分为特急期、突急期和紧急期。特急期是指震后 24 小时,其主要任务是救人;突急期是指震后 2～3 天,其主要任务是治伤;紧急期是指震后 4～10 天,其主要任务是安置灾民生活。

在破坏性地震发生后的最初时期,由于灾区通信、道路的中断,灾区信息与外界割断,外界所需要了解的灾区在哪里、灾区有多大、有多少灾民、有多少人死亡、有多少人受伤、有多少人开始自救互救、需要多少人来支援等重要信息在开始的几个小时内全部缺失。从地震发生到报出第一个死亡人数的时间间隔称为"黑箱时间"(高建国,2006)。"黑箱"时间的存在,使抗震救灾决策层很难做出派遣多少人前去救灾的指令,称为救援真空(高建国和贾燕,2005)。要提高地震救援效率,就要尽量缩短救援真空的时间,使灾民在最短的时间里得到帮助(高建国和肖兰喜,2004)。

外界救援人员进入灾区后,道路、通信逐步修复,"黑箱"已打开,但信息还不够明朗。救援人员对每幢倒塌建筑物内被围困、埋压的人员实行施救,信息逐步披露。这段时间称为"灰箱"(高建国,2006);从地震发生到弄清 80％ 的死亡人数的时间间隔称为"灰箱"时间。即使外界人员进入灾区,"黑箱"已经打开,但灾情信息仍不完善,依然困扰救援部门的决策,需要几个小时到几天,灾情信息才会逐步明朗化(高建国和贾燕,2005)。"黑箱"和"灰箱"时间的长短,无疑对于提高人员存活率至关重要。每个地震的"黑箱"和"灰箱"时间都是不同的。根据对 1979—2005 年国内外 31 次地震救灾的调查,"黑箱"时间最短为 1 小时,最长为 17 小时,平均为 5.6 小时,平均方差为 4.0 小时。"灰箱"时间最短为 0.27 天,最长为 25.4 天(2005 年 10 月 8 日的巴控克什米尔地震),舍弃这一偏离太大的样本后平均为 2.41 天(高建国,2006)。

"灰箱"以后的时间称为"白箱",表明灾情信息基本上已经被掌握了。由于"黑箱"和"灰箱"的存在,使提高人员存活率遇到挑战。"黑箱"时期,抗震救灾决策层很难决定派遣多少人前去救灾,随着公布的死亡人数逐渐增多,才会引起社会的广泛注意,增加救援力量和物资。

（二）台风

台风（泛指热带气旋，包括热带低压、热带风暴、强热带风暴、台风、强台风、超强台风）及其伴随的狂风暴雨和风暴潮等，往往造成树拔屋倒、船沉田淹、财损人亡等灾害，深入内陆的台风还常引发洪水和泥石流等次生灾害，是众所周知的严重灾害性天气。热带气旋分为热带低压、热带风暴、强热带风暴、台风、强台风和超强台风六个等级，等级划分如表 3.2 所示。通常一个台风从生成到消亡，经历着从热带低压到台风（强台风或超强台风）等级风速和风力先逐渐增加，再从台风到热带低压的逐渐减弱的过程，但是有时热带气旋的风速和风力会反复变化。

表 3.2　热带气旋等级划分

热带气旋等级	底层中心附近最大平均风速/(m·s⁻¹)	底层中心附近最大风力/级
热带低压(TD)	10.8～17.1	6～7
热带风暴(TS)	17.2～24.4	8～9
强热带风暴(STS)	24.5～32.6	10～11
台风(TY)	32.7～41.4	12～13
强台风(STY)	41.5～50.9	14～15
超强台风(SuperTY)	≥51.0	16 或以上

资料来源：《热带气旋等级》国家标准（GB/T 19201—2006）。

长期以来，中国中央气象台、美国联合台风预警中心、日本气象厅东京台风中心三个机构利用多种数值模式及历史统计方法，结合主观经验等手段对台风路径进行预报。2012—2021 年，中国中央气象台台风路径 72h、96h 和 120h 预报误差的中位数分别为 182.6km、253.4km 和 343.2km，预报误差平均值分别为 223.2km、312.5km 和 419.4km（王晴等，2022）。通过对比可以发现，预报时间越长其误差就越大，在观测到新的台风及其孕灾环境等灾情信息以后，台风的预测误差会降低，信息更加精确。

以 2011 年 09 号台风"梅花"为例，台风"梅花"于 2011 年 7 月 28 日 14 时在西北太平洋洋面上生成,7月30日上午加强为强热带风暴后,先后于7月31日凌晨和8月3日凌晨两次加强为超强台风,又分别于7月31日晚和8月3日晚减弱为强台风,强度变化多。其路径也是变幻难测,提前拐头向北,先后擦过江浙沿海和山东半岛,没有正面登陆这两个原本预报登陆的地方。中央气象台台风与海洋气象预报中心高级工程师张玲表示,"梅花"主要受西太平洋副热带高压引导,但这个高压强度比较弱,而且"梅花"始终处于多个小高压的包围中,这几个天气系统之间的演变和影响导致它的发展很复杂,有很多不确定性,给预报带来很大困扰。这说明致灾因子与孕灾环境在动态互动。

据中国气象局有关负责人介绍,为有效应对"梅花"灾害的不确定性,气象部门充分应用卫星、雷达、地面自动气象观测站等现代观测系统,对"梅花"进行全方位实时监测。由于"梅花"路径预报不确定性强,中央气象台特别加强了对"梅花"的监测预警和预报会商,除在每日早间全国天气会商中作为重点讨论内容外,还多次启动专题会商,会同国家卫星气象中心及上海、浙江、江苏等地的气象专家,针对"梅花"未来发展动向进行全面深入分析(人民网,2011)。中央气象台热带气旋公报每天给出其中心所在位置、最大风力和中心最低气压,并根据观测数据给出未来48小时路径概率预测,同时不断根据观测数据修正预测路径。

尽管瞬时型突发事件和延续型突发事件致灾因子灾情信息的动态变化特征有所不同,但一般都是动态不确定的,而且随着灾情信息的不断获取和更新,其信息的不确定性会逐步减少。结合两类典型的突发事件灾情信息的变化特征,可以总结出应急响应阶段灾情信息的特征,如表3.3所示。

表3.3　应急响应阶段灾情信息的特征

灾情信息	孕灾环境信息	致灾因子信息	承灾体信息	防灾减灾信息
总体特征	动态不确定信息	动态不确定信息	动态不确定信息	动态不确定信息

本书将应急响应阶段又细分为三个阶段:应急响应阶段的"黑箱"期、应急响应阶段初期、应急响应阶段中后期。

（1）在应急响应阶段的"黑箱"期,灾情信息的不确定性表现在很难获得其概率分布、模糊集及隶属函数,往往需要求助各类专家,根据其经验和灾害的端倪来做出对已知灾情信息的判断,灾情信息处于一种"既非完全不知又不可能完全清楚"的尴尬境地,是"部分无知的",因此是一种多源、部分无知的信息。

（2）应急响应阶段"黑箱"期结束后的应急响应阶段初期,瞬时型突发事件的致灾因子信息（如地震）往往得到了确认,但由此引发的次生灾害及灾害链的致灾因子信息（如滑坡、堰塞湖等）往往还是不确定的;而延续型突发事件的致灾因子信息仍然是不确定的且动态变化的。此时,对于两种典型的突发事件,其孕灾环境信息、承灾体信息、防灾减灾信息这些信息仍然在动态变化。与应急响应阶段"黑箱"期相比,应急响应阶段初期灾情信息的不确定程度降低,这时可以根据打开后的"黑箱"的内部情况或"黑箱"期的信息初步得到一些灾情信息的概率分布,如地震灾区的伤亡率、房屋倒塌率、传染病的传染概率与潜伏期等,尽管这一概率分布会不断被观测和更新。

（3）进入应急响应阶段的中后期,孕灾环境信息和防灾减灾信息都比较确定,瞬时型突发事件的致灾因子信息也比较确定,部分延续型突发事件的致灾因子信息的概率分布也相对稳定,如地震灾区的伤亡率、房屋倒塌率、传染病的传染概率与潜伏期等,而承灾体信息仍在不断更新,如受灾人数、疫情感染人数等。

下面分别以汶川地震和新冠疫情分别作为典型的瞬时型突发事件和延续型突发事件,分析其应急响应阶段灾情信息的特征。

二、应急响应阶段灾情特征实证分析——以汶川地震为例

2008 年 5 月 12 日 14 时 28 分,四川汶川县发生了里氏 8.0 级大地震,波及有感范围包括四川、宁夏、甘肃、青海、陕西、山西、河南、北京、上海、贵州、西藏等 16 个省、自治区、直辖市。12 日 14 时 46 分,新华网即发布了消息:四川汶川发生 7.8 级强烈地震,北京有 3.9 级震感;稍后又发布快讯:据国家地震台网重新核定,北京时间 5 月 12 日 14 时 28 分,在四川汶川县（北纬 31 度,东经 103.4 度）发生的地震震级为 7.8 级。尽管地震的时间、地点和震级等三要素信息在短

时间内得到确认,直到 12 日 15 时,成都军区派出的直升机才到达灾区上空,将灾区最新情况传回指挥部。由此,大概可以判断汶川地震"黑箱"期在 30 分钟左右。

但是,地震使四川、甘肃和陕西三省公众通信网络基础设施受到了严重的破坏,据不完全统计,在地震中受损的有线交换局为 616 个,无线基站累计受损 16507 个,而传输光缆损毁 10960 皮长公里(一种光缆长度计量方式),如果将其首尾相连,几乎可以横穿地球。黑水、汶川、理县和北川等 7 个县不仅遭受了惨重损失,其对外通信也完全中断,瞬间成为中国地图上的 7 个信息孤岛(黄沙,2008),承灾体和防灾减灾信息仍然是不确定的。直到 5 月 19 日下午,工业和信息化部副部长奚国华宣布,在前一天 17 点 28 分,黑水县干线光缆在连续奋战之下被艰难打通,7 个重灾县对外移动通信就此全部畅通。是时,距离地震发生已 147 个小时。在总共 151 个乡镇中,109 个通信中断,截至 19 日,通过抢修已打通 76 个。此后,通信抢修保障向行政村挺进,采用空降 VSAT 设备和卫星电话至重点行政村,努力扩大通信覆盖范围。

为了在通信中断的情况下获得灾情信息,5 月 13 日 12:00,由四川省军区司令员夏国富率领的精干小分队,从都江堰出发辗转至理县,徒步跋涉,抵达震中汶川县。四川省军区副司令员李亚洲带领 100 名士兵突击队员、120 名应急民兵预备役人员抵达汶川县。5 月 13 日,中国卫通技术员工杨雷、张振华携带 10 部卫星电话从成都出发,经都江堰赶往汶川震中心映秀镇,经过 7 个多小时的长途跋涉,他们在 21 点 06 分拨通了成都指挥中心的卫星电话,这也是灾后从映秀镇打出的第一个电话。5 月 14 日 15:00,在茂县成功伞降的 15 名空降兵着陆后,迅速与茂县县委、县政府取得联系,第一次传回了茂县的灾情。可见,尽管对于整个汶川地震来说"黑箱"期在 30 分钟左右,而对于有些灾区,如汶川、茂县、北川等灾区,其"黑箱"期则相对较长,达到十几乃至几十小时。

为了获得最新和更加全面的灾情信息,使地震应急期尽快由"黑箱"期和"灰箱"期向"白箱"期转变,汶川地震中采取了多种灾情信息采集方式。如在汶川地震发生初期,由于通信不畅,"灾害评估人员在救援部队到达之前最先赶到北川县,对受灾情况、伤亡人数、救援条件等做出评估,把最新的灾情、灾区最需要哪些东西汇报给指挥部。通信断了,只能走着到一个村子一个村子去问,总共有多少人口,现在幸存多少人口,然后再根据房屋倒塌比例,做出判断"(王大鹏,2008)。国家减灾中心紧急启动《应对突发性自然灾害响应工作规程》、空间与重大灾害国际宪章和国内卫星遥感数据共享机制,利用不同阶段获取的各类信息,包括基础地理数据、灾前灾后遥感影像数据、地震烈度数据和媒体报道灾情信息等,结合灾害应急响应不同阶段的需求,24小时不间断开展受灾人口、房屋倒损、道路损毁、堰塞湖及次生灾害的监测与评估工作,为国家减灾救灾决策提供技术支持。根据汶川地震救灾工作需要,灾情评估分为三个阶段:灾害快速评判、灾情遥感应急监测与评估、灾区范围灾情综合评估,获得了大量的、动态的灾情数据(国家减灾委员会-科学技术部抗震救灾专家组,2008)。

根据汶川特大地震灾害历次新闻发布会,得到四川地震灾区遇难人数、受伤人数和临时安置人数等部分承灾体灾情信息,如表3.4所示。可见,在地震发生后的45天里,灾情信息在不断更新。以从地震发生到弄清80%的死亡人数的时间间隔作为"灰箱"时间(高建国,2006),那么"灰箱"时间从5月12日到5月23日,共计12天。尽管5月23日以后,按照定义应为"白箱"时间,但是"灰箱"期过后,灾情信息仍然在不断更新,如临时安置人数的信息更新量还比较大。因此,从这一点来看,汶川地震的应急响应时间远远大于"灰箱"时间。从应急响应的角度来看,"灰箱"时间以死亡人数、受伤人数、临时安置人数等多个灾情信息累计信息量的获得比例来定义更加合理一些,而仅仅以死亡人数累计信息量的比例这一个指标来定义有些片面。

表3.4　四川地震灾区部分承灾体灾情信息情况统计

时间	遇难人数/人	已知遇难人数占总遇难人数比例/%	累计受伤人数/人	已知受伤人数占总受伤人数比例/%	累计临时安置人数/人	已知安置人数占总安置人数的比例/%
2008-05-13	12000	17.5	26206	7.3	—	—
2008-05-14	14463	21.1	64746	18.0	—	—
2008-05-15	19509	28.4	102103	28.3	—	—

时间	遇难人数/人	已知遇难人数占总遇难人数比例/%	累计受伤人数/人	已知受伤人数占总受伤人数比例/%	累计临时安置人数/人	已知安置人数占总安置人数的比例/%
2008-05-16	21500	31.3	159000	44.1	4207200	51.3
2008-05-17	28300	41.2	188100	52.2	4436090	54.1
2008-05-18	31900	46.5	215600	59.8	4565300	55.6
2008-05-19	33570	48.9	233810	64.9	4850620	59.1
2008-05-20	39577	57.6	236359	65.6	4867756	59.3
2008-05-21	40854	59.5	263395	73.1	5227843	63.7
2008-05-22	50651	73.8	277028	76.9	5446965	66.4
2008-05-23	55239	80.4	281066	78.0	5475243	66.7
2008-05-24	60057	87.5	340875	94.6	5477231	66.7
2008-05-25	62161	90.5	347401	96.4	5770949	70.3
2008-05-26	64571	94.0	348416	96.7	6634000	80.8
2008-05-27	66674	97.1	350133	97.2	6757226	82.3
2008-05-28	67600	98.4	350817	97.4	7005020	85.4
2008-05-29	68007	99.0	351655	97.6	7063880	86.1
2008-05-30	68349	99.5	352801	97.9	7099842	86.5
2008-05-31	68467	99.7	354045	98.2	7707667	93.9
2008-06-02	68509	99.8	359755	99.8	8025891	97.8
2008-06-04	68612	99.9	359788	99.8	8054403	98.1
2008-06-06	68620	99.9	360213	100.0	8062696	98.2
2008-06-09	68632	99.9	360247	100.0	8075727	98.4
2008-06-11	68636	99.9	360313	100.0	8076157	98.4
2008-06-13	68653	100.0	360324	100.0	8189642	99.8
2008-06-16	68660	100.0	360341	100.0	8206779	100.0
2008-06-18	68664	100.0	360341	100.0	8206813	100.0
2008-06-25	68673	100.0	360352	100.0	8206999	100.0
2008-06-26	68673	100.0	360355	100.0	8207225	100.0

资料来源:根据汶川特大地震灾害历次新闻发布会报告整理得到。

三、应急响应阶段灾情特征实证分析——以 2020 年初新冠疫情为例

基于《中国-世界卫生组织新型冠状病毒肺炎（COVID-19）联合考察报告》提出的新冠疫情传播动力学,将 2020 年初国内新冠疫情地区分为三类:武汉、湖北除武汉外其他地区、全国除湖北的其他地区。根据国家卫生健康委员会的公开数据及湖北省卫健委的公开数据,截至 2020 年 3 月 10 日,国内三类疫情地区新冠肺炎每日新增确诊人数情况如图 3.2 所示(葛洪磊和刘南,2020)。可见,每日新增确诊人数具有阶段性和周期性,三类地区呈现出不同的传播动力学机制,确诊人数这一关键疫情信息不断变化、动态更新。

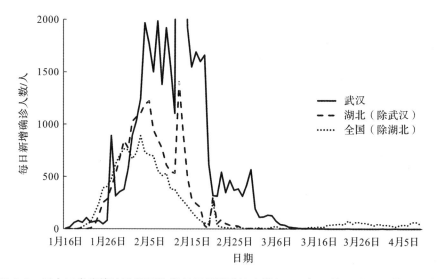

图 3.2 国内三类疫情地区新冠肺炎每日新增确诊人数(2020 年 1 月 16 日—3 月 10 日)

同时,使用累计确诊人数减去累计出院人数和累计死亡人数,得到三类疫情地区的现有确诊人数,具体如图 3.3 所示。现有确诊人数在很大程度上决定了应急物资需求数量,也是构建新冠肺炎疫情情景的重要指标。结合图 3.2 和图 3.3 可以发现,疫情发展大概经历了初期、快速发展期、高峰期、减缓期等几个阶段。

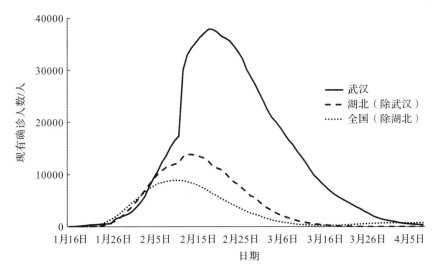

图 3.3　国内三类疫情地区现有新冠肺炎确诊人数（2020 年 1 月 16 日—3 月 10 日）

三类疫情地区现有确诊人数占全国确诊人数的百分比体现了新冠肺炎疫情的空间分布特征，如图 3.4 所示。结合图 3.3 可见，严重疫情的空间分布先后经历了武汉—全国—湖北—武汉的变化。

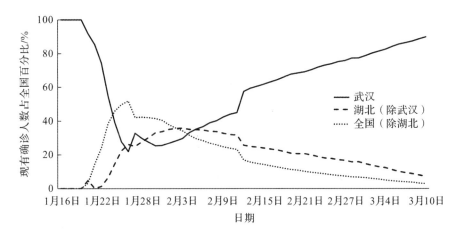

图 3.4　国内三类疫情地区现有确诊人数占全国确诊人数的百分比（2020 年 1 月 16 日—3 月 10 日）

为了体现疫情信息的动态更新特性，可以进一步将新冠疫情划分为几个不同的情景。基于新冠疫情的传播动力学和疫情时空数据的分析，使用中央应对新型冠状病毒感染肺炎疫情工作领导小组会议报道、国务院联防联控机制新闻发布会、湖北省疫情防控工作新闻发布会的相关资料,可以从时段、关键事件、传播动力学、空间分布、感染规模、传染信息特征、医疗资源、应急物资等 8 个维度构建出 5 种新冠疫情演化的情景(葛洪磊和刘南,2020)。

(一)情景 1:疫情初期无控制的单城市传播

(1)时段:疫情初期,时段较长。时间大约为 2019 年 12 月—2020 年 1 月 10 日。

(2)关键事件:确认新病原体。2020 年 1 月 7 日,确定病原体为新型冠状病毒。

(3)传播动力学:聚集性传播。早期病例大部分与华南海鲜市场的暴露有关。

(4)空间分布:单个城市。疫情的传播仅限于武汉市。

(5)感染规模:确诊人数少,潜伏期感染人数未知。武汉卫健委于 2020 年 1 月 11 日发布《武汉市卫生健康委关于不明原因的病毒性肺炎情况通报》,截至 2020 年 1 月 10 日 24 时,初步诊断有新型冠状病毒感染的肺炎病例 41 例,其中已出院 2 例、重症 7 例、死亡 1 例,其余患者病情稳定。密切接触者共计 739 人,其中医务人员 419 人,均已接受医学观察,没有发现相关病例。

(6)传染信息特征:极度不确定,传染性不明确。仅明确了病原体,但是人传人的证据尚未明确。据 2020 年 1 月 5 日武汉卫健委通报,初步调查表明,未发现明确的人传人证据,未发现医务人员感染。2020 年 1 月 7 日经实验室检测,专家组认为本次不明原因病毒性肺炎病例的病原体初步判定为新型冠状病毒。

(7)医疗资源:充足。感染人数少,现有床位、医疗人员等医疗资源可以满足需求。

(8)应急物资:感染人数少,各类应急物资需求量小,尚未开展统一的应急资源调度。

（二）情景 2：疫情初期无控制的多城市快速传播

（1）时段：疫情初期。时间大约为 2020 年 1 月 10 日—2020 年 1 月 22 日。本时段的长短会对后面几个疫情情景产生很大影响，而本时段的长短又在很大程度上取决于对疫情信息的掌握程度。

（2）关键事件：大规模人口流动，确认疫病在人与人之间具有传染性。2020年 1 月 10 日春运开始，人口流动加速；2020 年 1 月 20 日，证实疫病能够人传人。

（3）传播动力学：聚集性传播、社区传播、人口流动传播。医院出现聚集性传播，医务人员被感染；开始社区传播，吴金闪等使用截至 1 月 30 日的数据，估算出武汉在 1 月 23 日封城之前，已经有大约 11990 人感染；从 2020 年春运开始到武汉封城之前，约有 500 万人迁出，人口流动导致疫情在全国范围内的广泛传播。

（4）空间分布：单个城市为主、多个城市散发。疫情仍以武汉为主，逐步扩散到武汉周边的黄冈、荆州、荆门等湖北省内城市，以及国内其他 24 个省（区、市）。

（5）感染规模：感染人数迅速增加，但总体规模较小。确诊病例和疑似病例迅速增加，累计病例呈现无障碍指数增长。但累计病例和现有确诊病例数量不大，截至 1 月 22 日 24 时，我国累计报告确诊病例 574 例，疑似病例 393 例。

（6）传染信息特征：高度不确定，但信息不断更新；传染性逐渐明确，但潜伏期、传染系数、潜伏期传染性等关键信息仍不明确。2020 年 1 月 15 日，武汉卫健委发布肺炎疫情知识问答，根据现有的调查结果表明，尚未发现明确的人传人证据，不能排除有限人传人的可能，但持续人传人的风险较低。1 月 20 日，国家卫健委高级别专家组证实了疫病在人与人之间的传染性。1 月 22 日，国家卫健委专家组成员判断新型肺炎潜伏期平均是 7 天左右，短的是 2～3 天，长的是10～12 天。国外有一些预测模型，如一所英国大学的研究预计有 2000 人在中国受到感染。由于对新冠肺炎的认识日日更新,国内相关专家难以给出对未来感染人数的预测。

(7)医疗资源:主要疫区门诊、检测、床位、医疗人员等开始紧张。武汉及周边的黄冈、荆州等城市发热患者增多趋势明显,存在发热门诊就诊排长队、留观床位紧张的现象,因此征用相关医院作为发热患者定点诊疗医院。核酸检测能力低,检测周期长,1 月 16 日之前检测需要 3~5 天,之后需要 2 天左右。其他地区的医疗资源瓶颈还未出现。

(8)应急物资:民用防护物资需求瞬间暴发,短缺持续了几乎整个疫情周期。随着对新冠肺炎信息的掌握和发布,全国医用外科口罩、N95 口罩等各类口罩需求急剧增加,特别是在 1 月 20 日证实疫病可以人传人后,几天内药店、网店口罩库存销售一空,发生缺货现象。医疗物资城市内部配置为主,检测试剂发生短缺。武汉于 1 月 20 日开设了 61 家定点医院发热门诊,由大型综合医院与定点诊疗医院一对一结对,由综合医院全权负责定点诊疗医院人、财、物管理,统筹调配双方医院资源。武汉、黄冈等疫情城市检测试剂盒发生短缺,进行紧急采购。武汉等城市尚未发布其他应急物资的需求短缺信息。

(三)情景 3:交通管制下的多城市暴发

(1)时段:疫情中期,时段较长。时间大约为 2020 年 1 月 23 日—2020 年 2 月 10 日。

(2)关键事件:实行交通管制。2020 年 1 月 23 日 10 时,武汉封城,全市城市公交、地铁、轮渡、长途客运暂停运营,机场、火车站离汉通道暂时关闭。截至 1 月 24 日 12 时,湖北共有 13 个城市区域公共交通停运。这些交通管制措施有效阻止了疫情向全国及全世界其他地区进一步扩散蔓延,改变了疫情传播动力机制。

(3)传播动力学:聚集性传播、社区传播。武汉及周边城市出现大范围社区传播及医院的聚集性传播;其他地区出现聚集性传播,如家庭的聚集性感染。

(4)空间分布:多地区、多城市暴发,且疫情严重。武汉疫情非常严重,武汉周边的孝感、黄冈、荆州、鄂州等湖北城市疫情严重,全国各省(区、市)都发生了疫情,而且广东、浙江、河南、湖南、安徽、江西等省份疫情比较严重。

(5)感染规模:新增感染人数迅速增加,现有确诊病例速增加,感染规模很大。新增确诊病例和疑似病例迅速增加,且持续处于高位,新增病例远远大于出院病例,累计病例基本呈现次指数级增长和次线性增长,现有确诊病例迅速增加。截至 2 月 10 日 24 时,我国累计报告确诊病例 42638 例,现有确诊病例 37696 例,当日疑似病例 21675 例。

(6)传染信息特征:信息不确定程度比较高,潜伏期、传染系数、潜伏期传染性等关键信息不断更新。2020 年 1 月 26 日,国家卫健委主任马晓伟表示,从初期轻症病人的观察情况来看,新冠潜伏期大约在 10 天左右,最短的潜伏期为 1 天,最长的潜伏期是 14 天,潜伏期具有传染性。1 月 26 日,武汉市市长则表示,武汉有可能还会增加 1000 例确诊病例。但是随着疫情的演化和确诊病例的增加,用于科学研究的数据更加充分,对疫情的认识也更加准确。根据 *Nature* 杂志的统计,2020 年 1 月中下旬至 1 月 30 日,全网至少已发表了 54 篇有关冠状病毒的英文专业论文,其中超过一半集中在 1 月 30 日的前一周。2 月 10 日,钟南山院士团队完成的论文对截至 1 月 29 日已确诊的 1099 例新冠肺炎患者进行了回顾性研究,发现疫情中位潜伏期为 3 天,最长可达 24 天。这一研究与 1 月 26 日的认识和判断存在较大差异。

(7)医疗资源:疫情严重地区的医疗资源全面紧缺。武汉及湖北省众多市州城乡的发热门诊、床位、医疗人员、医疗物资全面紧缺。

(8)应急物资:疫情严重地区医疗物资缺口大。湖北各市州医疗物资缺口普遍比较大。如 1 月 26 日,武汉、黄冈等通过官方和媒体渠道向全社会发出支援请求。黄冈于 1 月 26 日在媒体上请求支援医用防护服 95 万件、N95 口罩 210 万个、气溶胶智能消毒机 200 台等。2 月 6 日,武汉市医用防护服当日需求为 5.99 万件,当日缺口为 4.14 万件,医用 N95 口罩当日需求为 11.9 万个,当日缺口为 5.68 万个,医用护目镜(面罩)当日需求为 2.25 万个,当日缺口为 1.92 万个。

医疗物资多渠道供应,部分物资以进口和捐赠为主。医疗物资供应首先动用了应急储备。1月23—26日,武汉方面先后向国务院联防联控物资保障组提出四批物资的需求清单,大致是四大类20多个品种,动用了中央储备和各省区的储备,大部分物资供应能够满足需要,但是防护服、口罩缺口很大。其次是紧急进行国际采购,包括官方或委托企业的国际采购。1月26日,前国务院联防联控物资保障组统一采购了22万件防护服。再次是组织应急物资生产企业扩大生产,广泛发动国内外捐赠。由于防护服、口罩、部分医疗设备等医疗物资的国内生产能力和生产量限制,在前期主要依靠进口和捐赠。截至2月4日,国内的生产企业累计向湖北发送医用防护服21.9万件、护目镜23.3万个。而1月24日到2月5日,我国进口的疫情物资中包括口罩3.28亿只、防护服385.4万件、护目镜62万副、医疗器械45.3万件;其中捐赠物资包括口罩7179.9万只、防护服153.3万件、护目镜33.7万副。

(四)情景4:社区控制下的全国高峰期

(1)时段:疫情中期。时间大约为2020年2月11—22日。

(2)关键事件:社区封闭管理,全面排查感染人员。2月10日,湖北省住建厅发出《关于印发〈湖北省住宅小区、办公建筑新型冠状病毒肺炎疫情防控工作指南〉的通知》,要求住宅小区实行封闭管理。2月16日,湖北省人民政府发布了《关于进一步强化新冠肺炎疫情防控的通告》,要求城乡所有村组、社区、居民点实行24小时最严格的封闭式管理。2月17日,湖北全覆盖拉网摸排"四类"人员。住宅小区的封闭管理和"四类"人员的拉网摸排,可以有效阻止疫情的社区传播,在一定程度上改变了疫情传播动力机制。

(3)传播动力学:以聚集性传播为主,有少量社区传播。

(4)空间分布:多地区、多城市疫情严重。与情景3类似,武汉疫情非常严重,武汉周边的孝感、黄冈、荆州、鄂州等湖北城市疫情严重,广东、浙江、河南、湖南、安徽、江西等省份疫情比较严重。

(5)感染规模:新增感染人数逐步减少,现有确诊病例处于高峰期,数量非常大。新增确诊病例和疑似病例逐步减少,治愈病例逐步增加,2月18日起治愈出院人数开始大于新增确诊人数,全国现有确诊病例在2月17日达到58016例,为最高点,之后逐渐减少。这一阶段现有确诊病例数量处于高峰,对应急物资的需求量最大。

(6)传染信息特征:信息不确定性程度不断降低。2月6日,武汉市开始举全市之力入户上门排查新冠肺炎确诊患者、疑似患者、发热症状患者、密切接触者"四类"人员。从2月17日开始,湖北省公安机关全覆盖拉网摸排"四类"人员,第一时间将"四类"人员送往隔离点和定点医疗机构救治。截至2月22日,湖北省共排查核查427万余人,转运收治9479人。随着排查的推进,疫情传染链的信息更加准确。同时,对传染病疫情的科学认识也在不断加深,据《每日经济新闻》记者不完全统计,从2019年12月26日至2020年3月1日,来自中国疾病预防控制中心文献目录及全球权威医学期刊的各类新冠病毒的研究文章共计190篇,115篇出自中国研究团队。

(7)医疗资源:疫情严重地区床位、医疗人员仍然紧缺,但紧缺局面得到缓解。武汉及周边的孝感、黄冈、荆州、鄂州等城市的床位、医疗人员仍然紧缺,但是随着各地医疗队的陆续支援与方舱医院的建设,医疗资源紧缺的局面得到缓解。2020年2月10日,国家卫健委统筹安排19个省份对口支援湖北省除武汉市的16个市州及县级市。截至2月19日,武汉市13家方舱医院提供床位达到13348张,已用床位为9313张。

(8)应急物资:重症病人增加,重症治疗设备需求凸显。2月10日,全国重症病例为7333例;2月13—22日,全国重症病例均超过1万例,最高达11977例。此时对医疗设备特别是重症医疗设备的需求急剧增加,如无创呼吸机、高流量吸氧机、体外膜肺氧合机(ECMO)等。这些设备价值非常高,供应商主要在国外,因此主要通过驰援湖北的医疗队随身携带、从全国范围内紧急征调,以及在全球范围内紧急采购等方式供应。考虑到全国各地也有重症病人救治的任务,各个医院重症医疗设备都比较紧张,因此要进行权衡配置。

医用防护物资一线需求缺口逐渐减少,但存在地区差异。一方面医用防护物资供应量不断增加,如 2 月 19 日供应到湖北的 N95 口罩达到 33.6 万只,防护服达到 13.3 万件;另一方面现有确诊病人的数量相对稳定,到 2 月 20 日左右,湖北疫区实现了"保重点、保急需、保一线"低标准需求的基本满足。保重点是指保障 ICU、隔离病房、特殊岗位、方舱医院、发热门诊等重点医疗区域;保急需是指保障医疗物资的紧急需求不断供;保一线是指保障一线医疗人员。低标准是指为了节约,按照最低标准配置物资,如为了节约防护服,医护人员进重症监护室都尽可能少喝水、少上厕所。中央指导组也指出医疗物资仍是紧平衡,很多医院只有一天库存。同时,湖北除武汉之外的一些市州无论是医疗资源还是设施设备,都与武汉存在一定差距。

医用防护物资国内生产能力大幅提升,供应以国内生产为主。以全国为例,2 月 22 日医用防护服日产量达到 20 多万套,医用隔离眼罩、面罩日产量达到 4 万件,N95 口罩日产量达到 91.9 万只,口罩日产量达到 5477 万只。2 月 21 日,湖北省医用防护服生产能力已达 6.2 万件/天,N95 口罩生产能力接近 25 万只/天,医用口罩生产能力超过 110 万只/天。生产能力和生产量的提升有力保障了疫情地区的应急物资需求。

生活必需品开启社区团购模式,社区配送出现短板。2 月 16 日,湖北城乡所有村组、社区、居民点实行 24 小时最严格的封闭式管理。2 月 17 日,武汉市商务局发布新版"武汉线上买菜攻略",提供线上买菜平台 33 个,电商企业按约定时间将网购产品装车、配送到小区自提点;鼓励引导各大商超转变经营模式,灵活推出社区团购生活物资套餐;由街道、社区组织开展代购,错峰到商超集中统一采购,及时配送发放给社区居民。但是,由于团购规模、交通便利性、物流企业运力有限等因素,社区配送出现短板,很多社区工作者非常辛苦,小区居民却不满意。

(五)情景 5:供应恢复下的产业与疫情并发管理期

(1)时段:疫情中后期,时段较长。时间大约为 2020 年 2 月 23 日之后。

（2）关键事件：应急响应级别降低，企业复工复产。2月21—26日，山西、广东、新疆、江苏、四川、安徽先后将应急响应级别由一级调整为二级，甘肃、辽宁、贵州、云南、青海、广西、内蒙古将应急响应级别由一级调整为三级。山东、浙江等省份也先后调整了应急响应级别，通过分区分级精准防控，有序恢复生产生活秩序。

（3）传播动力学：以聚集性传播为主，企业复工复产增加了人口流动传播和聚集性传播的风险。

（4）空间分布：少数城市疫情严重。武汉疫情仍然非常严重，武汉周边的孝感、黄冈、荆州、鄂州等城市疫情比较严重，其他省份疫情基本得到有效控制。

（5）感染规模：新增病例少于治愈病例，现有确诊病例和重症病例不断减少。新增确诊病例和疑似病例继续减少，治愈病例继续增加，现有确诊病例继续减少。现有确诊病例从2月23日的49824例下降到3月10日的16145例，其中重症病例从9915例下降到4492例。

（6）传染信息特征：不确定性相对较低。有些模型可以根据疫情发展的历史数据，比较准确地预测国内疫情发展的总体趋势。但是《中国-世界卫生组织新型冠状病毒肺炎（COVID-19）联合考察报告》指出，关于传染源、病毒的致病机理和毒性、感染和疾病进展的风险因素、监测、诊断、预防和控制措施等若干关键领域的知识仍然是未知的。

（7）医疗资源：床位、医疗人员紧缺局面得到全面缓解。随着各地医疗队的陆续支援与方舱医院的建设，以及现有确诊病例的不断减少，武汉及周边的孝感、黄冈、荆州、鄂州等城市床位、医疗人员等医疗资源紧缺的局面得到全面缓解。3月1日，武昌方舱医院B舱区关闭；3月6日，光谷科技会展中心方舱医院休舱；3月10日，武汉市全部16家方舱医院皆告休舱。

（8）应急物资：医用防护物资需求基本满足，社会防疫需求逐步补充。随着医用防护物资供应量的增加和现有确诊病例的减少，各类医院医护人员的医用防护物资逐步得到满足，并提高了配置标准。此时防护物资需要考虑社会防疫人员的需求，比如医疗废弃物处理、民政殡葬、跟病者患者密切接触的公安人员、社区隔离和公共场所封闭管理的基层危特岗位等。3月2日召开的中央应对新冠肺炎疫情工作领导小组会议提出要采取务实措施,关心、关爱防控一线城乡社区工作者,改善社区工作者防护条件,合理配发口罩、防护服等防护用品。

第三节　应急恢复阶段灾情信息的特征分析

一、应急恢复阶段灾情信息的特征

在应急恢复阶段,用于救灾的资源数量和灾情的现状都会有比较详细的基础信息。通过对这些信息的有效评估,能够对应急恢复阶段应急处置的时间做出估计,从而优化资源调配,加快恢复速度,为应急管理结束后的全面恢复打下良好基础(陈安等,2017)。应急恢复阶段的信息收集和评估包括:根据事先计划进行损失评估,确定物理、社会、经济和环境影响,确定所需灾害救助的水平与类型,确认可获取的资源,明确获得援助的目标和政策等(王宏伟,2019)。

突发事件发生后,应急管理部门往往根据影响评估报告,制订出详细的恢复重建计划,灾后恢复计划是了解恢复需求的最好方式(林德尔等,2011)。灾后恢复重建应急规划包括对生命线系统的恢复与重建规划和生产线系统的恢复与重建规划,前者主要包括灾民住房的恢复与重建、灾区公共基础设施系统的恢复与重建。

应急恢复阶段的评估和规划,为应急物资配置决策提供了相对确定的灾情及任务信息,这一阶段致灾因子信息一般已经确定,承灾体信息、孕灾环境信息也基本上确定,并且不再变化。同时,灾后恢复的工作任务是分阶段进行的,尽管对于阶段的数量和名称存在分歧,但是至少分为两个阶段,即短期恢复和长期恢复(林德尔等,2011)。因此,应急恢复阶段的防灾减灾信息一般是动态确定的信息。应急恢复阶段灾情信息的特征如表 3.5 所示。

表 3.5　应急恢复阶段灾情信息的特征

灾情信息	孕灾环境信息	致灾因子信息	承灾体信息	防灾减灾信息
信息特征	静态确定信息	静态确定信息	静态确定信息	动态确定信息

二、应急恢复阶段灾情特征实证分析——以汶川地震为例

2008 年 6 月 24 日,在第十一届全国人民代表大会常务委员会第三次会议上,国务院前副总理回良玉所做的《关于四川汶川特大地震抗震救灾及灾后恢复重建工作情况的报告》指出,抗震救灾工作在灾后重建准备方面做了以下工作:成立了国家汶川地震专家委员会,负责进行地震和地质构造的现场调查和评估,为制订灾后恢复重建规划提供科学依据;专门组建了灾后重建规划组,组织有关方面和专家就灾后重建的原则、目标、思路和任务等进行了研究,提出了灾后重建规划工作方案。这两项工作为应急恢复决策提供了比较完整的灾情信息和恢复重建任务信息。

国家汶川地震专家委员会会同发展和改革委员会、财政部、民政部、国土资源部、地震局、统计局,综合考虑因地震及地质灾害造成的死亡和失踪人员、倒塌房屋、转移安置人员的数量及比例,以及地震烈度和地质灾害危险度等因素,尤其突出考虑灾区死亡和失踪人数及平均地震烈度,确定了汶川地震造成的灾害类别及灾害范围的划定原则,建立了划分极重灾区、重灾区、一般灾区和影响区的综合灾情指数体系。汶川地震灾害范围类别的评估划定了四川、甘肃、陕西等三省的极重灾区、重灾区和一般灾区,数量分别是 10 个、36 个、191 个(国家减灾委员会-科学技术部抗震救灾专家组,2008)。在地震局、科技部、国土资源部等多部门的支持下,专家委员会与国家减灾委员会协作,2008 年 6 月初完成了《汶川 8 级地震烈度图》《汶川地震灾区地震-地质灾害图集》《主要灾区地质灾害调查图集和报告》《汶川地震抗震救灾技术手册》《汶川地震灾害综合分析与评估报告》和《汶川地震灾区综合管理与政策保障报告》等文献资料(马宗晋,

2008),为震区尽快恢复生活和生产秩序提供了参考。除此之外,还有一些研究机构,如西南交通大学、电子科技大学、西南财经大学、清华大学、四川大学等对汶川地震灾区的灾情进行了调查,为灾区恢复重建提供了很多有用的灾情数据(赵昌文,2011)。

2008 年 5 月 23 日,国务院抗震救灾总指挥部决定成立灾后重建规划组,负责灾后重建规划的编制工作。规划工作坚持以人为本、科学重建、深入调研、广纳民意,统筹兼顾生活与生产、当前与长远、物质与精神,从灾区实际情况出发并注意借鉴国内外的有益经验,提出"家家有房住、户户有就业、人人有保障、设施有提高、经济有发展、生态有改善"的重建目标(国务院,2009)。2008 年 9 月 19 日,国务院印发了《汶川地震灾后恢复重建总体规划》,对灾区空间布局、城乡住房、城镇建设、农村建设、公共服务、基础设施、产业重建、生产环境的恢复重建进行了总体规划,汶川地震灾后交通恢复重建总体规划如表3.6所示。

表 3.6 汶川地震灾后交通恢复重建总体规划

高速公路	修复勉县至宁强至广元、广元至巴中、雅安至石棉、都江堰至映秀、成都至绵阳、绵阳至广元、成都至邛崃、成都至都江堰、成都至彭州、宝鸡至牛背等高速公路
干线公路	修复国道 108、212、213、316、317、318 线等受损路段共约 1910 公里,以及 22 条省道(含 2 条养县道)约 3323 公里,12 条其他重要干线公路约 848 公里,适时启动绵竹至茂县、成都至汶川高等级公路
铁路	修复加固宝成、成昆、成渝等干线铁路和成汶、广岳、德天、广旺等支线铁路,改建或重建宝成线 109 隧道等路段及受损严重的绵阳、广元、江油、德阳等主要车站,建设成都至都江堰城际铁路、成绵乐客运专线、兰渝铁路、成兰铁路、西安至成都铁路
民航	修复成都、九黄、绵阳、广元、康定、南充、泸州、宜宾、汉中、咸阳、安康、兰州、庆阳等机场以及民航空管、航空公司、航油等单位受损的设施设备

资料来源:国务院.《国务院关于印发汶川地震灾后恢复重建总体规划的通知》(国发〔2008〕31 号).(2008-09-19)〔2023-06-16〕.https://www.gov.cn/gongbao/content/2008/content_1120416.htm.

此后,有关部门相继印发了城乡住房、城镇体系、农村建设、公共服务、基础设施、生产力布局和产业调整、市场服务体系、防灾减灾、生态修复和土地利用等 10 个专项规划。四川、甘肃、陕西三省根据当地实际情况制订了恢复重建年度实施计划,纳入规划的 51 个重灾县(市、区)分别制订了具体实施规划,如在《绵阳市"5·12"特大地震灾后恢复重建实施总体规划》中给出了具体县市区城镇基础设施恢复重建规模与投资估算,如表 3.7 所示。

表 3.7　绵阳市北川县市城镇基础设施恢复重建规模与投资估算

项目名称	受损设施能力	管线损坏长度/公里	设施修复投资/万元	重建设施能力	重建管线长度/公里	设施重建投资/万元	建设投资总额/万元
给水工程	1.5 万 m³/日	40	7000	3 万 m³/日	60	20000	27000
污水工程	—	42	3500	3 万吨/日		7300	10800
燃气工程	3 座供气站	40	6000	2 座供气站	40	15000	21000
环卫工程	50 吨/日	—	3960	120 吨/日	—	9900	13860
道路		871.2(317 座)	36549		238.5(76 座)	144625	181174
合计	—	—	57009	—	—	196825	253834

资料来源:绵阳市"5·12"特大地震灾后恢复重建实施总体规划. http://www.my.gov.cn/image20090724/142012.doc.

汶川地震灾害评估和灾后恢复重建规划,为应急恢复阶段的应急决策提供了大量的信息,使应急物流决策工作得以在相对确定的环境下进行。

第四节　应急管理不同阶段应急物流决策建模方法

一、基于灾情信息特征的应急物流决策方法

20 世纪 60 年代,计算机硬件技术的迅速发展,使许多科技人员乐观地认

为,人类可以编制出复杂的程序,对任何复杂的系统进行任何精度的识别和控制,问题只在于程序开发的成本和计算时间。20世纪70年代末80年代初,人们认识到一个重要的事实:一个程序解决问题的能力极大地依赖于它所拥有的基本数据,而不仅仅是它所采用的数学模型和编程技巧。90年代后期,人们清楚地认识到,用于解决实际问题的计算机程序,应该允许不精确的计算(李金锋等,2005)。这说明,人们对于不确定信息与数学模型关系的认识在不断加深。当可以获得精确数据时,应用传统精确的数学优化模型可以获得精确的解决方案;当不能获得精确数据时,应用传统精确的数学优化模型反而会得到不可靠的结论。这一原理被称为反精确原理(Huang,2002;刘思峰和福雷斯特,2011),即不完备信息和精确模型是冲突的,只有模型粗糙度与信息不完备度相匹配时,才能得到比较可靠的结论。在信息不完备的情况下,常规的精确模型在实际应用中并不能得到最好的结果,而用较粗糙的模型却可以将结果的精度提高,其原因就是不完备信息和精确模型的匹配度较低。那么为了得到比较精确的结果,人们用不完备信息进行有关系统的识别和控制时,就需要选用较粗糙的模型。这类反精确现象是普遍存在的(李金锋等,2005)。正如扎德的互克性原理所述:"当系统的复杂性日益增长时,我们做出系统特性的精确而有意义的描述能力将相应降低,直至达到这样一个阈值,一旦超过它,精确性与有意义性将变成两个互相排斥的特性。"(武杰和李润珍,2001)。互克性原理揭示了片面追求精确化将导致认识结果的可行性和有意义性的降低,精确方法(模型)不是处理复杂事物的有效手段。

自然灾害系统本身具有复杂性和不确定性,依据不完备信息对自然灾害相关系统进行控制时,常常不采用理论上较为精确的方法,而是采用某种较粗糙的方法(黄崇福,2012)。本部分将基于应急管理不同阶段灾情信息的特征,给出应急物流决策的类型和方法。

根据上文对应急准备、应急响应和应急恢复阶段灾情信息特征的分析,由表3.1、表3.3和表3.5可以得到不同应急管理阶段灾情信息的特征,如表3.8所示。

表 3.8　不同应急管理阶段灾情信息的特征

阶段	孕灾环境信息	致灾因子信息	承灾体信息	防灾减灾信息
应急准备阶段	静态不确定信息	静态不确定信息	静态不确定信息	静态不确定信息
应急响应阶段	动态不确定信息	动态不确定信息	动态不确定信息	动态不确定信息
应急恢复阶段	静态确定信息	静态确定信息	静态确定信息	动态确定信息

假设在应急决策模型中,考虑孕灾环境、致灾因子、承灾体和防灾减灾等各类灾情信息,根据决策理论与方法的相关文献(岳超源,2003;刘宝碇等,2003;郭立夫和李北伟,2006;海姆斯,2007;武小悦,2010;郭文强等,2020),结合第二章文献综述中提到的应急物流决策模型建模方法,可以得到不同应急管理阶段与灾情信息特征、应急物流决策特征、决策方法(模型)之间的关系,如表 3.9 所示。

表 3.9　应急管理阶段与灾情信息特征、应急物流决策特征的关系

应急管理阶段	灾情信息特征	应急物流决策类型	决策方法(模型)
应急准备	静态不确定信息	静态不确定决策	随机规划、模糊规划、鲁棒规划、灰色规划、模糊随机规划、随机模糊规划、粗糙集决策等
应急响应	动态不确定信息	动态不确定决策	贝叶斯序贯决策、局内决策、不完全信息动态博弈、马尔可夫决策、随机网络、动态仿真等
应急恢复	静态/动态确定信息	静态/动态确定决策	线性/非线性规划、网络图、动态规划、动态仿真等

解决应急物流决策问题所采取的具体建模方法除了取决于灾情信息特征,还受到决策问题、决策特征和决策准则的影响。基于这些因素,下面分别分析本书针对应急管理不同阶段的应急物流决策问题所采取的具体建模方法。

二、应急准备阶段应急物流决策建模方法

(一)决策问题

由应急管理四个阶段的主要物流活动可知,应急准备阶段的应急物流决策

问题主要涉及应急响应计划、资源储备、避难场所定位等活动；应急响应阶段的应急物流决策问题主要涉及疏散、动员资源、分配应急物资、提供医疗支持、迅速提供救助等活动；应急恢复阶段的应急物流决策问题主要涉及分配恢复物资、开始重建任务等活动。应急准备是应急管理的一个起始阶段，但是所有的准备活动都应该涵盖应急管理的全过程，应急准备应该成为支撑应急全过程的基础性行动。因此，在应急准备阶段的应急物流决策除了考虑应急物资的设施定位和储备决策以外，还应该考虑应急响应阶段应急物资的预分配问题，也即应急物资准备计划应该将应急物资的设施定位、储备决策和应急响应阶段物资的预分配问题作为一个系统进行统筹决策，才能保证应急准备计划的有效性和针对性。因此，应急准备阶段的应急物流决策问题是一个定位—分配问题，包括应急物资的设施定位决策、应急物资库存决策和突发事件发生后应急物资的预分配决策。这一应急物流决策问题具有明显的两阶段特征，应急物资的设施定位决策和应急物资库存决策为第一阶段决策，突发事件发生后应急物资的预分配决策为第二阶段决策。第一阶段决策需要考虑第二阶段决策，第二阶段决策需要以第一阶段决策为前提。

（二）决策特征

由应急准备阶段灾情信息的特征可知，应急准备阶段孕灾环境信息、致灾因子信息、承灾体信息和防灾减灾信息都是静态不确定信息。在应急准备阶段物流决策的建模中，本书假设不确定性的信息即为随机信息，而不考虑其模糊性、粗糙性等特征。因此，在灾害准备阶段可以使用概率分布来表达灾害及其影响的不确定性，随机规划模型是这一阶段应急决策的有效工具。对于应急计划制订者来说，灾害的强度、范围、时间等致灾因子信息，受灾人口、道路和应急设施损毁等承灾体信息，应急物资需求、供应等信息在事前都是随机的、不完备的，所以应急准备阶段的应急物流决策问题是一个复杂的随机决策问题。

在随机规划模型中，随机变量的分布可以是连续的概率分布，也可以使用离散的情景表达出来。使用基于情景的随机规划模型既有优势，也有劣势

(Snyder,2006)。情景方法有两个主要的缺点:一是确定情景并分配概率是非常困难的;二是决策者为了便于计算,会减少情景的数量,从而无法在各种可能的情况下对决策进行评价。但是,使用情景方法建立的随机规划模型更容易处理,而且可以允许随机变量在统计上相关(即得到变量的联合分布),而在连续分布的情况下各种变量往往是相互独立的。为了建立更加实际的模型,随机变量的相关性往往是必须考虑的,如灾情信息中的物资需求与道路受损情况往往是相关的,灾害越严重,物资需求往往越多,而道路受损情况往往也越严重(Barbarosoglu & Arda,2004);应急物资的需求点、需求量、道路的通行性及运输时间等要素在统计上往往也是相关的(Mete & Zabinsky,2010)。鉴于此,在应急准备阶段将构造灾害情景,使用情景来表达灾情信息的不确定性,并使用基于情景的随机规划方法进行建模。

(三)决策准则

对于应急物资的设施定位决策和应急物资库存决策,决策准则考虑应急储备仓库建设成本和应急物资库存成本最小;对于应急物资的预分配决策,决策目标则考虑运输量时间和受灾点损失最小。

很多学者都指出,应急物流决策与一般物资分配决策的主要区别在于其主要目标是减少受灾人员和受灾点的损失(减少受灾人员痛苦和死亡)(祁明亮等,2006;Altay & Green,2006;Kovács & Spens,2007;Balcik et al.,2008;Tzeng et al.,2007;朱莉等,2020a)。而在实践中,人道救助的基本目的也是预防和减轻人类痛苦,保障人的生命、健康和尊严。如,红十字会与红新月会国际联合会是遍布全球的志愿救援组织,其致力于预防及减轻出现在任何地方之人类苦痛。2004年发布的《人道主义宪章与赈灾救助标准》提出的人道主义准则是:预防和减轻人类痛苦,保障人的生命、健康和尊严。

因此,无论从实践还是从理论研究来看,将减少受灾人员的痛苦或受灾人员损失作为应急物流决策的最终目的还是相对比较合理的。因此,应急物流决策问题应该构建受灾人员的痛苦函数或受灾人员损失函数,以受灾人员痛苦最小化或受灾人员损失最小化为主要目标来建立优化模型。

在现有应急物流决策模型的效率目标中,损失最小、效用最大、成本最小[主要是指未满足需求(需求短缺)的惩罚成本、供应短缺成本、供应延迟成本]、物资分配量最大及其变换形式最多、物资运输距离最小、受灾人员数量最小、设施覆盖范围最大、系统可靠性最高、运输量时间(运输量乘以运输时间)最小、装载速度最大、卸货时间最小、应急救援持续时间最短等目标的获得,都可以解释为间接地追求受灾人员痛苦或受灾人员损失最小。比如,未满足需求惩罚成本最小或物资分配量最大,是为了减少因物资需求短缺造成的受灾人员痛苦或损失。而供应延迟成本最小、物资运输距离最小、设施覆盖范围最大、运输量时间(运输量乘以运输时间)最小、装载速度最大、卸货时间最小、应急救援持续时间最短等目标,都是为了减少因物资供应延迟所造成的受灾人员痛苦或损失。在某些情况下,追求这些目标等价于追求受灾人员痛苦或损失最小,但是受灾人员痛苦或损失是物资需求满足量和应急时间等多种因素综合作用的结果。因此,应急物流决策模型中以受灾人员痛苦最小化或受灾人员损失最小化为目标,涵盖了大部分现有的效率目标。这种涵盖关系也为受灾人员痛苦函数或受灾人员损失函数的建立提供了思路。痛苦更多的是一种主观感受,本书使用风险决策和灾害学中常用的损失函数来代替痛苦函数,并假设减少受灾人员损失等价于减少受灾人员的痛苦。

在应急物流决策问题中还有一些效率目标不能涵盖在受灾人员损失中,如运输成本、物流成本、转运成本、持有成本、设施运营成本(变动成本)、设施建立成本(固定成本)、救援车辆的固定运营成本、物资重新配置调整成本、剩余物资的惩罚成本等,这些效率目标在某些情况下也需要考虑,因此这些目标将作为次要的应急物流决策效率目标。

综上,针对应急准备阶段灾情信息的静态不确定性,对于应急准备阶段应急物资的设施定位决策、应急物资库存决策和突发事件发生后应急物资的预分配决策问题,将使用基于情景的两阶段随机规划方法进行建模,决策准则考虑应急储备仓库建设成本、应急物资库存成本、运输量时间和受灾点损失最小。

三、应急响应阶段应急物流决策建模方法

(一)决策问题

由应急管理四个阶段的主要物流活动可知,应急响应阶段的应急物流决策问题主要涉及疏散、动员资源、分配应急物资、提供医疗支持、迅速提供救助等活动。

对于非常规突发事件,如 2008 年汶川地震、2019 年盐城市响水县化学储罐爆炸事故、2020 年武汉疫情等,在应急响应阶段初期,应急资源短缺,需要从多个出救点调集物资供应单个受灾点。因此本书在应急响应阶段的"黑箱"期和早期,主要针对多出救点、单受灾点的出救点定位问题进行建模。对于这一问题,现有的出救点定位模型和相关研究不能有效处理动态不确定性的灾情信息。因此,在应急响应阶段灾情信息具有动态不确定的特征下,研究出救点定位问题还是非常有必要的。在应急响应阶段应急物资需求信息具有动态不确定的特征下,出救点定位问题可以分成两个阶段,第一个阶段确定应急物流决策量,第二阶段确定出救方案。

在应急响应阶段的中后期,灾情信息的不确定性程度逐步降低,对于一些突发事件(如疫情),部分灾情信息可以通过特定的灾害模型进行预测,应急资源的供应和需求信息不断精确化,此时可以解决多供应点、多受灾点、多个车辆、考虑实际路网的复杂应急物资配置决策问题。针对这一情景,本书拟结合新冠疫情,利用 SEIR 传染病模型来预测疫情演化情况,构建一个应急物流决策优化的动态仿真模型。

(二)决策特征

应急响应行动中的决策充满挑战,因为突发事件演进的不确定性妨碍了未来决策的制定(McEntire,2007)。应急响应需要有好的计划,但是要为突发情况留有改进的余地,通常情况下标准的管理方法不能直接应用于灾害响应中(Altay & Green,2006)。因此,在应急响应阶段,物流计划和调度必须具有弹

性,以便随着最后时刻的到来而调整(open to last-minute changes)(王炜等, 2010)。现有研究中对应急资源调度方案进行动态调整的方法主要有两种:规划—重新规划(scheduling and re-scheduling)方法、干扰管理(disruption management)方法。

规划—重新规划是指首先根据原有信息进行建模和全局优化,当获得新的信息以后,再使用新的信息重新进行建模和全局优化调整。使用规划—重新规划方法研究应急物流决策动态决策问题的文献可以参考 Barbarosoglu 和 Arda (2004)、Balcik 等(2008)。干扰管理方法是指在计划开始阶段,用优化模型和求解算法得出一个好的运行计划;计划实施中,由于内外部不确定因素导致干扰事件的发生,使原计划变得不可行,需要实时地产生新计划。新计划要考虑到原来的优化目标,同时又要使干扰带来的副作用最小化(Yu & Qi,2004)。干扰管理需要针对各种实际问题和扰动的性质,建立相应的优化模型和有效的求解算法,快速、及时地给出处理扰动的最优调整计划。这个调整计划不是针对扰动发生后的状态完全彻底地重新进行建模和优化,而是以此状态为基础,通过对原方案进行局部优化调整,快速生成对系统扰动最小的调整方案(胡祥培等,2011)。干扰管理方法在应急管理中的应用可以参考文献 Li 等(2007)、胡祥培等(2009,2011)、王旭坪等(2007)、杨文超等(2010)、阮俊虎和王旭坪 (2016)、刘长石等(2017)等。

不管是规划—重新规划方法,还是干扰管理方法,对应急响应决策方案进行动态调整的一个前提条件是应急响应决策方案是便于调整的,或者说决策是可逆的或部分可逆的(Dixit & Pindyck,1995)。规划和重新规划方法不考虑调整成本或偏离成本,认为应急响应决策方案完全可逆,可以在获得新信息的条件下对应急响应方案进行重新规划。干扰管理方法则考虑有限的调整成本或偏离成本,认为应急响应决策部分可逆,强调对应急响应决策方案进行局部调整,以使调整成本或偏离成本最小化。但是,很多应急响应活动往往是不可逆决策,或者基本上是不可逆决策,这就使应急响应决策方案一旦执行就无法调整,或者调整的成本非常高(Pauwels et al.,2000)。如医生做出为哪一个受灾人员进行手术的决策是一个不可逆决策,因为手术开始后往往不能暂停,只能等到该手术结束,才能为下一个受灾人员进行手术。在应急物流决策中,使用直升机为某一受灾点空投物资的决策也是不可逆决策。由于很多受灾点不具备降落的条件,一旦物资空投到某一受灾点,那么这些物资就不可能或很难转移到其他受灾点。即使是使用汽车对应急物资进行运输,对应急物流决策进行动态调整的成本往往也非常高。由于很多道路在灾害中损毁,交通条件非常差,甚至只能单方向通行,在做出向某一受灾点运输物资的决策后,如果让车辆中途改变方向,那么运输时间将大大增加,调整成本会非常高。

在应急物流决策属于不可逆决策或者调整的成本非常高时,应急物流决策方案难以调整,这时只能通过确定最优决策时间来选择决策时机,因此,决策时机就变得特别重要。在应急响应阶段的早期,当人的生命或财产受到灾害威胁的时候,决策者必须快速行动,但是在灾害不确定的情况下,过早行动未必是最好的选择(McEntire,2007)。本书假设在应急响应阶段早期,应急物流决策为不可逆决策,这时决策时间也成为一个重要的决策变量。

基于现有的研究文献,在应急响应阶段,贝叶斯决策、马尔可夫决策、不完全信息动态博弈、局内决策、随机网络、动态仿真等六类模型都涉及实时灾情信息的更新,并利用新的灾情信息进行动态决策,因此适合用于应急响应阶段应急物流决策的建模。根据相关文献(Berger,1985;方志耕等,2023;马卫民和王刊良,2003;张维迎,1996;刘克,2004;武小悦,2010),这六种建模方法之间的差别,汇总如表3.10所示。

表 3.10　应急响应阶段六种建模方法之间的差别

项目	贝叶斯决策	马尔可夫决策	不完全信息动态博弈	局内决策	随机网络	动态仿真
观测信息	需要	不需要	需要	需要	不需要	不需要
信息修正	需要	需要	需要	不需要	需要	需要
最优决策时间	涉及	涉及	不涉及	不涉及	不涉及	不涉及

马尔可夫决策不需要观测灾情信息,不同时刻的状态是由其转移概率得到

的。与之类似,随机网络也不需要观测灾情信息,不同节点的状态可以由传递系数计算得到。动态仿真使用灾害学模型进行预测灾情信息,往往不需要观测灾情信息。而其他三类决策方法都需要观测新的灾情信息。马尔可夫决策使用本时刻灾情信息的状态和转移概率来获得下一时刻的灾情信息,与之类似,随机网络使用本节点灾情信息的状态和传递系数来获得下一节点的灾情信息;贝叶斯决策和不完全信息动态博弈在观测到新的信息后,使用贝叶斯定理对先验信息进行修正,得到后验信息;而局内决策直接使用下一阶段新的观测信息,新的观测信息与本阶段的信息无转换关系。动态仿真通过调整参数设置,使仿真结果与现实数据相一致,往往不考虑先验后验信息。不完全信息动态博弈、局内决策、随机网络、动态仿真在每一阶段都进行一次应急物流决策,不涉及最优决策时间的问题,而贝叶斯决策和马尔可夫决策每一阶段都要做出是否停止观测并进行应急物流决策的决策,涉及最优决策时间。

使用马尔科夫决策和随机网络模型一般假设某一灾害信息不同状态之间的转移概率或传递函数是已知的,这一假设往往与现实不符,因为突发事件的重要特征是具有突发性、复杂性和不可预测性,突发事件发生后灾害信息具有哪些种状态往往是未知的,而且不同状态之间的转移概率难以获得。因此,本书不使用马尔可夫决策和随机网络建模方法。由于局内决策不使用新的观测信息来更正原有的先验信息,这使原有的先验信息没有得到充分利用,也不符合应急响应阶段灾情信息获得与处理的规律,因此本书也不使用局内决策建模方法。不完全信息动态博弈、局内决策不涉及最优决策时间,每一阶段都进行应急物流决策,可能会造成不同阶段决策方案的冲突。因此,本书也不使用不完全信息动态博弈这一建模方法。但是,贝叶斯决策也有其缺点,一般需要获得先验信息,但是随着国内外灾害数据库的不断完善(刘耀龙等,2008),先验信息的获得将更加容易;同时,贝叶斯决策方法还提供了无信息先验分布的处理方法(Berger,1985)。因此,本书在应急响应阶段的初期,主要使用贝叶斯决策方法;同时考虑突发事件"黑箱"期灾情信息多源、无知的特点,基于D-S证据理论处理灾情信息,将多源、无知的灾情信息转化为服从概率分布的灾情信息,用于应急物流决策。

在应急响应阶段的中后期,本书拟使用动态仿真方法,因为动态仿真的优势是可以更好地利用灾害学的相关模型进行动态灾情预测,并与应急物流动态决策结合起来,同时可以较好地处理多供应点、多受灾点、多个车辆、考虑实际路网的复杂应急物流决策问题。

（三）决策准则

对于应急响应阶段的初期的出救点定位问题,第一阶段确定应急物流决策量和最优决策时间时,以受灾点损失最小作为决策准则;第二阶段确定出救方案时,以应急时间最短作为决策准则。在应急响应阶段早期,只考虑受灾点损失最小和应急时间最短,而不考虑应急成本,体现了应急响应阶段救死扶伤、减轻受灾人员痛苦的“以人为本”的原则。

对于应急响应阶段中后期的应急物流决策问题,由于应急资源相对充足,以通过提高应急物资满足率、缩短应急响应时间来影响灾情演化、减少灾害损失作为决策目标。

综上,在应急响应阶段拟建立三类模型:

(1)在应急响应阶段的“黑箱”期,考虑突发事件“黑箱”期灾情信息多源、无知的特点,基于D-S证据理论处理灾情信息,将多源、无知的灾情信息转化为服从概率分布的灾情信息,用于出救点定位决策,并确定最优物资分配量、出救点及其物资供应量,以使受灾人员损失最小、应急响应速度最快。

(2)在应急响应阶段的初期,基于应急响应阶段应急物流决策属于不可逆决策的特征及突发事件灾情信息不断观测和更新的特征,将决策时间的确定和决策方案的制订纳入一个系统框架,建立应急物流决策问题中多出救点选择的贝叶斯序贯决策模型,确定应急方案最优决策时间、最优物资分配量、出救点及其物资供应量,以使受灾人员损失最小、应急响应速度最快。

(3)在应急响应阶段的中后期,建立应急物流决策的动态仿真模型,使用灾害学的相关模型进行灾情仿真与预测,并与应急物流决策结合起来,解决多供应点、多受灾点、多个车辆、考虑实际路网的复杂应急物流决策问题,得到最优应急物资供应与采购方案、车辆配送方案,通过提高应急物资满足率、缩短应急响应时间来影响灾情演化、减少灾害损失。

四、应急恢复阶段应急物流决策建模方法

(一)决策问题

应急恢复是指按照最低运行标准将重要生活支持系统复原的短期行为,也指推动社会生活恢复常态的长期活动。尽管长期恢复非常重要,但长期恢复活动的"应急"特征不是特别明显,因此本书主要关注应急恢复中的短期恢复阶段。该阶段的主要物流活动包括提供临时避难所/住房、关键基础设施恢复与物资调度、废墟与拆除物料处理、捐赠物资管理等。通过第二章的文献综述可以发现,按照应急模型的应急管理阶段分类,目前对应急物流决策问题的研究首先是以研究应急响应阶段为主,其次是同时研究应急准备和应急响应阶段,最后是研究应急准备阶段,基本没有对应急恢复阶段的研究。因此应该加强对于应急恢复阶段应急物流决策问题的研究。在应急恢复阶段,应急物流决策体系相对比较完善,形成了由区域性物资分配中心、临时的应急物流决策中心、受灾点所构成的多级应急物流决策网络,形成了逐级分配应急物资的制度。因此,本书将关注上级出救点将物资分配到多个下级出救点或多个受灾点的应急物流决策问题,即单出救点、多受灾点、多应急物资的分配问题。

(二)决策特征

在应急响应阶段,受灾点和受灾人员更多地在关注如何同心协力、互帮互助以降低伤亡和损失,不太关注公平问题。同时,在应急响应阶段,灾情信息高度不确定,受灾点和受灾人员很难获得其他受灾点和受灾人员的应急物流决策信息,因此也没有条件关注应急物流决策是否公平。而在应急恢复阶段,由于受灾人员基本的生理需求和安全需求已得到满足,根据马斯洛的需求层次理论,受灾人员

的归属与爱的需求、尊重需求开始出现,因此受灾人员会比较自然地开始关注公平问题。同时,在应急恢复阶段,灾情信息比较透明,受灾点和受灾人员比较容易获得其他受灾点和受灾人员的应急物流决策信息,因此,与应急响应阶段相比,他们更加有条件关注应急物流决策是否公平。在应急恢复阶段,建立应急物流决策的效率与公平模型更加符合这一阶段应急物流决策的特征和要求。

应急物流决策的公平性问题在实践中也被置于非常重要的地位。《人道主义宪章与赈灾救助标准》强调救助物资的公正发放,以避免各种负面影响。如对于供水点及其公平性的要求有:满足最低需水量,还得采取措施以确保取水的公平性;如果供水点距居民点太远,人们就无法获得足够的水以满足其最低需水量;水必须限量供应,以保证每一个人的基本需求都得到满足;所有的灾民都应明白他们的权利,也应参与供水公平性的监督。再如合理的食品分发方法是保证食品救助有效性的关键因素,最重要的是要确保分发过程中的公正性,应鼓励灾民参与项目决策和实施;应让灾民知晓要分发的食品的数量和种类,以便让他们确信分发过程的公平性;定量如有不同,必须向灾民解释清楚以得到理解;对于食品救助的分发的公平性,认为受助者(家庭或团体)之间的差异在20％以内属可接受的范围。

而在我国应急物流决策实践中,应急物流决策存在着一些不公平现象,这已经造成了受灾人员的不满,引起了相关学者的关注。孙云展和陈宏(2009)在汶川地震后,通过在彭州重灾区的调研发现,物资分配环节存在物资分配不合理的现象。排除交通中断、通信设施中断等不可抗因素,物资分配不合理主要表现为一些受灾地区由于赈灾物资大量到达而产生物资浪费现象,而一些地区则由于物资奇缺而造成灾民基本生活难以保障,个别地方甚至出现了物资哄抢现象。瞿音等(2010)通过对汶川地震中汶川县水磨镇灾民的问卷调查发现,54.84％的民众认为政府工作人员发放应急救灾物资有厚亲优友现象,43.01％的民众认为政府工作人员发放应急救灾物资不公平。对于政府发放救灾物资存在不足的主要原因,有51.61％的人认为是应急救灾物资发放不公平,位于各种原因之首。陈升等(2011)认为,在汶川地震抗震救灾初期,由于时间紧迫,政府仅按照受灾程度将灾区进行分类,且基本上没有按照灾区居民的需求和意愿进行划分(如"101"政策,即每人每天 10 元钱 1 斤粮,是灾区居民大多享有的),这种"一刀切"的普惠制政策可能会带来事实上的不公平。如何使有限资源向最需要的受灾群众倾斜,同时保证公平在可接受的范围内,是救援工作必须考虑的重大问题。

因此,在应急恢复阶段,关注应急物流决策的效率与公平问题,研究效率与公平的均衡关系是非常必要的。

(三)决策准则

对于应急恢复阶段单出救点、多受灾点、多应急物资的分配问题,同时考虑效率准则和公平准则,效率准则是指受灾点损失最小,而公平准则是指公平程度最高。

综上,在应急恢复阶段,本书将建立一组线性/非线性规划模型来研究应急物流决策的效率与公平问题,确定最优应急物流决策量,以使应急物流决策方案可以在效率与公平之间取得均衡。

通过以上分析,基于应急管理不同阶段灾情信息特征、决策问题、决策特征和决策准则,可以得到本书在应急管理不同阶段应急物流决策的建模方法,如表 3.11 所示。

表 3.11 应急管理不同阶段应急物流决策建模方法

应急管理阶段	应急准备	应急响应			应急恢复
		"黑箱"期	初期	中后期	
灾情信息特征	静态不确定信息	多源、部分无知信息	动态不确定信息	动态不确定信息	静态/动态确定信息
决策问题	应急物资的设施定位决策、应急物资库存决策、突发事件发生后应急物资的预分配决策	应急物资分配量决策、出救点及其物资供应量决策	决策时间、应急物资分配量决策、出救点及其物资供应量决策	多出救点、多受灾点、多车辆、考虑实际路网的复杂应急物资供应、采购、车辆配送决策	应急物流分配量决策

应急管理阶段	应急准备	应急响应			应急恢复
		"黑箱"期	初期	中后期	
决策特征	基于情景	灾情信息极度缺乏	不可逆决策	可以使用灾害模型进行灾情预测	兼顾效率与公平
决策准则	应急储备仓库建设成本、应急物资库存成本、运输量时间和受灾点损失最小	受灾人员损失最小、应急响应速度最快	受灾人员损失最小、应急响应速度最快	通过提高应急物资满足率、缩短应急响应时间来影响灾情演化、减少灾害损失	效率与公平之间取得均衡
建模方法	基于情景的两阶段随机规划	基于 D-S 证据理论	贝叶斯序贯决策	动态仿真	线性/非线性规划

第五节 本章小结

本章从灾情信息的动态性和不确定性出发,对应急管理不同阶段中灾情信息的特性进行研究,对汶川地震、新冠疫情等灾情信息的特征进行了实证分析,提出了基于应急管理阶段灾情信息特征进行应急物流决策建模的观点。在应急准备阶段,灾情信息的特征是静态不确定信息,应急物流决策为静态不确定决策,合理的决策方法(模型)包括随机规划、模糊规划、鲁棒规划、灰色规划、模糊随机规划、随机模糊规划、粗糙集决策等;在应急响应阶段,灾情信息的特征是动态不确定信息,应急物流决策为动态不确定决策,合理的决策方法(模型)包括贝叶斯决策、局内决策、不完全信息动态博弈、马尔可夫决策、随机网络模型、动态仿真等;在应急恢复阶段,灾情信息的特征是静态/动态确定信息,应急物流决策为静态/动态确定决策,合理的决策方法(模型)包括线性/非线性规划、网络图、动态规划、动态仿真等。同时,基于应急管理不同阶段灾情信息特征、决策问题、决策特征和决策准则,得到了本书在应急管理不同阶段应急物流决策的建模方法。本章的创新点包括：

（1）从灾情信息的动态性和不确定性出发，对应急管理不同阶段中孕灾环境、致灾因子、承灾体和防灾减灾等灾情信息的特性分别进行研究，理论与实证分析相结合，得到了具有一般性的结论。

（2）基于"模型的粗糙度与不完备信息度应该相匹配"的建模思想，提出了基于应急管理阶段灾情信息特征进行应急物流决策建模的观点，给出了不同应急管理阶段的信息特征、应急物流决策类型及决策方法（模型）之间的关系，对于应急管理优化建模具有一定的指导意义。

（3）分析了一些应急响应活动具有不可逆决策的特征，应急响应决策方案一旦做出就无法调整，或者调整的成本非常高。在应急物流决策属于不可逆决策或者调整的成本非常高时，应急物流决策方案难以调整，只能通过确定最优决策时间来选择决策时机，此时决策时机就变得特别重要。

（4）提出了基于应急管理不同阶段灾情信息特征、决策问题、决策特征和决策准则确定应急物流决策建模方法的选择框架，这一框架贯穿了整个应急管理周期、灾情演化周期、应急物流决策周期，对于其他应急物流决策问题或应急管理问题选择合理的建模方法具有一定的指导意义。

第四章　应急准备阶段应急物流决策的随机规划模型

本章在应急准备阶段建立一个两阶段随机规划模型，进行应急物资的设施定位决策、应急物资库存决策和突发事件发生后应急物资的预分配决策。该模型将考虑致灾因子的不确定性，以及由此导致的受灾人口和应急物资需求的不确定性、运输道路损毁的不确定性、应急设施损毁的不确定性和承灾体脆弱性的不确定性。应急准备阶段的应急物流决策两阶段随机规划模型的结构如图4.1所示。随机规划模型的第一阶段决策包括应急设施定位决策和应急物资库

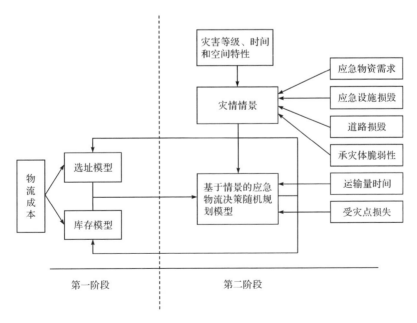

图 4.1　应急物流决策两阶段随机规划模型的结构

存决策,这一阶段决策变量包括存储设施的选址和类型及应急物资的库存水平,决策目标考虑应急储备仓库建设成本和应急物资库存成本及第二阶段目标的期望值最小。随机规划模型的第二阶段决策是各种灾害情景下应急物资的预分配决策,这一阶段决策变量为应急物流决策量,决策目标考虑运输量时间和受灾点损失最小(葛洪磊和刘南,2014)。下面首先基于灾害等级、时间、空间特性,应急设施损毁,道路损毁和承灾体脆弱性等灾情信息来构建灾害情景,并给出不同情景下应急物资需求、应急设施损毁,道路损毁和承灾体脆弱性等随机变量的联合分布。

第一节　灾害情景构建

本书认为,灾害情景是指以各类灾情信息作为情景要素而组合表达的灾害发生、发展的态势。因此,可以基于灾情信息的分类与组合来构建灾害情景,提出以灾情信息作为情景要素,基于灾情信息分类与组合的两阶段灾害情景构建方法。

一、灾害情景构建方法

(一)第一阶段:基于灾情信息分类区分灾变情景和影响情景

灾害中,作为情景要素的灾情信息主要包括四种:孕灾环境信息、致灾因子信息、承灾体信息和防灾减灾信息。可以把这四种信息分为两类:孕灾环境信息和致灾因子信息为灾变信息,而承灾体信息和防灾减灾信息为灾害影响信息。基于灾变信息可以建立灾变情景(ES),基于灾害影响信息可以建立影响情景(IS)。由于承灾体信息和防灾减灾信息依赖于孕灾环境信息和致灾因子信息,因此影响情景依赖于灾变情景。

（二）第二阶段：基于灾情信息组合构建灾变情景与影响情景，并进一步组合成灾害情景

将孕灾环境信息和致灾因子信息，包括灾害等级、时间和空间特性等组合起来构建灾变情景。将承灾体信息和防灾减灾信息——包括受灾人口、应急物资需求、运输道路损毁情况、应急设施损毁情况、应急物资供应等信息——组合起来构建影响情景。灾变情景与影响情景组合起来构成灾害情景，如图 4.2 所示。使用这一方法可以得到 Mete 和 Zabinsky(2010)所构建的地震情景。本书所给出的灾害情景构建方法不仅适用于地震灾害，也适用于其他灾害。

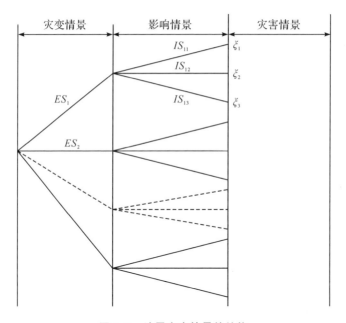

图 4.2　地震灾害情景的结构

二、灾害情景构建步骤

Jenkins(2000)认为，构建情景的目标是将已选择灾害情景与所有潜在灾害情景的相似度最大化，以便通过有限灾害情景就能获得所有潜在情景的最大相关信息。因此，在构建灾变情景及其影响情景时，要综合平衡灾情信息的覆盖

面和求解的便利性。一方面,如果考虑所有潜在灾害情景所覆盖的所有类型的灾情信息,并基于这些灾情信息的所有可能取值构建地震灾害情景,那么所构建的灾害情景尽管能够覆盖所有潜在情景的最大相关信息,但是情景数量会非常庞大,难以对相关的优化模型进行计算求解。另一方面,如果仅仅追求相关优化模型求解的便利性而刻意减少灾害情景的数量,可能会造成关键灾情信息缺失,影响决策的科学性。

为了综合平衡灾情信息覆盖面和求解便利性,本书以地震灾害为例,提出构建灾害情景时的步骤。

(一)确定应急物流决策服务的灾害等级,并确定其概率

如,在地震高发地区,建立的应急物资储备可以服务于频发的低等级地震,也可以服务于发生概率较低的高等级地震。对于地震等级及其发生概率,需要地震专家根据相关统计和研究给出判断,这一部分在第三章的"应急准备阶段灾情信息的特征"和"应急准备阶段灾情特征实证分析——以汶川地震为例"两部分中有比较详细的介绍。

(二)根据决策的影响因素选择关键灾情信息

应急物流决策的直接影响因素通常是影响情景中的承灾体信息和防灾减灾信息,可以选取受灾人口、应急物资需求、运输道路损毁情况、应急设施损毁情况、应急物资供应等信息作为关键灾情信息。而这些承灾体信息和防灾减灾信息又取决于灾变情景中的孕灾环境信息和致灾因子信息,因此可以选择灾害的等级、时间和空间等信息作为关键灾情信息,如地震的震级、烈度、时间和空间分布等。地震灾害的震级和烈度对于承灾体的影响呈现出不同数量级的变化(国家减灾委员会-科学技术部抗震救灾专家组,2008);地震灾害发生的昼夜时间分布会影响大地震发生的前兆观察和地震发生时的逃生脱险(苏英和刘晓,2009);而地震发生的空间分布则会造成受灾人口、应急物资需求、运输道路损毁情况、应急设施损毁情况等承灾体信息发生变化。

(三)划分孕灾环境和致灾因子信息的区间

所谓差异性标准,是指当灾情信息处于不同取值区间时,应急物流决策可能会有较大差异。以地震为例,对于地震发生时间,可以把 24 小时平均分为白天(06:00—18:00)和晚上(18:00—次日 06:00)2 个时间段,也可以根据需要将白天进一步分为工作时间和交通拥堵时间(Mete & Zabinsky,2010)。对于地震发生的空间位置,可以根据实际需要按照行政区域、地形等划分,或以交通线、河流等为界限进行划分,或根据承灾体脆弱性的差异(如城市与农村)进行划分。对于中短期进行预测的地震,也可以以相关专家的预测值确定地震发生时间和空间的取值范围。确定了致灾因子关键信息的取值范围以后,需要确定其条件概率分布。确定其地震时间和空间条件概率时,可以根据历史数据分析地震活动的时间序列和空间分布特征而得到(苏英和刘晓,2009),也可以直接使用相关专家的预测概率,还可以假设地震发生时间和空间的概率服从均匀分布(Mete & Zabinsky,2010)。

(四)构造灾变情景

假设某区域有 2 个不同等级(E_1 和 E_2)的地震可能会发生,有两个可能的震中位置(L_1 和 L_2),发生的时间分为白天(D)和晚上(N)两个时间段,则由灾变信息作为情景要素经过组合后得到的灾变情景有 8 个(ES_1,ES_2,…,ES_8),如表 4.1 所示。在此基础上,可以计算出每种灾变情景的概率。

表 4.1　灾变情景的构造

灾变情景	ES_1	ES_2	ES_3	ES_4	ES_5	ES_6	ES_7	ES_8
地震等级	E_1				E_2			
震中位置	L_1		L_2		L_1		L_2	
发生时间	D	N	D	N	D	N	D	N
灾变情景概率								

(五)划分承灾体与防灾减灾信息区间

每一种灾变情景下,受灾人口、应急物资需求、运输道路损毁情况、应急设

81

施损毁情况、应急物资供应情况等承灾体与防灾减灾关键信息的取值范围划分区间时，可以参考 Barbarosoglu 和 Arda(2004)的方法，以这些灾情信息取值变化的百分比来划分取值区间，如以受灾人口增加 10％或减少 10％来划分受灾人口的取值区间，以应急设施损毁程度增加 5％或减少 5％来划分应急设施损毁情况的取值区间等。划分承灾体与防灾减灾关键信息的取值区间后，可以根据历史的灾害数据确定其条件概率分布。在很多情况下，这些灾情信息统计上往往也是相关的，也即具有联合的概率分布(Mete & Zabinsky,2010)。

（六）构造影响情景

假设在第一种灾变情景 ES_1 下，受灾人口比例和应急设施损毁比例两种信息相关，可以计算其不同取值区间的联合条件概率。假设受灾人口比例可能的取值为 10％、20％和 30％，应急设施损毁比例取值为 20％、40％，则两者组合得到 6 种影响情景($IS_1, IS_2, \cdots, IS_6$)，并可以计算得到第一种灾变情景下，6 种影响情景的条件概率，如表 4.2 所示。

表 4.2　影响情景的构造

灾变情景	ES_1					
影响情景	IS_{11}	IS_{12}	IS_{13}	IS_{14}	IS_{15}	IS_{16}
受灾人口比例/％	10	20	30	10	20	30
应急设施损毁比例/％	20	20	20	40	40	40
影响情景条件概率						

（七）构造灾害情景

由表 4.1 与表 4.2，得到灾害情景及其概率，如表 4.3 所示。

表 4.3　灾害情景的构造

灾变情景	ES_1					
影响情景	IS_{11}	IS_{12}	IS_{13}	IS_{14}	IS_{15}	IS_{16}
灾害情景	ξ_1	ξ_2	ξ_3	ξ_4	ξ_5	ξ_6
灾害情景概率						

第二节 应急准备阶段应急物流决策的随机规划模型

一、符号定义

h：应急物资代号，$h \in H$。

i：出救点备选地点代号，$i \in I$。

j：受灾点代号，$j \in J$。

a：仓库设施类型代号，$a \in A$。

γ_h：每单位第 h 种物资的体积。

z_h：第 h 种物资的单位存储成本。

c_a：第 a 种仓库设施的设立成本。

u_a：第 a 种仓库设施的容量限制。

m：出救点的最大数量。

ξ：地震灾害情景代号，$\xi \in \Xi$。

$p(\xi)$：地震灾害情景 ξ 发生的概率。

B_j：受灾点 j 的人口总数。

$\theta_j(\xi)$：地震灾害情景 ξ 下受灾点 j 人口的受灾比例。

d_h：单位受灾人口对物资 h 的需求量。

$v_j(\xi)$：地震灾害情景 ξ 下，第 j 个受灾点的受灾点系数，表示受灾点的脆弱性。

w_h：第 h 种物资的物资系数，表示应急物资的需求等级。

t_{ij}：正常情况下，从出救点 i 到受灾点 j 的运输时间。

$\beta_{ij}(\xi)$：地震灾害情景 ξ 下，从出救点 i 到受灾点 j 应急运输时间与正常情况运输时间的比例。

$\lambda_i(\xi)$:地震灾害情景 ξ 下,出救点 i 仓库设施及应急物资受损后的可用比例决策变量。

第一阶段选址—库存模型的决策变量:

x_{ia}:当在第 i 个备选点设立第 a 类仓库设施作为出救点时,$x_{ia} = 1$;否则 $x_{ia} = 0$。

b_{ih}:出救点 i 中物资 h 的库存储备量。

第二阶段应急物流决策随机规划模型的决策变量:

$S_{ijh}(\xi)$:地震灾害情景 ξ 下,物资 h 从出救点 i 到受灾点 j 的分配量。

$y_{jh}(\xi)$:地震灾害情景 ξ 下,受灾点 j 物资 h 的未满足需求量。

二、选址—库存模型

第一阶段模型为选址—库存模型,用于解决应急物资的设施定位和储备决策问题。要求在地震灾害多发地区的多个备选地点中选择一部分地点设立应急物资仓库,同时确定各个仓库中不同应急物资的库存,以应对地震灾害,减少受灾点损失。除了降低受灾点潜在损失这一最终目标外,应急物资的仓库选址和库存决策还应该考虑尽量减少仓库设立成本和应急物资库存成本。这里假设有多种不同类型的应急物资仓库,它们的仓储容量和设立成本也存在差异。同时,由于仓储建设资金的限制,对设立的出救点仓库数量也有限制。这一阶段的决策变量有两个:选址决策变量和库存决策变量,而选址决策变量为 0—1 变量。因此,这一阶段的模型为 0—1 混合整数规划模型。建模如下:

$$\min \left[\sum_{i \in I} \sum_{a \in A} x_{ia} c_a + \sum_{h \in H} \sum_{i \in I} b_{ih} z_h + E_{\Xi}(Q(x, b, \xi)) \right] \quad (4.1)$$

$$\text{s.t.} \sum_{h \in H} b_{ih} \gamma_h \leqslant \sum_{a \in A} x_{ia} u_a, \forall i \in I \quad (4.2)$$

$$\sum_{a \in A} x_{ia} \leqslant 1, \forall i \in I \quad (4.3)$$

$$\sum_{i \in I} \sum_{a \in A} x_{ia} \leqslant m \quad (4.4)$$

$$x_{ia} \in \{0,1\}, \forall i \in I, a \in A \qquad (4.5)$$

$$b_{ih} \geqslant 0, \forall i \in I, h \in H \qquad (4.6)$$

目标函数(4.1)包括三部分:仓储设施设立的总成本、各类应急物资的存储成本、第二阶段目标函数在各类地震灾害情景下的期望值。而第二阶段的目标函数又是第一阶段决策变量与地震灾害情景的函数。选址—库存模型要使目标函数最小化,即使仓储设施设立的总成本、各类应急物资的存储成本与第二阶段目标函数在各类地震灾害情景下的期望值之和最小化。约束(4.2)表示在每一个出救点备选地点的仓库中,存储的各类应急物资的体积不超过仓库的容量。约束(4.3)表示在每一个出救点备选地点最多设立一个仓库,包括各种类型的仓库。约束(4.4)表示在所有出救点备选地点设立的仓库数量最多为 m 个。约束(4.5)表示选址决策变量 x_{ia} 为 0—1 变量。约束(4.6)是库存决策变量 b_{ih} 的非负约束。

三、基于情景的应急物流决策随机规划模型

地震灾害发生前,地震灾害信息和灾害情景是不确定的,需要建立随机规划模型对应急物资进行预分配。在地震灾害情景 ξ 下,从出救点 i 到受灾点 j 的运输时间为 $\beta_{ij}(\xi)t_{ij}$。假设运输时间超过 T 时,应急救援失败(如药品需求不能按时得到满足,就会导致生命损失)或系统外部的应急物资可以送达。因此,要求出救点到受灾点的运输时间小于 T 时,才进行应急物资的分配。这样,假设出救点 i 服务的受灾点的集合为:

$$U_i = \{j \in J \mid \beta_{ij}(\xi)t_{ij} \leqslant T\}$$

可以为受灾点 j 提供应急物资的出救点的集合为:

$$V_j = \{i \in I \mid \beta_{ij}(\xi)t_{ij} \leqslant T\}。$$

在地震灾害情景 ξ 下,受灾点 j 的受灾人口数量为 $\theta_j(\xi)B_j$,受灾点 j 对物资 h 的需求量为 $\theta_j(\xi)B_jd_h$,受灾点 j 物资 h 的未满足需求量为:

$$y_{jh}(\xi) = \theta_j(\xi)B_j d_h - \sum_{i \in V_j} S_{ijh}(\xi)$$

假设所有受灾点的损失为：

$$L = \sum_{j \in J} \sum_{h \in H} v_j(\xi)w_h \frac{y_{jh}(\xi)}{d_h}$$

本书研究的是应急物流决策问题,因此只关注由于应急物流决策造成的受灾点损失,这一损失主要是由于应急物资不能满足受灾点和受灾人员需求造成的。而当应急物流决策能够满足受灾点需求时,由于财产损毁和人员伤亡,仍然会存在受灾点损失,但这些损失与应急物流决策无关。因此,受灾点损失首先是应急物资未满足需求量的函数。受灾点系数 $v_j(\xi)$、物资系数 w_h 为灾害要素定量化标识,实现灾害要素的量化可比。在相同条件下,当受灾点承灾体越脆弱,该受灾点损失就越大;在相同条件下,当应急物资越重要,该应急物资未满足所造成的损失也越大(Ge & Liu,2009)。$\frac{1}{d_h}$ 的作用则是对应急物资的计量单位进行标准化和归一化处理(Yi & Özdamar,2007),以消除不同物资之间计量单位的差异,将单位受灾人口对各类物资的需求量转化为 1 个单位,以使不同物资未满足时产生的损失具有可比较性,可以直接进行相关运算(葛洪磊等,2009;Ge & Liu,2010)。在灾害应急的环境下,要量化未满足需求和后满足需求的实际损失,即使不是不可能,也是很困难的(Diskett et al.,1995)。但是,在应急物流决策中,我们不需要确切地知道每一个受灾点的脆弱性指标值和每种物资的需求等级值,不需要确切地计算应急物流决策给每个受灾点造成的损失大小,我们只要知道每一个需求点的相对脆弱性 $v_j(\xi)$ 和每一种物资的相对需求等级 w_h,就可以得到合理的应急物流决策方案(Balcik et al.,2008)。

第二阶段的目标是尽量减少受灾点损失,同时缩短运输量时间(Mete & Zabinsky,2010;计国君和朱彩虹,2007;李进等,2011)。这里的运输量时间用应急物资的物资系数乘以物资的运输量,再乘以运输时间来表示。本阶段的随机规划模型如下所示：

$$Q(x,b,\xi) = \sum_{i \in I} \sum_{j \in J} (\beta_{ij}(\xi) t_{ij} \sum_{h \in H} w_h S_{ijh}(\xi)) + \sum_{j \in J} \sum_{h \in H} v_j(\xi) w_h \frac{y_{jh}(\xi)}{d_h}$$

$$(4.7)$$

$$\text{s. t. } y_{jh}(\xi) = \theta_j(\xi) B_j d_h - \sum_{i \in V_j} S_{ijh}(\xi), \forall j \in J, h \in H \qquad (4.8)$$

$$\sum_{j \in U_i} S_{ijh}(\xi) \leqslant \lambda_i(\xi) b_{ih}, \forall i \in I, h \in H \qquad (4.9)$$

$$S_{ijh}(\xi), y_{jh}(\xi) \geqslant 0, \forall i \in I, j \in J, h \in H \qquad (4.10)$$

第二阶段目标函数(4.7)包括两部分:所有物资在所有路径上的运输量时间和所有受灾点的损失。约束条件(4.8)定义了地震灾害情景 ξ 下,受灾点 j 物资 h 的未满足需求量。约束条件(4.9)表示出救点 i 中物资 h 的总分配量不超过其受损后的可用量。约束条件(4.10)为决策变量的非负约束。

第三节　求解算法

上述的两阶段模型是一个 0—1 混合整数随机规划模型。由于其随机变量为只取有限多个离散值的变量,可以转化为等价的确定性规划问题。因此,对于这一类问题,Barbarosoglu 和 Arda(2004)使用 GAMS/OSL 或 SLP-IOR 等优化软件进行了求解,Mete 和 Zabinsky(2010)使用 CPLEX 求解器进行了求解。但是,在情景比较多的情况下,数学模型的求解规模会非常大,求解效率比较差(Rawls,2010;Chang et al.,2007)。如当出救点有 5 个、受灾点有 5 个、应急物资有 5 种、灾害情景有 16 种时,该随机规划模型转化为确定性规划模型时决策变量将达到 2000 多个,为了得到比较好的求解效率,需要设计特别的求解算法。

一、第一阶段模型的编码方式设计

为了简化模型以利于算法设计,现给出一种新的决策变量编码方式。假设出救点备选地点共有 n 个,仓库设施类型共有 g 种,则新的决策变量编码方式如表 4.4 所示。

表 4.4   第一阶段模型的编码方式设计

出救点备选地点	1	2	⋯	n
仓库类型 q_{ia} ($0\sim g$ 之间的整数,必须包含 $n-m$ 个 0)				
仓库容量体积比例 f_i ($0\sim 1$ 之间的实数)	f_1	f_2	⋯	f_n
每种应急物资所占库存体积的比例 r_{ih} ($0\sim 1$ 之间的实数,求和等于 1)	r_{11}	r_{21}	⋯	r_{n1}
	r_{11}	r_{22}	⋯	r_{n2}
	⋯	⋯	⋯	⋯
	r_{1h}	r_{2h}	⋯	r_{nh}
	⋯	⋯	⋯	⋯

新的编码方式为整数实数混合编码方式,包含三个部分。第一部分是仓库类型变量 q_{ia},除了原有的类型 $1\sim g$,还新增了类型 0,类型 0 表示该出救点备选点不建任何仓库。根据"准备在 n 个潜在出救点最多建立 m 个应急仓库"的要求,仓库类型变量必须包含 $(n-m)$ 个 0。如果 $q_{ia}>0$,则 $x_{ia}=1$,否则 $x_{ia}=0$。第二部分是仓库库存容量比例 f_i,表达应急仓库各类应急物资的体积占该仓库容量的比例,是 $0\sim 1$ 的实数。第三部分是各类物资所占库存体积的比例 r_{ih},表达每种应急物资占该仓库总库存体积的比例,是 $0\sim 1$ 的实数,每种应急物资占该仓库总库存的比例求和等于 1,即满足

$$\sum_{h\in H} r_{ih} = 1, \forall i \in I$$

使用上述变量可以得到该仓库中各种物资的具体库存数量,即

$$b_{ih} = \frac{f_i r_{ih} \sum_{a\in A} x_{ia} u_a}{\gamma_h} \tag{4.15}$$

使用新的编码方式,原模型中的约束条件可以全部消除。比如"存储的各

类应急物资的体积不超过仓库的容量"的约束,由于使用了"仓库库存体积比例"决策变量,其取值范围为0～1,因此不可能发生库存体积超过容量的情况。再比如"每一个出救点备选地点最多设立一个仓库"和"所有出救点备选地点设立的仓库数量最多为 m 个"的约束,在"仓库类型"的决策变量中就有保证。

总之,使用新的编码方式,在目标函数不发生变化的情况下,将原模型转化为一个无约束非线性优化模型,为后面的算法设计奠定了良好的基础。

二、第一阶段模型的分析与求解

第一阶段模型采用了上述编码方式之后,是一个既有整数型变量,又有连续变量的组合优化问题。这里采用的算法是"自适应免疫克隆选择文化算法(adaptive immune clonal selection cultural algorithm,AICSCA)"(郭一楠等,2010)。免疫克隆选择算法模拟生物学中的抗体克隆选择机理,通过克隆操作、免疫基因操作及选择操作等新型算子,实现高效的搜索,它不要求问题具有可微、连续特性,是免疫算法中的一个新兴发展方向。自适应克隆选择免疫文化算法采用文化算法的双层进化机制,上层信度空间实现对进化过程隐含信息的提取,并以知识形式对种群空间的进化状况加以描述;底层种群空间实现克隆选择免疫算法,并根据信度空间知识,自适应调节混合选择策略中克隆选择机制和($\mu+\lambda$)选择机制的作用比例。本算法中抗原是指待优化的目标函数,抗体是候选解集,抗体的亲和度是其在目标空间中的适应度映射。该算法的具体实现步骤如下:

第一步:初始化种群空间和信度空间。初始种群 $X(0)=\{x_1(0),x_2(0),\cdots,x_k(0)\}$ 在整个搜索空间内随机产生,其中,k 为种群规模,信度空间的初始知识记录搜索空间中各变量的取值范围。

第二步:克隆增殖操作。由父代种群 $X(t)$,通过克隆操作生成子代种群 $X^C(t)$。

第三步:变异操作。由克隆后子代种群 $X^C(t)$,经过变异生成子代种群 $X^M(t)$。

89

第四步:评价操作。合并父代种群 $X(t)$ 和克隆变异后子代种群 $X^M(t)$,对生成的合并种群 $X'(t)$ 评价抗体亲和度。

第五步:选择操作。在合并种群 $X'(t)$ 中,依据信度空间知识,采用混合选择策略选出优势抗体,组成下一代种群 $X(t+1)$。

第六步:知识更新。每代按照一定接受比例,从种群 $X(t+1)$ 中选取优势抗体作为样本;并依据样本集提取优势信息,更新信度空间的知识。

第七步:判断是否满足终止条件,若满足则停止,否则 $t=t+1$,转到第二步。

三、第二阶段模型的分析与求解

第二阶段模型是一个多目标优化模型,目标函数包含两部分:一个是灾害损失(对需求未满的一种测度),另一个则是运输量时间。第二阶段模型是一个随机规划模型,但只要任何一种灾害情景发生了,那么这个模型就成为一个确定性的模型,而且这个模型的基本结构是供需匹配模型。第一阶段模型的决策变量确定了物资的供应情况,灾害情景的发生确定了物资的需求情况,目标函数体现的意图是尽可能满足需求,降低受灾点损失,同时使运输量时间最小。

根据第二阶段模型的决策变量和情景的不同,最终可以分为三种情况加以考虑:

情况 1:如果物资势能分布全部为正,表明各灾区物资充裕,损失为 0,运输量时间也为 0。

情况 2:如果物资势能分布全部为负,表明各灾区物资均不能自足,无须进行物资调配。

情况 3:如果物资势能分布有正有负,则按照"势能抵消算法"进行物资调配,具体流程如下。

第一步:遍历通行时间矩阵,找出一个配对点,该配对点满足以下条件:(1)通行时间最短,(2)满足时间限制,(3)存在势能差。

第二步:抵消配对点的势能差,使其中一个变为 0,更新势能差向量并记录物资运输表。

第三步:重复第一步和第二步,直到不能找出满足要求的配对点为止。

第四步:计算受灾点损失和运输量时间。

第四节　算例分析

一、潜在地震区域与潜在受灾点选择

将地震灾变综合危险性以省为单元划分为 5 级,其中四川省为特重度灾变危险性省(高庆华等,2003)。四川地震区域在空间上并不是均匀分布的,四川的北部和西北部是地震发生比较密集的区域(苏英和刘晓,2009)。四川龙门山断裂带自东北向西南沿着四川盆地的边缘分布。

基于龙门山断裂带及其邻区地震活动分布图,本书选取龙门山断裂带及其邻区作为地震发生的潜在区域,可能的受灾点包括崇州市、都江堰市、彭州市、什邡市、绵竹市、北川县、汶川县等 7 个县(市)。

二、相关参数设定

根据《四川统计年鉴 2008》,7 个潜在受灾点在 2007 年底的总人口 B_j 如表 4.5 所示。

表 4.5　2007 年底 7 个潜在受灾点的总人口　　　　　　　　单位:万人

潜在受灾点	崇州	都江堰	彭州	什邡	绵竹	北川	汶川
人口	66.5	60.9	79.5	43.1	51.3	16.0	10.5

7 个潜在受灾点之间的正常通行时间 t_{ij} 如表 4.6 所示。同时,假设出救点

到受灾点的应急运输时间应该在 6 个小时以内,即 $T=6$。

表 4.6   7 个潜在受灾点之间的通行时间   单位:小时

潜在受灾点	崇州	都江堰	彭州	什邡	绵竹	北川	汶川
崇州	0	1.07	1.17	1.88	2.45	2.85	2.58
都江堰	1.07	0	0.92	1.67	2.08	2.08	1.72
彭州	1.17	0.92	0	0.82	1.47	1.47	2.52
什邡	1.88	1.67	0.82	0	0.75	0.75	3.25
绵竹	2.45	2.08	1.47	0.75	0	1.15	3.75
北川	2.85	2.08	1.47	0.75	1.15	0	4.05
汶川	2.58	1.72	2.52	3.25	3.75	4.05	0

资料来源:根据百度地图的获取路线功能得到。

    为了应对可能发生的地震,准备在 7 个潜在受灾点建立 4 个应急物资储备库。应急物资储备库有 3 种类型:小型、中型和大型,每种类型应急物资储备仓库的设立成本 c_a 和容量 u_a 如表 4.7 所示。

表 4.7   应急物资储备仓库的设立成本和容量

仓库类型	设立成本/万元	容量/万立方米
小型	650	10
中型	1100	20
大型	1350	30

    应急物资储备仓库中需要储备各类应急物资,本书选取饮用水、方便食品、帐篷、棉衣、照明设备等 5 种应急物资,对其灾前储备量和灾害应急响应的预分配量进行决策。5 种应急物资的单位体积 γ_h 和单位存储成本 z_h 如表 4.8 所示。对于单位体积,帐篷的单位体积参照民政部批准发布的《12 平方米救灾专用单帐篷》行业标准计算得到,即篷体包装袋的规格尺寸为 1200mm×280mm×280mm,框架包装袋的规格尺寸为 2100mm×280mm×280mm。其他应急物资

92

的单位体积基本上根据实际产品的外包装体积计算得到。单位存储成本基本上取单位应急物资市场价格的 10%。

表 4.8　5 种应急物资的单位体积和单位存储成本

应急物资类型	单位体积/立方米	单位存储成本/元
饮用水/升	0.015	0.1
方便食品/千克	0.100	0.3
帐篷/顶	0.259	40.0
棉衣/套	0.100	20.0
照明设备/件	0.010	3.0

聂高众等(2001)根据大量地震数据和其他资料通过相关分析,对 140 余种地震应急需求进行了参数提取,得到了应急物资需求的统计函数。《人道主义宪章与赈灾救助标准》讨论了维持自然灾害和武装冲突发生地灾民生活最基本的需要,确定了旨在满足灾民对用水、卫生、营养、食品、居住条件和医疗服务需要的最低救助标准。根据这些研究和实践,假设单位受灾人口对饮用水、方便食品、帐篷、棉衣、照明设备 5 种应急物资的需求量 d_h 如表 4.9 所示。其中饮用水、方便食品为消耗性物资,这两类消耗性物资存储 3 天的需求量,其他 3 种物资为非消耗性物资。

表 4.9　单位受灾人口对 5 种应急物资的需求量

类型	饮用水/升	方便食品/千克	帐篷/顶	棉衣/套	照明设备/件
需求量	6.00	3.00	0.25	1.00	0.25

张旭凤(2007)、姜玉宏等(2007)、乔红波(2009)、夏萍和刘凯(2010)等学者对于应急物资的重要性、时效性、稀缺性等进行了研究,给出了应急物资的分类和优先级。参照这些研究成果,同时考虑应急物流决策模型中目标函数(4.1)和(4.7)中各项成本和受灾人员损失之间数量关系的可比性,设定 5 种应急物资的物资系数 w_h,如表 4.10 所示。

表 4.10 5 种应急物资的物资系数

类型	饮用水	方便食品	帐篷	棉衣	照明设备
物资系数	10	8	6	4	2

三、地震灾害情景构建

根据本章给出的灾害情景构建步骤,构建地震灾害情景如下。

(一)确定应急物流决策服务的地震灾害等级,并确定其概率

根据地震专家的相关研究,如陈学忠(2002)指出,从 2003 年起就应该警惕四川地区发生 7 级以上地震的可能。龙小霞等(2006)研究指出,在 2008 年左右,川滇地区有可能发生≥6.7 级强烈地震。Densmore 等(2008)指出了青藏高原东缘的北川断层和彭灌断层长度足以产生强地面震动的地震,成为区域地震危险性的潜在震源。因此,本书假设在四川的地震潜在发生区域中,有两个地点可能发生强震,分别是北川县和彭州市。假设北川县发生地震为 7.5 级,发生的概率为 0.5,彭州市发生地震为 7.0 级,发生的概率为 0.5。

(二)根据决策的影响因素选择关键灾情信息

本书选取地震的三要素(等级、时间和空间)等孕灾环境和致灾因子信息作为灾变情景的情景要素,选取人口受灾比例、受灾人员易损性、运输道路损毁情况、应急设施损毁情况等承灾体信息与防灾减灾信息作为影响情景的情景要素。

(三)对灾变情景中关键灾变信息的取值范围划分区间,并确定其条件概率分布

由于地震发生的等级及其发生空间的概率分布已经确定,因此,需要确定地震发生时间的条件概率分布。基于差异性标准,将地震发生时间的 24

小时平均分为白天（06：00—18：00）和晚上（18：00—次日 06：00）2 个时间段。基于苏英和刘晓（2009）的研究，2001 年 1 月至 2007 年 12 月，四川省共发生 4 级以上地震 155 次，白天共发生了 86 次，占 55%；夜晚共发生了 69 次，占 45%。因此，设定地震在白天发生的条件概率为 0.55，在夜晚发生的概率为 0.45。

（四）对灾变信息类情景要素进行组合，得到灾变情景，并计算其概率分布

对灾变情景的三种情景要素（震中位置、地震等级和发生时间）进行组合，得到 4 个灾变情景（$ES_1, ES_2, \cdots, ES_4$），如表 4.11 所示。在此基础上，可以计算出每种灾变情景的概率。

表 4.11　灾变情景的构造

灾变情景	ES_1	ES_2	ES_3	ES_4
震中位置	北川县		彭州市	
地震等级	7.5		7.0	
发生时间	白天	夜晚	白天	夜晚
灾变情景概率	0.275	0.225	0.275	0.225

（五）每一种灾变情景下，对影响情景中承灾体与防灾减灾关键信息的取值范围划分区间，并确定其条件概率分布

在每一种灾变情景下，假设受灾比例 θ_j、受灾点系数 v_j、仓库应急物资的可用比例 λ_i 三类灾情信息是相关的，具有联合的概率分布。在每一种灾变情景下，对这三类灾情信息的取值范围划分区间，并给出其联合的条件概率分布，如表 4.12 所示。其中，受灾比例、受灾点系数与地震发生的时间相关，而仓库应急物资的可用比例与地震发生时间无关。假设北川县地震造成的损毁比较严重的条件概率是 0.4，损毁严重的条件概率是 0.6；而且，地震发生在晚上时，受灾比例和受灾点系数与白天相比会稍微高一些。彭州市地震造成的损失比较

严重的条件概率是 0.35,损毁严重的条件概率是 0.65,而且当地震发生在晚上时,受灾比例和受灾点系数与白天相比会稍微高一些。

表 4.12 受灾比例、受灾点系数、仓库应急物资的可用比例的取值范围与概率分布

灾变情景	灾情信息	崇州	都江堰	彭州	什邡	绵竹	北川	汶川	条件概率
ES$_1$	θ_j^1	0.01	0.05	0.20	0.30	0.35	0.40	0.35	
	v_j^1	1.01	1.07	1.33	1.60	1.70	1.80	1.70	0.40
	λ_i^1	1.00	0.98	0.90	0.81	0.75	0.65	0.73	
	θ_j^2	0.06	0.13	0.35	0.50	0.55	0.65	0.50	
	v_j^2	1.10	1.20	1.80	2.00	2.10	2.30	2.00	0.60
	λ_i^2	0.97	0.93	0.76	0.63	0.60	0.50	0.64	
ES$_2$	θ_j^3	0.01	0.07	0.24	0.35	0.40	0.45	0.38	
	v_j^3	1.10	1.11	1.45	1.70	1.80	1.90	1.76	0.40
	λ_i^1	1.00	0.98	0.90	0.81	0.75	0.65	0.73	
	θ_j^4	0.09	0.15	0.40	0.55	0.65	0.72	0.60	
	v_j^4	1.14	1.25	1.80	2.10	2.30	2.44	2.20	0.60
	λ_i^2	0.97	0.93	0.76	0.63	0.60	0.50	0.64	
ES$_3$	θ_j^5	0.20	0.31	0.35	0.35	0.12	0.06	0.01	
	v_j^5	1.33	1.62	1.70	1.70	1.20	1.10	1.01	0.35
	λ_i^3	0.90	0.83	0.76	0.76	0.91	0.96	0.99	
	θ_j^6	0.30	0.45	0.50	0.47	0.25	0.12	0.03	
	v_j^6	1.60	1.90	2.00	1.94	1.47	1.20	1.03	0.65
	λ_i^4	0.84	0.69	0.65	0.67	0.81	0.93	0.98	
ES$_4$	θ_j^7	0.22	0.35	0.40	0.38	0.15	0.07	0.01	
	v_j^7	1.40	1.70	1.80	1.76	1.26	1.11	1.01	0.35
	λ_i^3	0.90	0.83	0.76	0.76	0.91	0.96	0.99	
	θ_j^8	0.27	0.48	0.55	0.50	0.28	0.14	0.04	
	v_j^8	1.52	1.96	2.10	2.00	1.54	1.24	1.06	0.65
	λ_i^4	0.84	0.69	0.65	0.67	0.81	0.93	0.98	

在每一种灾变情景下,应急运输时间与正常运输时间的比例取决于公路等级及沿途的地形地貌特征,而与地震发生的时间无关。在各种灾变情景下,道路应急运输时间与正常运输时间比例 β_{ij} 的取值范围和概率分布如表 4.13 所示。假设北川县地震造成道路损毁比较严重的条件概率是 0.30,损毁严重的条件概率是 0.70。彭州市地震造成道路损毁比较严重的条件概率是 0.40,损毁严重的条件概率是 0.60。

表 4.13　道路应急运输时间与正常运输时间比例 $\boldsymbol{\beta_{ij}}$ 的取值范围和概率分布

灾变情景	道路应急运输时间与正常运输时间的比例							概率
	β_{ij}^1							
		崇州	都江堰	彭州	什邡	绵竹	北川	汶川
	崇州	0.00	1.20	1.30	1.40	1.50	2.00	1.70
	都江堰	1.20	0.00	1.40	1.50	1.60	2.30	1.50
	彭州	1.30	1.40	0.00	1.70	1.90	2.40	1.80	0.30
	什邡	1.40	1.50	1.70	0.00	2.50	3.00	2.10
	绵竹	1.50	1.60	1.90	2.50	0.00	3.50	2.50
	北川	2.00	2.30	2.40	3.00	3.50	0.00	4.00
ES_1 或 ES_2	汶川	1.70	1.50	1.80	2.10	2.50	4.00	0.00
	β_{ij}^2							
		崇州	都江堰	彭州	什邡	绵竹	北川	汶川
	崇州	0.00	1.40	1.60	1.70	1.90	2.50	2.10
	都江堰	1.40	0.00	1.70	1.80	2.00	2.80	1.90
	彭州	1.60	1.70	0.00	2.00	2.30	2.90	2.20	0.70
	什邡	1.70	1.80	2.00	0.00	2.90	3.50	2.50
	绵竹	1.90	2.00	2.30	2.90	0.00	4.00	2.90
	北川	2.50	2.80	2.90	3.50	4.00	0.00	4.50
	汶川	2.10	1.90	2.20	2.50	2.90	4.50	0.00

续表

灾变情景	道路应急运输时间与正常运输时间的比例							概率
	β_{ij}^3							
		崇州	都江堰	彭州	什邡	绵竹	北川	汶川	
	崇州	0.00	1.50	1.60	1.50	1.50	1.30	1.40	
	都江堰	1.50	0.00	2.50	1.70	1.60	1.40	1.30	
	彭州	1.60	2.50	0.00	3.00	3.00	2.60	2.40	0.40
	什邡	1.50	1.70	3.00	0.00	2.60	2.40	1.90	
	绵竹	1.50	1.60	3.00	2.60	0.00	1.50	1.70	
	北川	1.30	1.40	2.60	2.40	1.50	0.00	1.00	
ES_3 或 ES_4	汶川	1.40	1.30	2.40	1.90	1.70	1.10	0.00	
	β_{ij}^4							
		崇州	都江堰	彭州	什邡	绵竹	北川	汶川	
	崇州	0.00	1.80	2.00	1.80	1.80	1.60	1.70	
	都江堰	1.80	0.00	2.90	2.00	1.90	1.70	1.60	
	彭州	2.00	2.90	0.00	3.40	3.40	3.00	2.80	0.60
	什邡	1.80	2.00	3.40	0.00	2.90	2.70	2.20	
	绵竹	1.80	1.90	3.40	2.90	0.00	1.70	1.90	
	北川	1.60	1.70	3.00	2.70	1.70	0.00	1.20	
	汶川	1.70	1.60	2.80	2.20	1.90	1.20	0.00	

（六）将影响信息类情景要素进行组合，得到影响情景，并计算其条件概率

在每一种灾变情景下，对受灾比例、受灾点系数、仓库应急物资的可用比例、应急运输时间与正常运输时间比例四类情景要素进行组合，可以得到其影响情景，并可以计算其条件概率，如表 4.14 所示。其中 θ^l 表示 θ_j^l 对应的向量，v^l 表示 v_j^l 对应的向量，λ^l 表示 λ_i^l 对应的向量，β^l 表示 β_{ij}^l 对应的向量。

表 4.14　地震影响情景的构造及概率

灾变情景	影响情景	受灾比例	受灾点系数	仓库应急物资的可用比例	应急运输时间与正常运输时间比例	影响情景条件概率
ES_1	IS_{11}	θ^1	υ^1	λ^1	β^1	0.12
	IS_{12}	θ^1	υ^1	λ^1	β^2	0.28
	IS_{13}	θ^2	υ^2	λ^2	β^1	0.18
	IS_{14}	θ^2	υ^2	λ^2	β^2	0.42
ES_2	IS_{21}	θ^3	υ^3	λ^1	β^1	0.12
	IS_{22}	θ^3	υ^3	λ^1	β^2	0.28
	IS_{23}	θ^4	υ^4	λ^2	β^1	0.18
	IS_{24}	θ^4	υ^4	λ^2	β^2	0.42
ES_3	IS_{31}	θ^5	υ^5	λ^3	β^3	0.14
	IS_{32}	θ^5	υ^5	λ^3	β^4	0.21
	IS_{33}	θ^6	υ^6	λ^4	β^3	0.26
	IS_{34}	θ^6	υ^6	λ^4	β^4	0.39
ES_4	IS_{41}	θ^7	υ^7	λ^3	β^3	0.14
	IS_{42}	θ^7	υ^7	λ^3	β^4	0.21
	IS_{43}	θ^8	υ^8	λ^4	β^3	0.26
	IS_{44}	θ^8	υ^8	λ^4	β^4	0.39

（七）将灾变情景与影响情景组合，得到地震灾害情景，并计算其概率

由表 4.11 与表 4.14，共得到 16 种地震灾害情景，其构造及概率如表 4.15 所示。在表 4.15 中还给出了不同地震灾害情景中受灾比例、受灾点系数、仓库应急物资的可用比例、应急运输时间与正常运输时间比例等随机向量的取值及其概率分布。

表 4.15　地震灾害情景的构造及概率

灾变情景	影响情景	受灾比例 $\theta(\xi)$	受灾点系数 $v(\xi)$	仓库应急物资的可用比例 $\lambda(\xi)$	应急运输时间与正常运输时间比例 $\beta(\xi)$	地震灾害情景	地震灾害情景概率
	IS_{11}	θ^1	v^1	λ^1	β^1	ξ_1	0.03300
	IS_{12}	θ^1	v^1	λ^1	β^2	ξ_2	0.07700
ES_1	IS_{13}	θ^2	v^2	λ^2	β^1	ξ_3	0.04950
	IS_{14}	θ^2	v^2	λ^2	β^2	ξ_4	0.11550
	IS_{21}	θ^3	v^3	λ^1	β^1	ξ_5	0.02700
	IS_{22}	θ^3	v^3	λ^1	β^2	ξ_6	0.06300
ES_2	IS_{23}	θ^4	v^4	λ^2	β^1	ξ_7	0.04050
	IS_{24}	θ^4	v^4	λ^2	β^2	ξ_8	0.09450
	IS_{31}	θ^5	v^5	λ^3	β^3	ξ_9	0.03850
	IS_{32}	θ^5	v^5	λ^3	β^4	ξ_{10}	0.05775
ES_3	IS_{33}	θ^6	v^6	λ^4	β^3	ξ_{11}	0.07150
	IS_{34}	θ^6	v^6	λ^4	β^4	ξ_{12}	0.10725
	IS_{41}	θ^7	v^7	λ^3	β^3	ξ_{13}	0.03150
	IS_{42}	θ^7	v^7	λ^3	β^4	ξ_{14}	0.04725
ES_4	IS_{43}	θ^8	v^8	λ^4	β^3	ξ_{15}	0.05850
	IS_{44}	θ^8	v^8	λ^4	β^4	ξ_{16}	0.08775

四、算例求解结果

使用软件 MATLAB 对约束(4.3)提出的求解算法进行编程,设定自适应免疫克隆选择文化算法的最大迭代次数为 100。选择 30 次运行结果中的最佳结果作为最优解,其目标函数值的收敛曲线如图 4.3 所示,可见其收敛速度比较快。同时,可以得到最优解时的最优出救点选择方案、应急物资储备方案及 16 种灾害情景的应急物流决策方案。此时,目标函数最优值为 6.3856×10^7。采用新编码方式以后第一阶段模型决策变量的取值如表 4.16 所示。

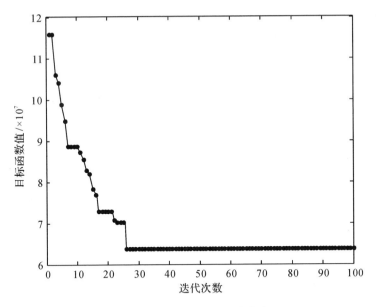

图 4.3 目标函数值的收敛曲线

表 4.16 采用新编码方式以后第一阶段模型决策变量的取值

出救点备选地点		崇州	都江堰	彭州	什邡	绵竹	北川	汶川
仓库类型 q_{ia}		0	1	3	1	1	0	0
仓库容量体积比例 f_i		0.6982	0.9447	0.9203	0.9911	0.9589	0.8448	0.8566
每种应急物资所占库存比例 r_{ih}	饮用水	0.2759	0.3499	0.4904	0.4149	0.3369	0.0190	0.1271
	方便食品	0.2268	0.4498	0.3635	0.4130	0.5856	0.2996	0.3181
	帐篷	0.0888	0.1397	0.0224	0.1180	0.0124	0.3630	0.1394
	棉衣	0.0076	0.0127	0.0913	0.0335	0.0373	0.1698	0.3581
	照明设备	0.4009	0.0479	0.0325	0.0206	0.0278	0.1486	0.0574

　　将表 4.16 中的编码转化为第一阶段模型原变量代号,得到在 7 个备选点设立 3 种类型的仓库设施,作为出救点 x_{ia} 这一决策变量的取值,如表 4.17 所示。由表 4.17 可知,在都江堰、什邡和绵竹分别设立小型仓库,在彭州设立大型仓库,将以上 4 个城市作为出救点,而在崇州、北川和汶川不设立仓库,不作为出救点。同时,由表 4.16 中的仓库容量体积比例 f_i 可以发现,各个仓库都得

到了充分利用,仓库容量利用率都达到92%以上。

表 4.17 出救点选择方案

x_{ia}	崇州	都江堰	彭州	什邡	绵竹	北川	汶川
小型仓库	0	1	0	1	1	0	0
中型仓库	0	0	0	0	0	0	0
大型仓库	0	0	1	0	0	0	0

由式(4.15)可以得到,4 个出救点应急物资储备库储存的各类应急物资的库存量如表4.18所示。

表 4.18 4 个出救点应急物资储备方案

b_{jh}	都江堰	彭州	什邡	绵竹
饮用水/万升	220.37	902.63	274.14	215.37
方便食品/万千克	42.49	100.36	40.93	56.15
帐篷/万顶	5.10	2.39	4.52	0.46
棉衣/万套	1.20	25.21	3.32	3.58
照明设备/万件	45.25	89.73	20.42	26.66

我们可以同时得到16种地震灾害情景的应急物流决策方案,限于篇幅,以第16种地震灾害情景 ξ_{16} 为例,给出其应急物流决策方案。在第16种地震灾害情景中,根据受灾比例 θ^8 可以得到各受灾点的受灾人口,根据受灾人口可以计算出各受灾点应急物资的需求量,如表4.19所示。根据仓库应急物资的可用比例 λ^4 可以得到应急物资的实际可供应量,如表4.20所示。根据应急运输时间与正常运输时间比例 β^4,可以得到各出救点到受灾点之间的应急运输时间,如表4.21所示。

同时,可以得到饮用水、方便食品、帐篷、棉衣、照明设备等5种应急物资的分配方案,分别如表4.22、表4.23、表4.24、表4.25、表4.26所示。在该种灾害情景下,第二阶段模型的目标函数值为 4.4499×10^7。

102

表 4.19　第 16 种灾害情景中各受灾点受灾人口与应急物资需求量

项目	崇州	都江堰	彭州	什邡	绵竹	北川	汶川
受灾人口/万人	17.96	29.23	43.73	21.55	14.36	2.24	0.42
饮用水/万升	107.73	175.39	262.35	129.30	86.18	13.44	2.52
方便食品/万千克	53.86	87.70	131.18	64.65	43.09	6.72	1.26
帐篷/万顶	4.49	7.31	10.93	5.39	3.59	0.56	0.10
棉衣/万套	17.95	29.23	43.73	21.55	14.36	2.24	0.42
照明设备/万件	4.49	7.31	10.93	5.39	3.59	0.56	0.10

表 4.20　第 16 种灾害情景中应急物资实际可供应量

b_{th}	都江堰	彭州	什邡	绵竹
饮用水/万升	152.07	586.67	183.69	174.45
方便食品/万千克	29.32	65.24	27.42	45.49
帐篷/万顶	3.51	1.55	3.03	0.37
棉衣/万套	0.83	16.38	2.22	2.90
照明设备/万件	31.22	58.27	13.69	21.60

表 4.21　第 16 种灾害情景中各出救点到受灾点的应急运输时间　单位:小时

出救点	崇州	都江堰	彭州	什邡	绵竹	北川	汶川
都江堰	1.9260	0	2.6680	3.3400	3.9520	3.5360	2.7520
彭州	2.3400	2.6680	0	2.7880	4.9980	4.4100	7.0560
什邡	3.3840	3.3400	2.7880	0	2.1750	2.0250	7.1500
绵竹	4.4100	3.9520	4.9980	2.1750	0	1.9550	7.1250

表 4.22　第 16 种灾害情景中饮用水分配方案　单位:万升

出救点	崇州	都江堰	彭州	什邡	绵竹	北川	汶川
都江堰	0	0	0	0	0	0	0
彭州	107.73	23.32	0	0	0	0	0
什邡	0	0	0	0	0	0	0
绵竹	0	0	0	0	0	13.44	0

表 4.23　第 16 种灾害情景中方便食品分配方案　　　　单位:万千克

出救点	崇州	都江堰	彭州	什邡	绵竹	北川	汶川
都江堰	0	0	0	0	0	0	0
彭州	0	0	0	0	0	0	0
什邡	0	0	0	0	0	0	0
绵竹	0	0	0	0	0	2.39	0

表 4.24　第 16 种灾害情景中帐篷分配方案　　　　单位:万顶

出救点	崇州	都江堰	彭州	什邡	绵竹	北川	汶川
都江堰	0	0	0	0	0	0	0
彭州	0	0	0	0	0	0	0
什邡	0	0	0	0	0	0	0
绵竹	0	0	0	0	0	0	0

表 4.25　第 16 种灾害情景中棉衣分配方案　　　　单位:万套

出救点	崇州	都江堰	彭州	什邡	绵竹	北川	汶川
都江堰	0	0	0	0	0	0	0
彭州	0	0	0	0	0	0	0
什邡	0	0	0	0	0	0	0
绵竹	0	0	0	0	0	0	0

表 4.26　第 16 种灾害情景中照明设备分配方案　　　　单位:万件

出救点	崇州	都江堰	彭州	什邡	绵竹	北川	汶川
都江堰	4.49	0	0	0	0	0	0.10
彭州	0	0	0	0	0	0	0
什邡	0	0	0	0	0	0	0
绵竹	0	0	0	0	0	0.56	0

第五节 本章小结

针对应急准备阶段灾情信息为静态不确定信息的特征,本章在应急准备阶段建立了一个两阶段随机规划模型,进行应急物资的设施定位决策、应急物资库存决策和突发事件发生后应急物资的预分配决策。随机规划模型的第一阶段决策包括应急物资的设施定位决策和应急物资库存决策,这一阶段决策变量包括存储设施的选址和容量,以及各种应急物资的库存水平,决策目标考虑应急储备仓库建设成本和应急物资库存成本及第二阶段目标的期望值最小。随机规划模型的第二阶段决策是各种灾害情景下应急物资的分配决策,这一阶段决策变量为应急物流决策量,决策目标考虑运输量时间和受灾点损失之和最小。本章的创新点包括:

(1)在基于情景的随机规划模型中,进行情景识别和分配概率是比较困难的事。鉴于此,本书提出以灾情信息作为情景要素,基于灾情信息分类与组合的两阶段灾害情景构建方法,并以地震灾害为例,给出了灾害情景构建的 7 个步骤,为灾害情景构建提供了一种方法和框架。

(2)基于灾害情景,在应急准备阶段建立了一个应急设施选址、应急物资库存与分配决策的两阶段随机规划模型,该模型与之前的模型相比,考虑了更多的不确定信息和随机变量,模型更加复杂,与现实更加接近。在现有的类似的两阶段随机规划模型中,大部分都只假设 1~3 个灾情信息是不确定的,只考虑 1~2 个随机变量,问题相对比较简单,而本书考虑了地震灾害的灾害等级、时间和空间等致灾因子的不确定性,以及由此导致的受灾人口和应急物资需求的不确定性、运输道路损毁的不确定性、应急设施损毁的不确定性、承灾体脆弱性的不确定性等多种不确定信息,使用了受灾比例、受灾点系数、仓库应急物资的可用比例、应急运输时间与正常运输时间比例等 4 个随机变量,在算例中,决策变量达到 3976 个,问题比较复杂,因此模型也更加接近现实决策。

（3）针对本书建立的基于情景的应急设施选址、库存与分配决策两阶段随机规划模型，给出了比较有创新性的求解方法。使用新的编码方式，在目标函数不发生变化的情况下，将第一阶段选址—库存模型转化为一个无约束非线性优化模型，使用自适应免疫克隆选择文化算法进行求解。对于第二阶段的供需匹配模型，则提出了"势能抵消算法"进行物资调配决策。

（4）在算例中尽量采用现实数据。在国内很多应急物流决策问题的研究中，一些算例是作者自己假想的，没有结合现实问题。本章的算例查找了大量的统计数据和科学研究数据，在能够获得实际数据的前提下尽量采用现实数据，努力实现理论与实践相结合。

第五章 应急响应阶段基于 D-S 证据理论的应急物流决策模型

　　非常规突发事件发生初期,关键的灾情信息,如灾害强度、持续时间、区域范围、起始速度、空间扩散、时间间隔、分类等致灾因子信息,以及受灾人口、直接损失、间接损失、资源破坏等承灾体信息都存在很大不确定性,往往处于"黑箱"之中。在破坏性地震发生后的最初时期,如 2008 年"5·12"汶川地震、2010年"4·14"玉树地震等,由于灾区通信、道路的中断,灾区信息与外界割断,外界所需要了解的受灾范围、受灾人口、资源破坏、资源需求等重要信息在开始的几个小时内全部缺失,处于"黑箱"时间。"黑箱"时间的存在,使抗震救灾决策层很难做出派遣多少人前去救灾的指令,称为救援真空。在重大安全事故中,如2015 年"8·12"天津滨海新区爆炸事故、2019 年江苏响水"3·21"特别重大爆炸事故等,由于事件突发、破坏性强,也同样存在"黑箱"期。在重大传染病疫情中,由于对新型传染病的认识有限,则存在更长的"黑箱"期。如对于新冠肺炎疫情,武汉卫健委官方通报中的最早发病日期为 2019 年 12 月 8 日,2020 年 1 月 7日才将病原体初步判定为新型冠状病毒,2020 年 1 月 20 日才确认存在人传人的现象。同时,由于在疫情早期武汉医疗资源和检测能力短缺,不能确定所有的感染病例,因此在 2020 年 4 月 17 日湖北省武汉市发布通报,对新冠肺炎确诊病例数、确诊病例死亡数进行了修正。这都说明新冠肺炎疫情的"黑箱"期非常长。

　　在非常规突发事件的"黑箱"期,用于应急资源配置决策的灾情信息是不确定的,而且往往很难获得其概率分布、模糊集及隶属函数。此时,往往需要借助各类专家,根据经验和灾害的端倪来做出对已知灾情信息的判断,而不需要表达未知的灾情信息。即专家对灾情信息处于一种"既非完全不知又不可能完全清楚"的尴尬境地,是"部分无知的"。专家只需要表达所知道的那个部分,真正做到"知之为知之,不知为不知"。在这种情况下,需要解决的问题是根据多个专家对灾情信息的初步判断,来确定需要为灾区调配多少资源。D-S证据理论可以较好地处理应急响应阶段"黑箱"期的不确定灾情信息,并用于应急物流决策。鉴于此,本章将针对应急响应阶段"黑箱"期灾情信息多源、部分无知的特性,基于D-S证据理论建立一个多出救点、单受灾点的应急资源调配决策优化模型(葛洪磊,2021)。

第一节　模型构建

一、假设

(1)将灾区作为一个受灾点,考虑多个出救点向一个受灾点调配资源,即存在多个出救点、单一受灾点。

(2)多个不同领域的专家独立地对受灾情况(如受灾区域、受灾人口等)的一维灾情信息进行判断,专家对灾情信息的认识是部分无知的,可以使用信度表示。

(3)仅考虑最重要的单一应急资源,如地震中的救援队、安全事故中的消防车辆、传染病疫情中的医务人员或医用防护用品等。

(4)应急资源需求量取决于受灾情况。

(5)假设应急资源供应总量(可调配量)大于需求量,同时应急资源调配不足会带来受灾点的损失,而应急资源调配过量会带来出救点的损失(成本)。

二、符号定义

i:出救点备选点代号,$i=1,2,\cdots,p$。

b_i：出救点 i 应急资源可供应量。

t_i：从出救点 i 到受灾点的运输时间。

A：受灾情况集合。

C：受灾情况单点集。

c：受灾情况，$c \in C$。

d：单位受灾情况的应急资源需求量。

s：应急资源总调配量。

l_u：应急资源单位未满足需求带来的损失。

l_o：应急资源单位过量调配带来的成本。

三、概念定义

首先定义该问题要用到的 D-S 证据理论中的一些基本概念。

定义 1　基本概率赋值（Basic Probability Assignment，BPA）

基本概率赋值是证据理论中最基本的信息载体，表示证据支持命题的信任程度。设 Θ 为受灾情况的识别框架。集函数 $m:2^\Theta \rightarrow [0,1]$ 满足

$$\sum_{A \subseteq \Theta} m(A) = 1 \tag{5.1}$$

$$m(\Phi) = 0 \tag{5.2}$$

对于 $\forall A \subseteq \Theta, m(A)$ 称为焦元（命题）A 的基本概率赋值。

定义 2　信度函数（Belief Function，Bel）

集函数 $Bel:2^\Theta \rightarrow [0,1]$，对于 $\forall A \subseteq \Theta$ 有

$$Bel(A) = \sum_{B \subseteq A} m(B) \tag{5.3}$$

$Bel(A)$ 表示对焦元 A 的总信任度。

定义 3　似真函数（Plausibility Function，Pl）

集函数 $Pl:2^\Theta \rightarrow [0,1]$，对于 $\forall A \subseteq \Theta$ 有

$$Pl(A) = \sum_{B \cap A \neq \Phi} m(B) = 1 - Bel(\neg A) \tag{5.4}$$

$Pl(A)$ 表示不反对焦元 A 的信度。

一般将 $Pl(A)$、$Bel(A)$ 称为 A 的上、下概率测度。当所有的焦元都是单点集时,有 $Pl(A)=Bel(A)=m(A)$。

四、模型建立

该应急资源配置决策分为三个阶段:第一阶段进行灾情信息的证据组合与概率转换,第二阶段根据灾情信息的概率分布求解最优应急资源调配总量,第三阶段根据最优应急资源调配总量选择出救点并确定调配方案。

(一)第一阶段模型

首先利用 Dempster 合成法则,进行专家证据的组合。

设 m_1 和 m_2 是受灾情况这一识别框架 Θ 上的两个基本概率赋值,焦元分别为 A 和 B,则证据组合后得到的基本概率函数为:

$$(m_1 \oplus m_2)(X) = \begin{cases} 0, X = \Phi \\ \dfrac{\sum\limits_{A \cap B = X} m_1(A)m_2(B)}{1 - \sum\limits_{A \cap B = \Phi} m_1(A)m_2(B)}, X \neq \Phi \end{cases} \tag{5.5}$$

因为 Dempster 合成法则满足交换律与结合律,所以证据合成并不依赖于合成的顺序。通过两两证据组合,可以得到所有专家的证据组合以后的基本概率函数 m^c。

其次,将受灾情况集的信度函数转换为受灾情况的概率分布,以便于进行应急资源配置决策。转换方法参考文献(蒋雯等,2013),概率转换公式为:

$$P(c) = Bel(C) + \frac{\sum^{Bel} Bel(C) + (1 - \sum^{Bel})Pl(C)}{\sum_C \left[\sum^{Bel} Bel(C) + (1 - \sum^{Bel})Pl(C) \right)} (1 - \sum^{Bel}]$$

$$\tag{5.6}$$

其中,$\sum^{Bel}$ 表示所有单点集焦元的下概率(信度)累加。该公式与 Smets 的 TBM(Transferable Belief Model)模型类似,将非单点集焦元对应的基本概率值分配到单点集焦元上,同时有效利用了已知的信度和似真度信息。

（二）第二阶段模型

第二阶段根据受灾情况的概率分布 $P(c)$ 求解最优应急资源调配总量，目标是使应急资源配置的总损失最小。

应急资源调配不足带来的受灾点损失为：

$$l_u = \sum_{s \leqslant cd} (cd - s) l_u P\left(\frac{s}{d}\right) \tag{5.7}$$

应急资源调配过量带来的出救点损失（成本）为：

$$l_o = \sum_{s > cd} (s - cd) l_u P\left(\frac{s}{d}\right) \tag{5.8}$$

应急资源配置的总损失为：

$$l = l_u + l_o \tag{5.9}$$

则第二阶段模型为：

$$\min_s l = \sum_{s \leqslant cd} (cd - s) l_u P\left(\frac{s}{d}\right) + \sum_{s > cd} (s - cd) l_u P\left(\frac{s}{d}\right) \tag{5.10}$$

（三）第三阶段模型

在出救点选择问题中，以应急时间最短作为目标。假设 Ψ 为一可行方案，表示为 $\Psi = \{(i_1, b_{i'_1}), (i_2, b_{i'_2}), \cdots, (i_n, b_{i'_n})\}$，其中 $0 \leqslant b_{i'_r} \leqslant b_{i_r}$，$\sum_{r=1}^{n} b_{i'_r} = s^*$，$i_1, i_2, \cdots, i_n$ 为 $1, 2, \cdots, p$ 子列的一个排列。用 Ξ 表示可行方案的集合，Ψ^* 表示最优出救方案。

应急时间是出救点应急资源最后一个到达受灾点的时间，则应急时间可以表达为：

$$T(\Psi) = \max_{r=1,2,\cdots,n} t_{i_r} \tag{5.11}$$

则第三阶段的模型为：

$$\min_{\Psi \in \Xi} T(\Psi) \tag{5.12}$$

本书建立的模型是一个单周期应急资源配置决策模型，但是很容易扩展为多周期决策模型。在第二周期可以将第一周期中组合后的证据作为一条证据，和第二周期中新的证据根据式(5.5)重新进行组合；在以后的各个周期中也可以以相同的方式处理新旧两类证据。

第二节　模型求解

求解步骤及结果如下：

步骤 1　根据式(5.5)进行证据组合，直到所有的证据都被组合为止。

步骤 2　根据式(5.6)将受灾情况集的信度转换为受灾情况的概率分布。

步骤 3　求解式(5.10)。第二阶段模型可以转化为一个报童问题，其最优应急资源调配总量 s^* 满足：

$$\sum_{s<d} P\left(\frac{s}{d}\right) \leqslant \frac{l_u}{l_u+l_o} \leqslant \sum_{s\leqslant d} P\left(\frac{s}{d}\right) \tag{5.13}$$

可见，最优应急资源调配总量 s^* 取决于灾情信息的累积概率分布，因此我们只要关心临界值附近累积概率的精确度，并不一定需要整个灾情信息区间的精确概率分布。最优应急资源调配总量 s^* 还取决于应急资源单位未满足需求带来的损失 l_u 和应急资源单位过量调配带来的成本 l_o 之间的相对大小，当两者的比值越大，则最优应急资源调配总量越大。

步骤 4　根据最优应急资源调配总量 s^*，确定出救点及其应急资源调配量，得到最优出救方案 Ψ^*。具体过程如下(何建敏等，2001)：

假设把 $1,2,\cdots,q$ 作为出救点的方案 Ψ^*，将使应急时间最短，其中 q 为序列 $b_1,b_2,\cdots,b_p$ 相对于最优应急资源调配总量 s^* 的临界下标，并有 $T(\Psi^*)=\max\limits_{r=1,2,\cdots,q} t_r=t_q$。则当 $r<q$ 时，出救点 r 的应急资源调配量为 $s_r^*=b_r$；当 $r=q$ 时，出救点 q 的应急资源调配量为 $s_q^* = s^* - \sum\limits_{r=1}^{q-1} b_r$。

第三节　算例分析

2019 年 3 月 21 日 14 时 48 分左右,江苏省盐城市响水县陈家港天嘉宜化工有限公司化学储罐发生爆炸事故。事故发生后,消防救援部门、化工园区管理部门和化工安全领域的三类专家立即通过各自的技术手段和信息渠道分别对爆炸造成的灾情进行了估判,以便于应急指挥部门进行应急资源的紧急调度,包括消防车辆、消防人员、救护车辆、救护人员等。本书以消防车辆的紧急调度为例进行分析。假设缺少一辆消防车带来的损失 l_u 为 100,过量调配一辆消防车带来的成本 l_o 为 1。

假设三类专家需要独立估判可能出现的着火点数量(灾情信息),而扑灭每个着火点需要的消防车辆为 10 辆,即 $d=10$。三类专家给出的估判结果如下:

第一类专家认为,产生 10 个着火点的可能性为 50%,产生 9 个或 11 个着火点的可能性为 30%;

第二类专家认为,可能会产生 8~10 个着火点,对此判断有六成把握;

第三类专家认为,可能会产生 10~12 个着火点,对此判断有七成把握。

可以发现,三类专家对着火点数量的判断存在部分无知的情况,因为此时专家无法将概率确切地分配给每个着火点的数量状态,并且还要满足各个状态的概率之和为 1。虽然这些判断不精确,却比较准确地表述了专家对灾情信息的真实认知程度。当然,专家要进行预测区间大小与把握度大小的权衡,因为区间越大,往往把握越大;而区间越小,往往把握越小。但是为了便于决策者做出决策,专家仍要尽可能地缩小预测的区间范围。

假设应急指挥部门可以在整个江苏省调配消防车辆,江苏省各个地市到受灾点的通行时间及可以调配的消防车数如表 5.1 所示。

表 5.1 江苏省各个地市到受灾点的通行时间及可调配的消防车数

出救点	盐城	连云港	淮安	宿迁	徐州	泰州	南通	扬州	无锡	镇江	常州	苏州	南京
时间/小时	1.50	1.65	2.40	2.62	3.00	3.17	3.38	3.82	4.05	4.13	4.15	4.35	4.43
车辆数/辆	28	16	13	10	15	11	16	14	18	15	16	25	32

根据以上信息,应急指挥部门需要尽快确定最优的消防车辆调配方案。

一、证据表示、证据组合与概率转换

(一)证据表示

着火点数量这一灾情信息的识别框架 $\Theta = \{8, 9, 10, 11, 12\}$。根据三类专家给出的证据,着火点数量的基本概率赋值如表 5.2 所示。其中 $m(\Theta)$ 表示分配到识别框架 Θ 上的那部分信度,即将信度分配到 Θ 的各个真子集上以后剩下的未分配的那部分信度,表达了无知的那一部分信息。可以发现专家二代表的是相对乐观的意见,专家三代表的是相对悲观的意见,有不同的地方,也有一致的地方。

表 5.2 着火点数量的基本概率赋值

专家	基本概率赋值
第一类	$m_1(\{10\}) = 0.5, m_1(\{9, 11\}) = 0.3, m_1(\Theta) = 0.2$
第二类	$m_2(\{8, 9, 10\}) = 0.6, m_2(\Theta) = 0.4$
第三类	$m_3(\{10, 11, 12\}) = 0.7, m_3(\Theta) = 0.3$

(二)证据组合

利用式(5.5)的 Dempster 合成法则,进行三类专家证据的组合,得到着火点数量的基本概率函数 m^c,如表 5.3 所示。证据组合以后,证据中不同的地方相互折中,比如集合 $\{8, 9, 10\}$、$\{10, 11, 12\}$ 的基本概率值减少了很多;证据中一致的地方得到增强,比如单点集 $\{10\}$ 的基本概率值得到很大程度的提高;证据信息的无知程度下降,$m^c(\Theta)$ 与三个原始证据相比,有很大幅度的下降。再利用式(5.3)和式(5.4),可以分别求出其信度函数 Bel 和似真函数 Pl,如表 5.3 所示。对于同一个焦元,其信度和似真度表达了该集合的概率区间,比如着火点数量为 10 个(处于单点集 {10})的概率区间为 [0.668, 0.801],其中下概率 0.668 表达了对"着火点数量为 10 个"这一判断的信任程度,上概率 0.801 则表达了对这一判断的支持程度。这一概率区间越大,说明该判断的不确定性程度越高。

表 5.3　证据组合后着火点数量的基本概率值、信度和似真度

焦元	{8}	{9}	{10}	{11}	{12}	{9,11}	{8,9,10}	{10,11,12}	Θ
m^c	0.000	0.062	0.668	0.096	0.000	0.041	0.041	0.064	0.028
Bel	0.000	0.062	0.668	0.096	0.000	0.199	0.771	0.828	1.000
Pl	0.069	0.172	0.801	0.229	0.092	0.268	0.904	0.938	1.000

（三）概率转换

再利用式(5.6)将着火点数量集的信度函数转换为着火点数量的概率分布 P,并计算其累计概率分布 $\sum P$,如表 5.4 所示。在表 5.3 中,单点集 {10} 的信度和似真度在所有单点集中是最高的,因此在表 5.4 中,由非单点集分配到单点集 {10} 的概率也是最大的,为 0.131。

表 5.4　着火点数量的概率分布及其累计概率分布

着火点数量/个	8	9	10	11	12
P	0.002	0.077	0.799	0.119	0.003
$P - m^c$	0.002	0.015	0.131	0.023	0.003
$\sum P$	0.002	0.080	0.878	0.997	1.000

二、应急物流决策方案

（一）最优应急资源调配总量

计算 $\frac{l_u}{l_u + l_o}$ 等于 0.990,根据式(5.13)结合表 5.4 中着火点数量的累计概率

分布,可以得到最优消防车辆调配总量 s^* 为 110 辆。如果仅仅考虑着火点数量的概率分布,出现 10 个着火点的概率是最大的,并且远远超过其他着火点数量的概率,因此调配 100 辆消防车是合理的。但是考虑到缺少一辆消防车的损失远远大于过量调配一辆消防车的成本,因此需要多调配 10 辆消防车才是最优的决策,才能保证总损失最小。

根据式(5.13)和表 5.4 可以计算出,当应急资源单位未满足需求带来的损失 l_u 与应急资源单位过量调配带来的成本 l_o 之间的比例关系变化时,最优消防车辆调配总量 s^* 的取值,如表 5.5 所示。可以看到,当 l_u 相对于 l_o 越大时,s^* 也就越大。说明当判断的灾害强度越大时,应急资源缺乏造成的损失就越大,就越需要增加应急资源配置量。当 $l_u > 332.333 l_o$ 时,s^* 为 120 辆,这时对应于应急救援中"不惜一切代价"的情景。

表 5.5 最优消防车辆调配总量的取值

s^*/辆	80	90	100	110	120
l_u 的取值范围	$(0, 0.002 l_o]$	$(0.002 l_o, 0.087 l_o]$	$(0.087 l_o, 7.197 l_o]$	$(7.197 l_o, 332.333 l_o]$	$(332.333 l_o, +\infty)$

(二)出救方案

根据 5.3 模型求解中的步骤 4,可以得到最优的消防车辆调度方案,如表 5.6 所示。如果有新的证据出现,需要增加消防车辆的调配量,那么可以依次在扬州、无锡、镇江、常州、苏州、南京等地市调度。

表 5.6 最优消防车辆调度方案

出救点	盐城	连云港	淮安	宿迁	徐州	泰州	南通	扬州	合计
s_q^*/辆	28	16	13	10	15	11	16	1	110

第四节 本章小结

在应急响应阶段"黑箱"期,可用于决策的灾情信息非常有限,即使是相关专家和现场人员对于灾情信息的认识也是部分无知的,这种情景下优化应急物流决策的前提是要将这些多源的、部分无知的信息表达出来并进行组合和转换。

本章将 D-S 证据理论应用于应急响应阶段"黑箱"期应急物流决策中,可以比较好地解决多源、无知信息情景下的应急物流决策问题。主要表现在:

(1)灾情信息的证据表达方式允许部分灾情信息是无知的,可以使专家更加准确地表述对灾情信息的真实认知程度,因此更加实事求是。

(2)证据组合可以对多源的灾情信息进行处理,组合以后证据中不同的地方相互折中,证据中一致的地方得到增强,证据信息的无知程度下降。

(3)不确定情况下多出救点、单受灾点应急资源调配问题可以转化为一个报童问题,其最优应急资源调配总量取决于灾情信息的累积概率分布,因此决策方案的合理性主要取决于临界值附近累积概率的精确度,并不一定需要整个灾情信息区间的精确概率分布。这说明即使使用部分无知的不确定信息,也会得到相对比较科学的应急物流决策方案。

第六章 应急响应阶段应急物流决策的贝叶斯序贯决策模型

应急响应阶段的"黑箱"期结束后,使用 D-S 证据理论或其他数据处理方法,部分灾情信息可以使用一定的概率分布来进行表达。但是在应急响应阶段早期,灾情信息仍然存在很大的不确定性,需要不断进行观测,并使用观测信息不断修正之前获得的先验信息。鉴于此,本章将基于应急响应阶段初期应急物流决策的不可逆特征,在不断观测和更新突发事件灾情信息的条件下,使用贝叶斯决策理论,将应急物流决策方案与决策时间纳入一个系统框架,研究单决策周期与多决策周期应急物流决策中的多出救点定位问题。该类问题中有多个出救点、单个受灾点,需要确定由哪些出救点为受灾点供应应急物资。决策周期可以以天或几个小时为一个单位。在每个决策周期中,应急物流决策方案是不可逆的,即只能制订并执行一个应急物流决策和多出救点定位方案,不能在制订以后进行调整。在每个决策周期内,对受灾地区灾情观测和评估的次数越多,物资需求信息越精确,物资分配决策失误带来的损失就越小;但是随着观测时间的增加,物资分配决策延迟所造成的延误损失却越大(葛洪磊和刘南,2011)。因此,在应急物流决策过程中,为了减少总的损失,还需要确定最优的决策时机。

在传统的贝叶斯决策分析中,需要确定信息的最优观测次数(最优样本量)或最优停止时间,在这一点以后不再继续进行信息的观测。而本章忽略观测成本,假定灾情信息可以持续进行观测,在获得最优决策时间以后,仍然需要进行灾情信息观测,为下一个决策周期提供精确的信息,这一假设更加符合灾害应急管理的现实情况。如在汶川地震发生后,国家减灾中心利用不同阶段获取的各类信息,包括基础地理数据、灾前灾后遥感影像数据、地震烈度数据和媒体报道灾情信息等,结合灾害应急响应不同阶段的需求,24 小时不间断开展受灾人口、房屋倒损、道路损毁、堰塞湖及次生灾害的监测与评估工作,为国家减灾救灾决策提供技术支持(国家减灾委员会-科学技术部抗震救灾专家组,2008)。

　　本章首先建立单决策周期的应急物流决策模型,在此基础上建立多决策周期的应急物流决策模型。

第一节　单决策周期的应急物流决策模型

　　单决策周期的应急物流贝叶斯决策模型的结构如图 6.1 所示。

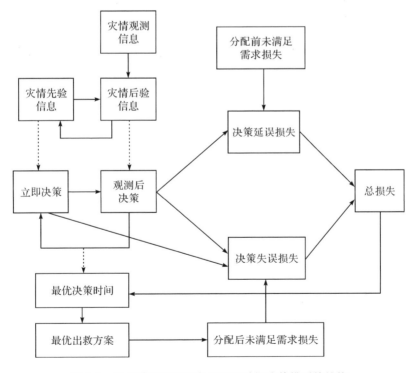

图 6.1　单决策周期的应急物流贝叶斯决策模型的结构

在应急响应阶段初期,可以根据历史数据计算得到灾情先验信息或者根据相关专家和现场人员的初步判断得到灾情先验信息,这时决策者需要选择是立刻做出应急物流决策还是继续观测灾情信息。如果立刻制订应急物流决策方案,则决策延误损失为零,由决策信息不确定造成的决策失误损失可能会比较大;如果选择继续观测灾情信息,那么通过灾情观测信息和先验信息可以获得灾情后验信息,降低了灾情信息的不确定性,决策失误的损失会减少,但是其代价是应急物流决策被延误,产生了延误损失。当对灾情信息不断进行观测时,本次观测后得到的灾情后验信息成为下一次观测的先验信息。因此,最优决策时间的获得需要平衡决策失误损失和决策延误损失之间的背反关系,使两者的总损失最小。获得最优决策时间以后,就可以制订最优的应急物流决策方案,确定总的最优物资分配量、出救点及其物资供应量。当发生严重灾害时,需要不断观测灾情信息,此时观测成本与受灾点损失相比可以忽略不计,因此,本书不考虑观测成本。

本部分将建立一个两阶段模型。第一阶段首先讨论应急物流决策的决策失误损失函数和决策延误损失函数,然后建立以总期望决策损失最小为目标的应急物流决策优化模型,通过贝叶斯分析求解应急物流决策的决策时间和最优应急物流决策量;第二阶段则根据最优应急物流决策量,建立应急时间最短为目标的出救点定位模型,以确定出救点及其供应量。

一、模型构建

(一)符号定义

i:出救点备选地点代号,$i=1,2,\cdots,p$。

b_i:出救点 i 中应急物资储备量。

t_i:从出救点 i 到受灾点的运输时间。

B:受灾点的人口总数。

θ:受灾点的受灾比例。

μ:受灾比例的先验均值。

τ:受灾比例的先验标准差。

σ:受灾比例的观测样本标准差。

d:单位受灾人口对应急物资的需求量。

n:灾情信息的观测次数代号。

N:在单决策周期内灾情信息的最大观测次数,$N \geqslant 1$。

n^*:应急物流决策最优决策时间。

S:对受灾点的应急物资分配量。

D:受灾点对应急物资的需求量。

L_f:决策失误损失。

L_d:决策延误损失。

L:总决策损失。

r:贝叶斯风险。

ρ:后验期望损失。

(二)假设

1. 突发事件某些灾情信息的先验分布是已知的

对于突发事件,特别是台风(飓风)、地震、洪水、干旱、海啸等自然灾害,各国都建立了相对比较完备的数据库。美国国家海洋和大气管理局的国家气候数据中心、国家地球物理数据中心、国家海洋数据中心等三大数据中心,保存着灾害天气、海啸、地震、火山、海洋环境等灾害的历史数据,其中,飓风数据库HURDAT保存着自1851年以来所有大西洋热带风暴(或飓风)的记录。中国国家科学数据共享工程中的气象科学数据共享中心、环境科学数据共享中心、地震科学数据共享中心等数据共享中心也保存着各类灾害的丰富历史资料,其中,中国热带气旋灾害数据集对1949年新中国成立以后西北太平洋及南海地区热带风暴(或台风)进行了详细记录。这些数据库的大量历史数据为获得突发事件某些灾情信息的先验分布奠定了基础。设突发事件中受灾点人口的受

灾比例 $\theta\in\Theta$,具有先验密度 $\pi(\theta)$ 服从正态分布 $N(\mu,\tau^2)$。

2. 灾害发生后,受灾比例等灾情信息不断得到观测和修正

目前,遥感影像、媒体信息、地方上报灾情数据、地面调查数据等都成为获取灾情信息的重要途径,从而使灾情信息不断得到观测和修正。如美国飓风数据库 HURDAT、中国热带气旋灾害数据库中的热带风暴记录都是每 6 小时观测和更新一次,这些数据早期通过船舶或陆地观察员进行观测,而现在主要通过卫星和飞机上的设备进行测量和记录。受灾比例也是可以观测的灾情信息,可以通过观测受灾样本区房屋倒塌或房屋损坏比例、现场调查人口的受灾情况等来确定。假设 $X^n=(X_1,\cdots,X_n)$ 是观测到的受灾点受灾比例的序贯样本,观测样本的条件密度 $f(x|\theta)$ 服从分布 $N(\theta,\sigma^2)$,$x\in\Omega$。设观测到样本值 x 后得到受灾比例的后验分布为 $\pi(\theta|x)$。

3. 突发事件中受灾点对应急物资的需求量可以表达为受灾比例(灾情信息)的函数

设受灾点总人口为 B,受灾比例为 θ,则受灾人口为 θB。d 表示单位受灾人口对应急物资的需求量,从而可以得到受灾点对应急物资的需求量 $D=d\theta B$,则应急物资需求量的先验分布 $\pi(D)$ 服从 $N(dB\mu,d^2B^2\tau^2)$。

4. 应急物流决策相关的损失仅包括决策延误损失和决策失误损失两类损失

无论是使用遥感技术还是现场调查,每次观测、评估灾情信息都需要时间,如果在观测新信息后再进行物资分配决策,会造成应急物流决策延迟。由于应急物资延迟分配而造成的受灾点损失称为决策延误损失,用 L_d 表示。决策延误损失是做出应急物流决策之前的受灾点损失。假设决策延误损失为未满足需求量的平方形式,且按照应急物资需求量的先验均值进行计算,则

$$L_d=(dB\mu-0)^2=(dB\mu)^2$$

由于受灾比例和应急物资需求信息不确定导致物资分配量不能满足物资需求量,由此造成的损失称为决策失误损失,用 L_f 表示。决策失误损失是做出

应急物流决策之后的受灾点损失。假设决策失误损失为未满足需求量的平方形式，且按照应急物资需求量的后验均值进行计算，则

$$L_f(\theta, S) = (d\theta B - S)^2$$

假设每次观测的间隔时间相等，由于灾情信息最大观测次数为 N，则观测时间间隔为 $\frac{1}{N}$，对灾情信息观测 n 次后进行物资分配时，总的决策损失等于决策失误损失与决策延误损失之和，则总的决策损失函数可以表示为：

$$L(\theta, S, n) = (N-n)\frac{1}{N}L_f(\theta, S) + n\frac{1}{N}L_d = \frac{1}{N}\left[(N-n)L_f(\theta, S) + nL_d\right]$$

其中 $n\frac{1}{N}L_d$ 表示应急物流决策之前的总决策延误损失，$(N-n)\frac{1}{N}L_f(\theta, S)$ 表示应急物流决策之后的总决策失误损失，两类损失都是随着时间而累积的结果。

（三）贝叶斯风险函数

该问题的总期望决策损失可以用贝叶斯风险表达，根据贝叶斯风险的定义，得到该问题的贝叶斯风险为：

$$r^n(\pi) = E^\pi E_\theta^{X^n}\left[L(\theta, \delta_n^\pi(X^n), n)\right]$$

$$= E^\pi E_\theta^{X^n}\left[\frac{N-n}{N}L_f(\theta, \delta_n^\pi(X^n))\right] + \frac{n}{N}L_d \quad (6.1)$$

其中 $\delta_n^\pi(X^n)$ 表示决策损失 $L(\theta, S, n)$ 的贝叶斯决策法则，表示给定受灾比例的序贯观测样本 X^n 后应急物资分配量。设 $r(\pi, \delta_n^\pi) = E^\pi E_\theta^{X^n}$ $\left[\frac{N-n}{N}L_f(\theta, \delta_n^\pi(X^n))\right]$，表示期望决策失误损失。设 $DL = \frac{n}{N}L_d$，表示（期望）决策延误损失。则式（5.1）可以表达为：

$$r^n(\pi) = r(\pi, \delta_n^\pi) + DL$$

可以发现，应急物流决策的总期望决策损失分为两部分，即期望决策失误损失和（期望）决策延误损失。

定义问题的后验期望损失为：

$$\rho(\pi(\theta \mid x), S, n) = \int_{\Theta} L(\theta, S, n)\pi(\theta \mid x)\mathrm{d}\theta \qquad (6.2)$$

（四）模型

该问题可以建立一个两阶段模型，第一阶段根据受灾比例的观测特征，确定最优决策时间和最优物资分配量，以使物资分配决策相关的损失最小。第二阶段基于最优物资分配量，确定出救点及其应急物资供应量，以使应急时间最短。

1.第一阶段模型

在第一阶段模型中，需要确定最优决策时间 n^* 和最优物资分配量 S^*，以使总损失函数的贝叶斯风险 $r^n(\pi)$ 最小。因此，第一阶段模型为：

$$\min_{n,S} r^n(\pi) \qquad (6.3)$$

2.第二阶段模型

在出救点定位问题中，由于应急时间最短比出救点数目最少更加重要，特别是在出救点数目本身比较有限的情况下，仅仅考虑应急时间最短是一个合理的目标。因此，第二阶段模型将以应急时间最短作为目标。假设 φ 为一可行方案，表示为 $\varphi = \{(i_1, b'_{i_1}), (i_2, b'_{i_2}), \cdots, (i_m, b'_{i_m})\}$，其中 $0 \leqslant b'_{i_l} \leqslant b_{i_l}$，$\sum_{l=1}^{m} b'_{i_l} = S^*$，$i_1, i_2, \cdots, i_m$ 为 $1, 2, \cdots, p$ 子列的一个排列。用 Ξ 表示可行方案的集合，φ^* 表示最优出救方案。

应急时间是出救点应急物资最后一个到达受灾点的时间，则应急时间可以表达为：

$$T(\varphi) = \max_{l=1,2,\cdots,m} t_{i_l}$$

则第二阶段的模型为：

$$\min_{\varphi \in \Xi} T(\varphi) \qquad (6.4)$$

二、模型求解

本问题第一阶段模型是一个贝叶斯决策问题，基于文献 Berger(1985)，求解该问题的基本思想是：利用贝叶斯公式使用受灾点受灾比例的观测样本修正先验分布，得到受灾比例和物资需求量的后验分布；通过最小化后验期望损失求出贝叶斯决策法则；使用贝叶斯决策法则求出贝叶斯风险的表达式，并使其最小化以求出最优决策时间和最优物资分配量。本问题的第二阶段模型是一个出救点定位问题，何建敏等（2001）给出了其组合优化算法。

本问题具体求解步骤如下：

步骤 1　通过贝叶斯公式求解受灾比例的后验分布 $\pi(\theta|x)$ 和物资需求量的后验分布 $\pi(D|x)$。

定理 6.1　如果随机变量 θ 的先验分布 $\pi(\theta)$ 为 $N(\mu,\tau^2)$，其中 μ 和 τ^2 皆已知，并且其观测样本 X 的条件密度 $f(x|\theta)$ 为 $N(\theta,\sigma^2)$，其中 θ 未知，σ^2 已知，根据贝叶斯公式，给定序贯样本 X^n 后 θ 的后验分布 $\pi(\theta|x)$ 服从 $N(\mu_n(\overline{x_n}),\varphi_n)$，其中，$\mu_n(\overline{x_n})=\dfrac{\sigma^2}{\sigma^2+n\tau^2}\mu+\dfrac{n\tau^2}{\sigma^2+n\tau^2}\overline{x_n}$，$\varphi_n=\dfrac{\sigma^2\tau^2}{\sigma^2+n\tau^2}$，$\overline{x_n}$ 为序贯样本 X^n 观测值的均值（Berger，1985）。

根据定理 6.1，给定序贯样本 X^n 后随机变量受灾比例 θ 的后验分布 $\pi(\theta|x)$ 服从 $N(\mu_n(\overline{x_n}),\varphi_n)$。而且受灾比例的后验方差 $\varphi_n<\varphi_{n-1}$，说明使用观测值进行更新后，灾情信息的不确定性逐渐降低。同时，根据受灾比例 θ 的后验分布 $\pi(\theta|x)$，可以得到给定受灾比例的序贯观测样本 X^n 后应急物资需求量的后验分布 $\pi(D|x)$ 为 $N(dB\mu_n(\overline{x_n}),d^2B^2\varphi_n)$。

步骤 2　通过最小化贝叶斯风险求出贝叶斯决策法则

定理 6.2　将贝叶斯风险最小化与将后验期望损失最小化等价，都可以求出贝叶斯决策法则（Berger，1985）。

在本问题中，使用后验期望损失求解贝叶斯法则比较容易，根据定理 6.2 最小化该问题的后验期望损失，以求出贝叶斯决策法则。将 $L(\theta,S,n)$ 代入式（6.2），得到：

$$\rho(\pi(\theta|x),S,n)=\int_\Theta\left[\frac{N-n}{N}(d\theta B-S)^2+\frac{n}{N}(dB\mu)^2\right]\pi(\theta|x)\mathrm{d}\theta$$

$$= \frac{N-n}{N}\Big[d^2B^2\int_\Theta \theta^2\pi(\theta\mid x)\mathrm{d}\theta - 2dBS\int_\Theta \theta\pi(\theta\mid x)\mathrm{d}\theta + S^2\Big] + \frac{n}{N}(dB\mu)^2$$

令 $\dfrac{\mathrm{d}\rho}{\mathrm{d}S}=0$，得到：

$$-2dB\int_\Theta \theta\pi(\theta\mid x)\mathrm{d}\theta + 2S = 0$$

可以求出问题的贝叶斯决策法则：

$$\delta_n^\pi(X^n) = dBE^{\pi(\theta\mid x)}(\theta) = dB\mu_n(\overline{x}_n) \tag{6.5}$$

因此，贝叶斯决策法则即为物资需求量的后验均值。

步骤 3　将贝叶斯决策法则代入贝叶斯风险函数，最小化贝叶斯风险，求出最优决策时间和最优物资分配量。

将 $\delta_n^\pi(X^n) = dB\mu_n(\overline{x}_n)$ 代入式(6.1)，得到物资分配决策的贝叶斯风险为

$$r^n(\pi) = \int_\Theta\int_\Omega \frac{N-n}{N}[d\theta B - dB\mu_n(\overline{x}_n)]^2 f(x\mid\theta)\mathrm{d}x\pi(\theta)\mathrm{d}\theta + \frac{n}{N}(dB\mu)^2$$

$$= \frac{N-n}{N}d^2B^2\int_\Omega\int_\Theta [\theta - \mu_n(\overline{x}_n)]^2\pi(\theta\mid x)\mathrm{d}\theta m(x)\mathrm{d}x + \frac{n}{N}(dB\mu)^2$$

$$= \frac{N-n}{N}d^2B^2\,\frac{\sigma^2\tau^2}{\sigma^2 + n\tau^2} + \frac{n}{N}(dB\mu)^2 \tag{6.6}$$

其中 $m(x)$ 为边际密度。

同理可以得到期望决策失误损失的表达式：

$$r(\pi,\delta_n^\pi) = \frac{N-n}{N}d^2B^2\,\frac{\sigma^2\tau^2}{\sigma^2 + n\tau^2} \tag{6.7}$$

假设 n 为连续变量，最小化贝叶斯风险，可以求出最优决策时间。将 $r^n(\pi)$ 对 n 求导，得到：

$$\frac{\mathrm{d}r^n(\pi)}{\mathrm{d}n} = \frac{d^2B^2}{N}\Big[\sigma^2\tau^2\,\frac{-(\sigma^2 + n\tau^2) - (N-n)\tau^2}{(\sigma^2 + n\tau^2)^2} + \mu^2\Big]$$

$$= \frac{d^2B^2}{N}\Big[\sigma^2\tau^2\,\frac{-\sigma^2 - N\tau^2}{(\sigma^2 + n\tau^2)^2} + \mu^2\Big]$$

令 $\dfrac{\mathrm{d}r^n(\pi)}{\mathrm{d}n}=0$，得到最优决策时间

$$n^* = \mu^{-1}\tau^{-2}\big[\sigma\tau(\sigma^2 + N\tau^2)^{\frac{1}{2}} - \mu\sigma^2\big] \tag{6.8}$$

求 $r^n(\pi)$ 对 n 的二阶导数,得到:

$$\frac{\mathrm{d}^2 r^n(\pi)}{\mathrm{d}n^2} = 2d^2 B^2 \sigma^2 \tau^2 \frac{\sigma^2 + N\tau^2}{N(\sigma^2 + n\tau^2)^3}$$

由于 $\frac{\mathrm{d}^2 r^n(\pi)}{\mathrm{d}n^2} > 0$,故 $r^n(\pi)$ 是 n 的严格凸函数,n^* 为 $r^n(\pi)$ 最小时的观测次数,即为最优决策时间。当 $n^* \leqslant 0$ 时,最优决策时间 n^* 取为 0。当 $n^* > N$ 时,最优决策时间 n^* 取为 N。当 $n^* > 0$ 时,n^* 可能为小数,对 n^* 向下取整表示为 $[n^*]$,则最优观测次数整数值 n_{int}^* 是使 $r^n(\pi)$ 更小的 $[n^*]$ 或 $[n^*]+1$。

需要强调的是,这里的最优决策时间 n^* 是以观测次数表达的最优决策时间,这一决策时间可以转化为以实际时间表达的最优决策时间,记为 $\overline{T}^*$,实际最优决策时间可以通过以观测次数表达的最优决策时间 n_{int}^* 乘以观测间隔时间 $\frac{1}{N}$ 得到,则实际最优决策时间为:

$$\overline{T}^* = n_{\mathrm{int}}^* \times \frac{1}{N} = \frac{\mu^{-1}\tau^{-2}[\sigma\tau(\sigma^2 + N\tau^2)^{\frac{1}{2}} - \mu\sigma^2]}{N} \tag{6.9}$$

当然,式(6.9)中 $\overline{T}^*$ 的单位为周期,可以转换为具体的时间单位,如天或小时等。

当 $0 \leqslant n^* \leqslant N$ 时,将最优决策时间 n^* 代入式(6.5)的贝叶斯决策法则,可以求出最优物资分配量,得到:

$$S^*(n^*, X^n) = dB[\overline{x}_{n^*} + \sigma\tau^{-1}\mu(\sigma^2 + N\tau^2)^{-\frac{1}{2}}(\mu - \overline{x}_{n^*})] \tag{6.10}$$

或者将 n_{int}^* 代入式(6.5),得到最优物资分配量为:

$$S^*(n_{\mathrm{int}}^*, X^n) = dB\frac{\sigma^2\mu + n_{\mathrm{int}}^*\tau^2 \overline{x}_{n_{\mathrm{int}}^*}}{\sigma^2 + n_{\mathrm{int}}^*\tau^2} \tag{6.11}$$

由于最优决策时间 n^* 对应的最优决策时间整数值为 n_{int}^*,因此,式(6.10)可以作为式(6.11)的近似值。

将最优决策时间 n^* 代入式(6.7),求出此时的期望决策失误损失

$$r^*(\pi, \delta_n^\pi) = \frac{d^2 B^2 \sigma}{N}[\mu\tau^{-1}(\sigma^2 + N\tau^2)^{\frac{1}{2}} - \sigma]$$

同时,求出此时的决策延误损失

$$DL^* = \frac{d^2 B^2 \sigma}{N}\left[\mu\tau^{-1}(\sigma^2 + N\tau^2)^{\frac{1}{2}} - \sigma\mu^2\tau^{-2}\right]$$

从而,该问题总期望决策损失(总贝叶斯风险)的最小值

$$r^{n^*}(\pi) = \frac{d^2 B^2 \sigma}{N}\left[2\mu\tau^{-1}(\sigma^2 + N\tau^2)^{\frac{1}{2}} - \sigma\mu^2\tau^{-2} - \sigma\right]$$

至此,第一阶段的贝叶斯决策模型得到求解,第二阶段多出救点选择模型的求解依赖于第一阶段模型中求出的最优物资分配量 S^*。

步骤4 根据第一阶段模型中求出最优物资分配量 S^*,确定出救点及其物资供应量,得到最优出救方案 φ^*。本步用于求解第二阶段的多出救点选择模型,算法参考何建敏等(2001)。

三、结果讨论

(一)观测次数与决策时间的经济含义

根据式(6.7),期望决策失误损失 $r(\pi,\delta_n^\pi) = \frac{N-n}{N}d^2 B^2 \frac{\sigma^2\tau^2}{\sigma^2 + n\tau^2}$,$\frac{dr(\pi,\delta_n^\pi)}{dn} = -\frac{d^2 B^2 \sigma^2\tau^2}{N}\frac{(\sigma^2 + N\tau^2)}{(\sigma^2 + n\tau^2)^2}$,可见,期望决策失误损失是灾情信息观测次数或决策时间 n 的减函数,表明观测和评估次数越多,受灾比例这一灾情信息的后验方差就越小,获得的灾情信息就越准确,信息不确定所带来的决策失误损失就越小。令 $MR = \frac{d^2 B^2 \sigma^2\tau^2}{N}\frac{(\sigma^2 + N\tau^2)}{(\sigma^2 + n\tau^2)^2}$,则其表示观测与延迟决策的边际收益。可见,观测的边际收益随着观测次数的增加而递减,存在着边际收益递减的规律。

决策延误损失 $DL = \frac{n}{N}(dB\mu)^2$,$\frac{dDL}{dn} = \frac{d^2 B^2 \mu^2}{N}$,可见,决策延误损失是决策时间 n 的增函数,决策时间越是延后,物资分配等待时间就越长,物资分配延误带来的损失就越大。令 $MC = \frac{d^2 B^2 \mu^2}{N}$,则其表示观测与延迟决策的边际成本。可见,在这里观测的边际成本是不变的。

根据式(6.6),总期望决策损失 $r^n(\pi) = \dfrac{N-n}{N} d^2 B^2 \dfrac{\sigma^2 \tau^2}{\sigma^2 + n\tau^2} + \dfrac{n}{N}(dB\mu)^2$ 取决于期望决策失误损失和决策延误损失的背反关系。当观测与延迟决策的边际收益等于边际成本,即 $MR = MC$ 时,总期望决策损失最小,此时得到最优决策时间 $n^* = \mu^{-1}\tau^{-2}\left[\sigma\tau(\sigma^2 + N\tau^2)^{\frac{1}{2}} - \mu\sigma^2\right]$。

(二)最优决策时间

根据式(6.8),最优决策时间 $n^* = \mu^{-1}\tau^{-2}\left[\sigma\tau(\sigma^2 + N\tau^2)^{\frac{1}{2}} - \mu\sigma^2\right]$,本部分将讨论最优决策时间与灾情信息最大观测次数 N、受灾比例先验均值 μ、受灾比例先验标准差 τ、受灾比例观测标准差 σ 之间的关系。

1. 最优决策时间与灾情信息最大观测次数 N 的关系

(1)以观测次数表达的最优决策时间 n^* 与最大观测次数 N 的关系

以观测次数表达的最优决策时间 n^* 对灾情信息最大观测次数 N 求导,得到 $\dfrac{\mathrm{d}n^*}{\mathrm{d}N} = \dfrac{1}{2}\mu^{-1}\sigma\tau(\sigma^2 + N\tau^2)^{-\frac{1}{2}}$。可见, $\dfrac{\mathrm{d}n^*}{\mathrm{d}N} > 0$,以观测次数表达的最优决策时间 n^* 是灾情信息最大观测次数 N 的增函数。在单决策周期内,如果灾情信息最大观测次数越大,则以观测次数表达的最优决策时间也越大。

令最优观测次数 $n^* = 0$,得到灾情信息最大观测次数 $N = \sigma^2\tau^{-2}(\mu^2\tau^{-2} - 1)$。则当 $0 < N \leqslant \tau^{-2}\sigma^2(\mu^2\tau^{-2} - 1)$ 时, $n^* = 0$,不需要对灾情信息观测后进行应急物资分配决策,而是在决策周期的起始点直接根据受灾比例的先验信息进行应急物资分配决策;当 $N > \tau^{-2}\sigma^2(\mu^2\tau^{-2} - 1)$ 时, $n^* > 0$,需要对灾情信息观测后再进行应急物资分配决策。特别地,当 $\mu < \tau$ 时, $\tau^{-2}\sigma^2(\mu^2\tau^{-2} - 1) < 0$,必定有 $N > \tau^{-2}\sigma^2(\mu^2\tau^{-2} - 1)$,此时, $n^* > 0$。即当受灾比例先验均值小于先验标准差时,灾情信息的不确定性较大,需要对灾情信息观测后进行应急物资分配决策,因此最优决策时间大于零。

(2)实际最优决策时间 $\overline{T}^*$ 与最大观测次数 N 的关系

实际最优决策时间 $\overline{T}^*$ 对灾情信息最大观测次数 N 求导,得到 $\dfrac{\mathrm{d}\overline{T}^*}{\mathrm{d}N} = -$

$$\dfrac{\frac{1}{2}\mu^{-1}\sigma\tau(\sigma^2+N\tau^2)^{-\frac{1}{2}}\left[2\tau^{-2}\sigma^2+N\right]+\mu^{-1}\tau^{-2}\mu\sigma^2}{N^2}$$。可见，$\dfrac{\mathrm{d}\,\overline{T}^*}{\mathrm{d}N}<0$，实际最优决策

时间 $\overline{T}^*$ 是灾情信息最大观测次数 N 的减函数。在单决策周期内，如果灾情信息最大观测次数越大，则实际最优决策时间就越小。灾情信息最大观测次数越大，观测时间间隔越短，则灾情信息更新速度更快，灾情信息不确定性降低的速度越快，因此实际最优决策时间就越短。特别地，当 $N\to\infty$ 时，$\lim\limits_{N\to\infty}\overline{T}^*=0$，即如果连续不间断观测，则实际最优决策时间接近于零，这时灾情信息得到极速更新，不确定性极速降低，因此可以在极短时间内做出应急物流决策。

以观测次数表达的最优决策时间 n^* 是灾情信息最大观测次数 N 的增函数，而实际最优决策时间 $\overline{T}^*$ 是灾情信息最大观测次数 N 的减函数。这说明随着灾情信息最大观测次数的增加，虽然以观测次数表达的最优决策时间会增加，但是由于观测时间间隔减少，实际最优决策时间仍然会减少。因此，在灾害发生后，使用遥感等不间断观测技术，有助于决策速度和决策效率的同步提升，以降低受灾点损失。

2.最优决策时间 n^* 与受灾比例先验均值 μ 的关系

最优决策时间 n^* 对灾情信息先验均值 μ 求导，得到 $\dfrac{\mathrm{d}n^*}{\mathrm{d}\mu}=-\mu^{-2}\tau^{-1}\sigma(\sigma^2+N\tau^2)^{\frac{1}{2}}$。可见，$\dfrac{\mathrm{d}n^*}{\mathrm{d}\mu}<0$，最优决策时间是受灾比例先验均值 μ 的减函数。受灾比例先验均值越大，说明根据先验信息确定的灾情越严重，延迟决策的边际成本就越高，就越需要缩短应急物流决策时间，以保证延迟决策的边际收益大于或等于边际成本。

令最优决策时间 $n^*=0$，得到 $\mu=\sigma^{-1}\tau(\sigma^2+N\tau^2)^{\frac{1}{2}}$。当 $0<\mu<\sigma^{-1}\tau(\sigma^2+N\tau^2)^{\frac{1}{2}}$ 时，$n^*>0$，需要对灾情信息观测后再进行应急物资分配决策。当 $\mu\geqslant\sigma^{-1}\tau(\sigma^2+N\tau^2)^{\frac{1}{2}}$ 时，$n^*=0$，不需要对灾情信息观测后进行应急物资分配决策，而是在决策周期的起始点直接根据受灾比例的先验信息进行应急物资分配决策。

3.最优决策时间 n^* 与受灾比例先验标准差 τ 的关系

最优决策时间 n^* 对受灾比例先验标准差 τ 求导,得到 $\dfrac{\mathrm{d}n^*}{\mathrm{d}\tau}=\sigma^2\tau^{-2}[2\tau^{-1}-\mu^{-1}\sigma(\sigma^2+N\tau^2)^{\frac{-1}{2}}]$。

令 $\dfrac{\mathrm{d}n^*}{\mathrm{d}\tau}=0$,得到:

$$2\tau^{-1}-\mu^{-1}\sigma(\sigma^2+N\tau^2)^{\frac{-1}{2}}=0$$

$$4\tau^{-2}=\mu^{-2}\sigma^2(\sigma^2+N\tau^2)^{-1}$$

$$4\tau^{-2}(\sigma^2+N\tau^2)=\mu^{-2}\sigma^2$$

$$4\sigma^2+(4N-\mu^{-2}\sigma^2)\tau^2=0$$

则当 $4N-\mu^{-2}\sigma^2\geqslant0$ 时,$4\sigma^2+(4N-\mu^{-2}\sigma^2)\tau^2>0$ 总是成立,此时,$\dfrac{\mathrm{d}n^*}{\mathrm{d}\tau}>0$。

而当 $4N-\mu^{-2}\sigma^2<0$ 时,则存在以下关系:

$$\begin{cases} 0<\tau^2<4\sigma^2(\mu^{-2}\sigma-4N)^{-1}:\dfrac{\mathrm{d}n^*}{\mathrm{d}\tau}>0 \\[2ex] \tau^2=4\sigma^2(\mu^{-2}\sigma-4N)^{-1}:\dfrac{\mathrm{d}n^*}{\mathrm{d}\tau}=0 \\[2ex] \tau^2>4\sigma^2(\mu^{-2}\sigma-4N)^{-1}:\dfrac{\mathrm{d}n^*}{\mathrm{d}\tau}<0 \end{cases}$$

如果 $\dfrac{\mathrm{d}n^*}{\mathrm{d}\tau}>0$,表示最优决策时间 n^* 是受灾比例先验标准差 τ 的增函数,受灾比例先验标准差越大,则最优决策时间越大。如果 $\dfrac{\mathrm{d}n^*}{\mathrm{d}\tau}=0$,表示最优决策时间 n^* 与受灾比例先验标准差 τ 无关。如果 $\dfrac{\mathrm{d}n^*}{\mathrm{d}\tau}<0$,表示最优决策时间 n^* 是受灾比例先验标准差 τ 的减函数,受灾比例先验标准差越大,则最优决策时间越小。

4.最优决策时间 n^* 与受灾比例观测标准差 σ 的关系

最优决策时间 n^* 对受灾比例观测标准差 σ 求导,得到 $\dfrac{\mathrm{d}n^*}{\mathrm{d}\sigma}=\mu^{-1}\tau^{-1}(\sigma^2+$

$N\tau^2)^{\frac{-1}{2}}(2\sigma^2+N\tau^2)-2\tau^{-2}\sigma$。

令 $\dfrac{\mathrm{d}n^*}{\mathrm{d}\sigma}=0$，得到：

$$\mu^{-1}\tau^{-1}(\sigma^2+N\tau^2)^{\frac{-1}{2}}(2\sigma^2+N\tau^2)-2\tau^{-2}\sigma=0$$

$$\mu^{-2}\tau^{-2}(\sigma^2+N\tau^2)^{-1}(2\sigma^2+N\tau^2)^2=4\tau^{-4}\sigma^2$$

$$(2\sigma^2+N\tau^2)^2=4\tau^{-2}\sigma^2\mu^2(\sigma^2+N\tau^2)$$

$$4(1-\mu^2\tau^{-2})\sigma^4+4N(\tau^2-\mu^2)\sigma^2+N^2\tau^4=0$$

判别式 $\Delta=4N\mu\sqrt{\mu^2-\tau^2}$，则当 $\mu>\tau$ 时有解，解为 $\sigma^2=N\sqrt{\mu^2-\tau^2}(\mu-\sqrt{\mu^2-\tau^2})(2\mu^2\tau^{-2}-2)^{-1}$。当 $\mu>\tau$ 时，$1-\mu^2\tau^{-2}<0$，因此存在以下关系：

$$\begin{cases} 0<\sigma^2<N\sqrt{\mu^2-\tau^2}(\mu-\sqrt{\mu^2-\tau^2})(2\mu^2\tau^{-2}-2)^{-1}:\dfrac{\mathrm{d}n^*}{\mathrm{d}\sigma}>0 \\[2mm] \sigma^2=N\sqrt{\mu^2-\tau^2}(\mu-\sqrt{\mu^2-\tau^2})(2\mu^2\tau^{-2}-2)^{-1}:\dfrac{\mathrm{d}n^*}{\mathrm{d}\sigma}=0 \\[2mm] \sigma^2>N\sqrt{\mu^2-\tau^2}(\mu-\sqrt{\mu^2-\tau^2})(2\mu^2\tau^{-2}-2)^{-1}:\dfrac{\mathrm{d}n^*}{\mathrm{d}\sigma}<0 \end{cases}$$

而当 $\mu<\tau$ 时，始终有 $4(1-\mu^2\tau^{-2})\sigma^4+4N(\tau^2-\mu^2)\sigma^2+N^2\tau^4>0$，此时，$\dfrac{\mathrm{d}n^*}{\mathrm{d}\sigma}>0$。

如果 $\dfrac{\mathrm{d}n^*}{\mathrm{d}\sigma}>0$，表示最优决策时间 n^* 是受灾比例观测标准差 σ 的增函数，受灾比例观测标准差 σ 越大，则最优决策时间越大。如果 $\dfrac{\mathrm{d}n^*}{\mathrm{d}\tau}=0$，表示最优决策时间 n^* 与受灾比例观测标准差 σ 无关。如果 $\dfrac{\mathrm{d}n^*}{\mathrm{d}\tau}<0$，表示最优决策时间 n^* 是受灾比例观测标准差 σ 的减函数，受灾比例观测标准差 σ 越大，则最优决策时间越小。

（三）最优物资分配量

根据式（6.11），最优物资分配量 $S^*(n_{\text{int}}^*,X^n)=dB\dfrac{\sigma^2\mu+n_{\text{int}}^*\tau^2\overline{x}_{n_{\text{int}}^*}}{\sigma^2+n_{\text{int}}^*\tau^2}$，这一最

优物资分配量是按照受灾比例的后验信息进行应急物资分配决策得到的。除了按照受灾比例后验信息进行决策求出最优物资分配量 $S^*(n_{\text{int}}^*, X^n)$ 外，还可以不考虑受灾比例观测信息，而直接使用受灾比例先验信息进行应急物资分配，记为 $S(\mu)=dB\mu$；也可以不考虑受灾比例先验信息，而直接按照受灾比例序贯观测样本均值 $\overline{x}_{n_{\text{int}}^*}$ 求出物资分配量，记为 $S(\overline{x}_{n_{\text{int}}^*})=dB\,\overline{x}_{n_{\text{int}}^*}$。由此，式(6.11)可以改写成：

$$S^*(n_{\text{int}}^*, X^n)=S(\mu)+\frac{n_{\text{int}}^*\tau^2}{\sigma^2+n_{\text{int}}^*\tau^2}[S(\overline{x}_{n_{\text{int}}^*})-S(\mu)] \tag{6.12}$$

$$S^*(n_{\text{int}}^*, X^n)=S(\overline{x}_{n_{\text{int}}^*})+\frac{\sigma^2}{\sigma^2+n_{\text{int}}^*\tau^2}[S(\mu)-S(\overline{x}_{n_{\text{int}}^*})] \tag{6.13}$$

由式(6.12)可见，按照受灾比例后验信息得到的最优物资分配量可以分解成两项，第一项为先验信息得到的物资分配量 $s(\mu)$，第二项为观测修正项 $\frac{n_{\text{int}}^*\tau^2}{\sigma^2+n_{\text{int}}^*\tau^2}[S(\overline{x}_{n_{\text{int}}^*})-S(\mu)]$，即使用由观测样本均值得到的应急物资分配量 $S(\overline{x}_{n_{\text{int}}^*})$ 对 $s(\mu)$ 进行修正。当 $\overline{x}_{n_{\text{int}}^*}=\mu$ 时，不进行修正，$S^*(n_{\text{int}}^*, X^n)=S(\mu)$；当 $\overline{x}_{n_{\text{int}}^*}>\mu$ 时，进行正修正，$S^*(n_{\text{int}}^*, X^n)>S(\mu)$；当 $\overline{x}_{n_{\text{int}}^*}<\mu$ 时，进行负修正，$S^*(n_{\text{int}}^*, X^n)<S(\mu)$。

由式(6.13)可见，按照受灾比例后验信息得到的最优物资分配量可以分解成两项，第一项为根据根据观测信息得到的物资分配量 $S(\overline{x}_{n_{\text{int}}^*})$，第二项为先验修正项 $\frac{\sigma^2}{\sigma^2+n_{\text{int}}^*\tau^2}[S(\mu)-S(\overline{x}_{n_{\text{int}}^*})]$，即使用由先验均值得到的应急物资分配量 $S(\mu)$ 对 $s(\overline{x}_n)$ 进行修正。当 $\mu=\overline{x}_{n_{\text{int}}^*}$ 时，不进行修正，$S^*(n_{\text{int}}^*, X^n)=S(\overline{x}_{n_{\text{int}}^*})$；当 $\mu>\overline{x}_{n_{\text{int}}^*}$ 时，进行正修正，$S^*(n_{\text{int}}^*, X^n)>S(\overline{x}_{n_{\text{int}}^*})$；当 $\mu<\overline{x}_{n_{\text{int}}^*}$ 时，进行负修正，$S^*(n_{\text{int}}^*, X^n)<S(\overline{x}_{n_{\text{int}}^*})$。

综合式(6.12)和式(6.13)，可以得出 $S^*(n_{\text{int}}^*, X^n)$ 与 $S(\mu)$、$S(\overline{x}_{n_{\text{int}}^*})$ 之间具有如下大小关系：

$$\begin{cases} \mu>\overline{x}_{n_{\text{int}}^*}: S(\overline{x}_{n_{\text{int}}^*})<S^*(n_{\text{int}}^*, X^n)<S(\mu) \\ \mu=\overline{x}_{n_{\text{int}}^*}: S^*(n_{\text{int}}^*, X^n)=S(\mu)=S(\overline{x}_{n_{\text{int}}^*}) \\ \mu<\overline{x}_{n_{\text{int}}^*}: S(\mu)<S^*(n_{\text{int}}^*, X^n)<S(\overline{x}_{n_{\text{int}}^*}) \end{cases}$$

可见，$S^*(n_{int}^*, X^n)$ 总是介于 $S(\mu)$、$S(\overline{x}_{n_{int}^*})$ 之间。按照后验信息进行决策时，观测信息对先验信息进行修正，先验信息对观测信息进行修正，后验信息结合了先验信息与后验信息，使决策更加合理。

四、算例分析

（一）灾害情况与参数

假设四川地震带的彭州市发生地震，地震发生后地震现场交通和通信设施部分发生故障，导致信息获取和信息交流比较困难，灾区受灾比例的精确数据难以一次性获得，需要通过不断观测来进行修正。假设基于之前的地震灾害案例和灾情数据库，可以得到地震灾区受灾比例 θ 的先验分布服从正态分布 $N(0.27, 0.32^2)$，即 $\mu=0.27$，$\tau=0.32$。假设对灾区采取灾害评估人员现场评估的方式评估灾区的受灾情况，获得受灾比例的观测数据。假设观测样本服从正态分布 $N(\theta, \sigma^2)$，$\sigma=0.4$。观测的灾情信息每 2 个小时更新一次（$N=12$），上报到救灾指挥部，由救灾指挥部负责应急物资分配决策，且决策必须在当天内做出，目标是使应急物资分配决策的总期望决策损失最小，即期望决策失误损失与决策延误损失之和最小。

彭州市总人口为 79.5 万人，即 $B=79.5$。单位受灾人口每天对饮用水的需求量为 6 升，即 $d=6$。

有 7 个出救点，出救点到彭州灾区的通行时间 t_i 和饮用水可供应量 b_i 如表 6.1 所示。

表 6.1　出救点到彭州灾区的通行时间 t_i 和饮用水储备量 b_i

参数	彭州	崇州	都江堰	什邡	绵竹	北川	汶川
t_i/小时	0	2.17	1.92	1.82	2.47	3.30	3.52
b_i/万升	80	50	30	60	25	10	10

（二）算例求解

1.最优决策时间

根据式（6.8）可以求出最优决策时间 $n^* = 3.8934$，最优决策时间的整数值 $n_{\text{int}}^* = 4$，根据式（6.9）可以计算出实际最优决策时间 $\overline{T}^* = 8$（小时）。也即受灾比例观测信息经过了 4 次更新，在地震发生后 8 小时的时候，救灾指挥部进行应急物资分配决策是最优的，此时应急物流决策的总期望决策损失最小。

2.最优应急物资分配量

在 MATLAB 软件中使用 random（）函数产生均值为 0.27、标准差为0.4 的服从正态分布的随机数，选取前 12 个在 0～1 之间的随机数作为受灾点受灾比例的观测序贯样本，得到 $X^{12} = (0.2463, 0.5158, 0.4731, 0.9470, 0.5065,$ $0.0126, 0.4221, 0.2622, 0.2507, 0.2700, 0.1429, 0.7080)$。可以得到在最优决策时间为 4 时，受灾比例观测样本的均值 $\overline{x}_4 = 0.5455$，从而可以求出受灾比例的后验均值 $\mu_4(\overline{x}_4) = 0.4681$，根据式（6.11）可以求出最优应急物资分配量 $S^*(4, X^4)$ $= 223.3049$。当然也可以直接根据式（6.10）求出最优应急物资分配量 $S^*(n^*, X^n) = 222.5835$。用式（6.10）和式（6.11）求出的最优应急物资分配量会有一些差异，可以将式（6.10）求出的最优应急物资分配量作为实际最优应急物资分配量 ［用式（6.11）求出的最优应急物资分配量］的近似值。按受灾比例先验均值得到的应急物资分配量 $S(\mu) = 128.7900$，而按照受灾比例观测均值得到的应急物资分配量 $S(\overline{x}_4) = 260.2248$。由于 $\overline{x}_4 > \mu$，因此 $S(\mu) < S^*(4, X^4) < S(\overline{x}_4)$。

3.最优出救方案

将出救点按照通行时间 t_i 从小到大排列，得到的排列顺序如表 6.2 所示。

表 6.2　按通行时间排列的出救点

参数	彭州	什邡	都江堰	崇州	绵竹	北川	汶川
t_i/小时	0	1.82	1.92	2.17	2.47	3.30	3.52
b_i/万升	80	60	30	50	25	10	10

计算出救点序列对于最优应急物资分配量 $S^*(4,X^4)=223.3049$ 的临界下标，步骤如表 6.3 所示。由于 $220<223.3049<245$，可以得到临界下标为 5，出救点为彭州、什邡、都江堰、崇州、绵竹，各出救点的应急物资供应量 s_i^* 分别为：80、60、30、50、25。

表 6.3　临界下标求解步骤

步骤	出救点序列	出救点序列物资总供应量
1	彭州	80
2	彭州、什邡	140
3	彭州、什邡、都江堰	170
4	彭州、什邡、都江堰、崇州	220
5	彭州、什邡、都江堰、崇州、绵竹	245

（三）灾情信息观测次数与决策损失之间关系的仿真

使用 MATLAB 软件可以对应急物流决策的期望决策失误损失 $r(\pi,\delta_n^\pi)$、决策延误损失 DL、总期望决策损失 $r^n(\pi)$ 与观测次数 n 之间的关系进行模拟，结果如图 6.2 所示。可以发现，期望决策失误损失随着观测次数的增加而迅速减少，但减少速度在递减，说明观测的边际收益递减；决策延误损失随着观测次数的增加而匀速增加，说明观测的边际成本保持不变；总期望决策损失则是随着观测次数的增加先减少，再增加。当观测次数 $n^*=4$ 时，总期望决策损失最小，因此最优决策时间为观测 4 次，实际最优决策时间为地震发生后 8 小时。

（四）相关参数与最优决策时间之间关系的仿真

1. 受灾比例观测标准差、最大观测次数与最优决策时间的关系仿真

设受灾比例 θ 的先验分布服从正态分布 $N(0.27,0.32^2)$，即 $\mu=0.27,\tau=0.32$。使用 MATLAB 软件对受灾比例观测标准差、最大观测次数与最优决策时间 $\overline{T}^*$ 的关系进行仿真。设受灾比例观测标准差 σ 的取值范围为 $[0,1]$，最大观测次数 N 的取值范围为 $[1,24]$。则受灾比例观测标准差、最大观测次数与最

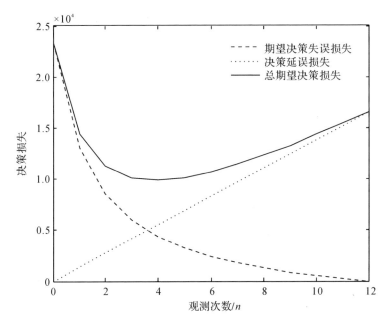

图 6.2 应急物流决策损失与观测次数之间的关系仿真

优决策时间 n^*、最优决策时间整数值 n_{int}^*、实际最优决策时间 $\overline{T}^*$ 的关系分别如图6.3、图 6.4 和图 6.5 所示。

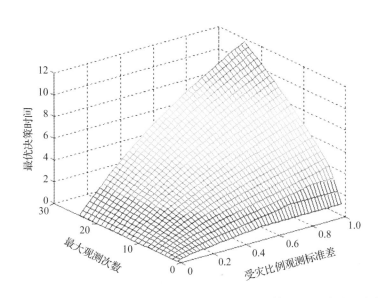

图 6.3 受灾比例观测标准差、最大观测次数与最优决策时间 n^* 的关系仿真

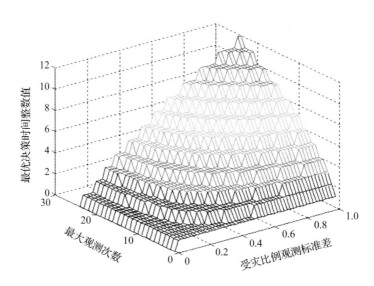

图 6.4 受灾比例观测标准差、最大观测次数与最优决策时间整数值 n_{int}^* 的关系仿真

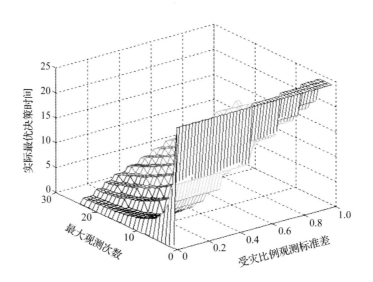

图 6.5 受灾比例观测标准差、最大观测次数与实际最优决策时间 $\overline{T}^*$ 的关系仿真

由图 6.3 和图 6.4 可见,在受灾比例观测标准差 σ 不变的情况下,以观测次数表达的最优决策时间 n^* 及其整数值 n_{int}^* 是灾情信息最大观测次数 N 的增函数,最大观测次数越大,则以观测次数表达的最优决策时间也越大。但是对比图 6.5 可以发现,在受灾比例观测标准差 σ 不变的情况下,实际最优决策时间

$\overline{T}^*$ 却是灾情信息最大观测次数 N 的减函数，最大观测次数越大，实际最优决策时间越小。当最大观测次数为 1 时，由于最优决策时间整数值为 0 时，总期望决策损失为 $d^2 B^2 \tau^2$，而最优决策时间整数值为 1 时，总期望决策损失为 $d^2 B^2 \mu^2$，由于 $\mu < \tau$，因此最优决策时间整数值总为 1，实际决策最优决策时间为 24 小时。因此，要想尽早做出应急物流决策，必须增加观测频率，减少观测间隔时间，使灾情信息得到更快的更新。

由于在仿真设置中 $\mu < \tau$，因此，在最大观测次数 N 保持不变的情况下，最优决策时间 n^* 及其整数值 n_{int}^*、实际最优决策时间 $\overline{T}^*$ 都是受灾比例观测标准差 σ 的增函数，受灾比例观测标准差 σ 越大，则最优决策时间越大。当受灾比例观测标准差 σ 接近于 0 时，最优决策时间整数值 n_{int}^* 为 1，这时只需要观测一次就可以得到比较精确的信息。当受灾比例观测标准差 σ 接近于 1 时，最优决策时间整数值 n_{int}^* 为最大观测次数。因此，要尽早做出应急物流决策，必须使用精密的观测方法，提高观测的精度，尽可能地降低灾情信息的不确定性。

而当 $\mu > \tau$ 时，受灾比例观测标准差对最优决策时间的影响有所不同。假设 $\mu = 0.57$，其他变量的取值保持不变，重新对受灾比例观测标准差、最大观测次数与最优决策时间 n^* 的关系进行仿真，结果如图 6.6 所示。由于 $\mu > \tau$，在最大观测次数 N 保持不变的情况下，最优决策时间 n^* 随着受灾比例观测标准差的增加而先增加后减少。当受灾比例观测标准差较小时，观测后灾情信息的不确定性会迅速减少，从而可以在短时间内做出最优应急物流决策。而当受灾比例观测标准差较大时，由于受灾比例先验均值比较大，延迟应急物流决策时间造成的损失也会比较大，因此也需要缩短决策时间。

2. 受灾比例先验均值、先验标准差与最优决策时间的关系仿真

设受灾比例观测标准差 $\sigma = 0.4$，灾情信息最大观测次数 $N = 12$，受灾比例 θ 的先验分布服从正态分布 $N(\mu, \tau^2)$，其中 μ 的取值范围为 $[0,1]$，τ 的取值范围为 $[0,1]$。使用 MATLAB 软件对受灾比例先验均值、先验标准差与最优决策时间的关系进行仿真。得到受灾比例先验均值、先验标准差分别与最优决策时

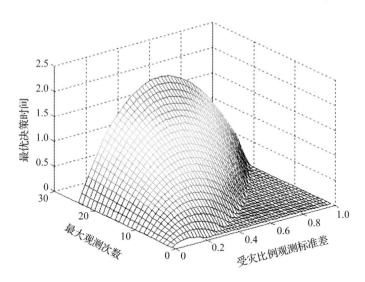

图 6.6　受灾比例观测标准差、最大观测次数与最优决策时间 n^* 的关系仿真($\mu > \tau$)

间 n^*、最优决策时间整数值 n^*_{int} 的关系分别如图 6.7 和图 6.8 所示。

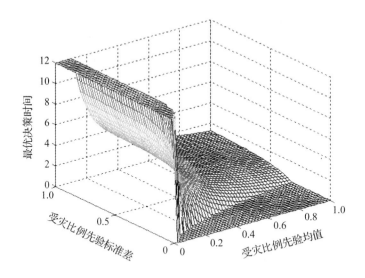

图 6.7　受灾比例先验均值、先验标准差与最优决策时间 n^* 的关系仿真

由图 6.7 和图 6.8 可见,在受灾比例先验均值 μ 不变的情况下,最优决策时间 n^* 及其整数值 n^*_{int} 基本上是受灾比例先验标准差 τ 的增函数(需要满足 $\mu >$

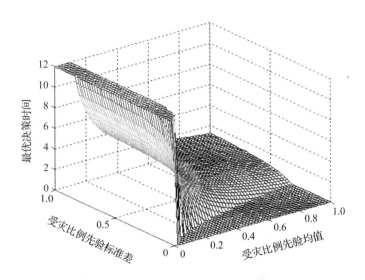

图 6.8 受灾比例先验均值、先验标准差与最优决策时间整数值 n_{int}^* 的关系仿真

$\frac{1}{9}$,即满足 $4N-\mu^{-2}\sigma^2>0$),先验标准差越大,则最优决策时间也越大。当受灾比例先验标准差 τ 接近 0 时,最优决策时间整数值 n_{int}^* 为 0,说明当受灾比例先验信息接近确定信息时,不需要进行观测更新。当先验的灾情信息越不确定时,越需要增加观测次数,延迟决策时间,以减少应急物流决策的决策失误损失。

在受灾比例先验标准差 τ 保持不变的情况下,最优决策时间 n^* 及其整数值 n_{int}^* 基本上是受灾比例先验均值 μ 的减函数,受灾比例先验均值越大,则最优决策时间越小。当受灾比例先验均值 μ 接近于 0 时,最优决策时间整数值为最大观测次数 12,说明当这类灾害灾情非常轻,几乎没有受灾人员时,可以等待灾情信息得到充分更新以后再进行应急物流决策,以减少决策失误损失。而当先验的灾情越严重时,越需要尽早做出应急物流决策,以减少决策延误损失。

3.受灾比例先验标准差、观测标准差与最优决策时间的关系仿真

设受灾比例 θ 的先验分布服从正态分布 $N(\mu,\tau^2)$,其中 $\mu=0.27,\tau$ 的取值范围为 $[0,1]$。设受灾比例观测标准差 σ 的取值范围为 $[0,1]$,灾情信息最大观测次数 $N=12$。使用 MATLAB 软件对受灾比例先验标准差、观测标准差与最

优决策时间的关系进行仿真,得到受灾比例先验标准差、观测标准差与最优决策时间 n^*、最优决策时间整数值 n_{int}^* 的关系如图 6.9 和图 6.10 所示。

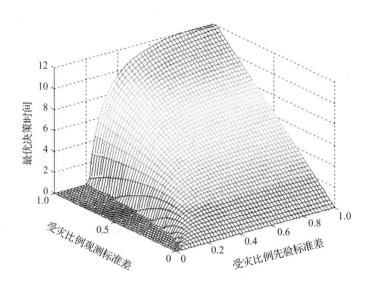

图 6.9 受灾比例先验标准差、观测标准差与最优决策时间 n^* 的关系仿真

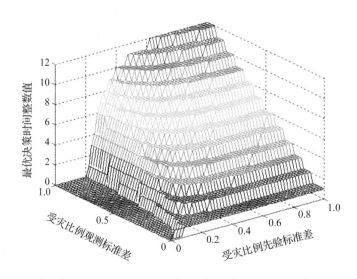

图 6.10 受灾比例先验标准差、观测标准差与最优决策时间整数值 n_{int}^* 的关系仿真

由图 6.9 和图 6.10 可见,在受灾比例观测标准差不变 σ 的情况下,当 $4N-\mu^{-2}\sigma^2>0$ 时,最优决策时间 n^* 及其整数值 n_{int}^* 基本上是受灾比例先验标准差 τ

的增函数,先验标准差越大,则最优决策时间也越大。受灾比例先验标准差接近于 0 时,最优决策时间整数值为 0。

同时,由于 $\mu < \tau$,在受灾比例先验标准差 τ 保持不变的情况下,最优决策时间 n^* 及其整数值 n_{int}^* 基本上是受灾比例观测标准差 σ 的增函数,受灾比例观测标准差 σ 越大,则最优决策时间越大。受灾比例观测标准差接近于 0 时,最优决策时间整数值为 1。模拟结果与前面的模拟结果一致。

数值模拟直观地表达了相关参数对最优决策时间的直接影响和交互影响,模拟结果与本章第一节中结果讨论的结论是一致的。但最优决策时间的大小并不能代表受灾点损失的大小,因此,接下来对相关参数与总期望决策损失之间的关系进行仿真。

(五)相关参数与总期望决策损失之间关系的仿真

1. 受灾比例观测标准差、最大观测次数与总期望决策损失的关系仿真

设受灾比例 θ 的先验分布服从正态分布 $N(0.27, 0.32^2)$,即 $\mu = 0.27$,$\tau = 0.32$。使用 MATLAB 软件对受灾比例观测标准差、最大观测次数与总期望决策损失的关系进行仿真,结果如图 6.11 所示。其中,受灾比例观测标准差 σ 的

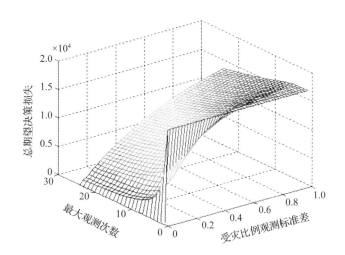

图 6.11 受灾比例观测标准差、最大观测次数与总期望决策损失的关系仿真

取值范围为[0,1],最大观测次数 N 的取值范围为[1,24]。

由图 6.11 可知,在受灾比例观测标准差 σ 不变的情况下,总期望决策损失基本是灾情信息最大观测次数 N 的减函数,最大观测次数越大,则总期望决策损失越小。这说明要想尽量减少受灾点损失,必须增加观测频率,减少观测间隔时间。而在最大观测次数 N 保持不变的情况下,总期望决策损失基本上是受灾比例观测标准差 σ 的增函数($N=1$ 除外,当 $N=1$ 时,总期望决策损失不变),受灾比例观测标准差 σ 越大,则总期望决策损失越大。这说明,要想尽量减少受灾点损失,必须使用精密的观测方法,提高观测的精度。

2. 受灾比例先验均值、先验标准差与总期望决策损失的关系仿真

设受灾比例观测标准差 $\sigma=0.4$,灾情信息最大观测次数 $N=12$。受灾比例 θ 的先验分布服从正态分布 $N(\mu, \tau^2)$,其中 μ 的取值范围为[0,1],τ 的取值范围为[0,1]。使用 MATLAB 软件对受灾比例先验均值、先验标准差与总期望决策损失的关系进行仿真,结果如图 6.12 所示。

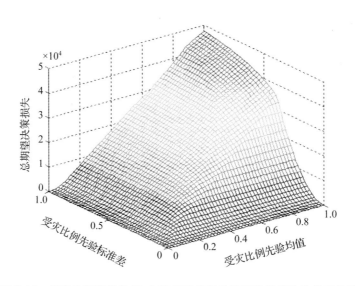

图 6.12 受灾比例先验均值、先验标准差与总期望决策损失的关系仿真

由图 6.12 可见,在受灾比例先验均值 μ 不变的情况下,总期望决策损失基本上是受灾比例先验标准差 τ 的增函数,先验标准差越大,则总期望决策损失

也越大。这说明当先验的灾情信息越不确定时,受灾点损失往往越大。同时,在受灾比例先验标准差 τ 保持不变的情况下,总期望决策损失基本上是受灾比例先验均值 μ 的增函数,受灾比例先验均值越大,则总期望决策损失也越大。这说明,当先验的灾情越严重时,受灾点损失往往越大。为了尽量减少受灾点损失,应积极建立灾情数据库,不断丰富灾情数据,并对灾害情景进行有效分类,以便获得更加精确的灾情先验信息。

3. 受灾比例先验标准差、观测标准差与总期望决策损失的关系仿真

设受灾比例 θ 的先验分布服从正态分布 $N(\mu,\tau^2)$,其中 $\mu=0.27$,τ 的取值范围为 $[0,1]$。设受灾比例观测标准差 σ 的取值范围为 $[0,1]$,灾情信息最大观测次数 $N=12$。使用 MATLAB 软件对受灾比例先验标准差、观测标准差与总期望决策损失的关系进行仿真,结果如图 6.13 所示。

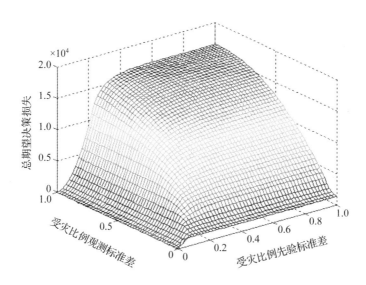

图 6.13　受灾比例先验标准差、观测标准差与总期望决策损失的关系仿真

由图 6.13 可见,在受灾比例观测标准差不变 σ 的情况下,总期望决策损失基本上是受灾比例先验标准差 τ 的增函数,先验标准差越大,则总期望决策损失也越大。同时,在受灾比例先验标准差 τ 保持不变的情况下,总期望决策损失基本上是受灾比例观测标准差 σ 的增函数,受灾比例观测标准差 σ 越大,则总

期望决策损失越大。因此,当受灾比例先验标准差、观测标准差都较小时,总期望决策损失比较小;当受灾比例先验标准差、观测标准差都较大时,总期望决策损失也比较大。这一模拟结果与前面的模拟结果一致。为了尽量减少受灾点损失,一方面要积极建立灾情数据库,以便获得更加精确的灾情先验信息;另一方面要使用精密的观测方法,提高观测的精度。

（六）应急物资分配量仿真

设 $\overline{x}_{n_{\text{int}}^*}$ 的取值范围为 $[0,1]$,其他参数设置同节"灾害情况与参数"部分。使用 MATLAB 软件分别对基于受灾比例先验均值、观测样本均值和后验均值进行物资分配决策时的应急物资分配量进行模拟,结果如图 6.14 所示。可见,基于受灾比例后验均值得到的应急物资分配量总是介于基于受灾比例先验均值和观测样本均值得到的应急物资分配量之间,说明后验信息结合了先验信息与后验信息,使决策更加合理。

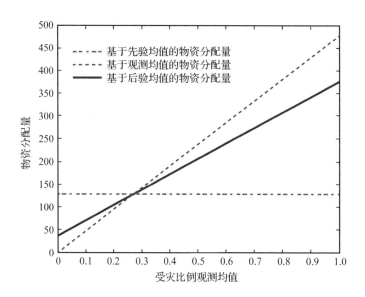

图 6.14 基于受灾比例不同类型信息的应急物资分配量仿真

第二节 多决策周期的应急物流决策模型

一、引言

根据需求特性,应急物资可以分为两种类型:第一种是一次性需求的物资,如帐篷、毛毯、防水油布和蚊帐等日常用设备或设施。第一种物资一旦送达受灾点,就立即分配给人员,因此往往假设这种物资不会形成库存。如果第一种物资的需求没有得到及时满足,则可以在下一周期进行补偿,而且未满足需求可以累计。第二种物资是定期消耗的物资,其需求是周期性的,如饮用水、食品、卫生用品等。第二种物资送达受灾点后,如果发给受灾人员后有剩余,则可以形成库存,用于满足下一周期的需求。如果第二种物资的周期性需求不能及时得到满足,不能在下一周期内补偿,而且未满足需求不能累计。

本书将针对第二种物资,建立多决策周期应急物流决策贝叶斯决策模型,用以解决应急物资分配中的多出救点选择问题,该模型构建的基本框架如图6.15所示。多决策周期的应急物流决策模型建立在本章第一节的基础之上,每一个观测与决策周期都建立一个单决策周期应急物流决策的贝叶斯序贯决策模型。每个决策周期中都对灾情信息进行观测,由先验信息和观测信息得到后验信息,使用先验信息或后验信息进行应急物流决策。前一个观测周期最后一次观测得到的灾情信息的后验信息是后一个周期的先验信息,这样后一个周期可以充分利用前面所有观测周期的观测信息和最初的先验信息,从而更有效地降低灾情信息的不确定性。随着灾情信息的不断更新,灾情信息的不确定性不断降低,当灾情信息趋近于确定信息时,就不再需要进行观测,这一周期称为最大观测周期。此后,应急物流决策按照最大观测周期中灾情信息的后验信息进行决策。

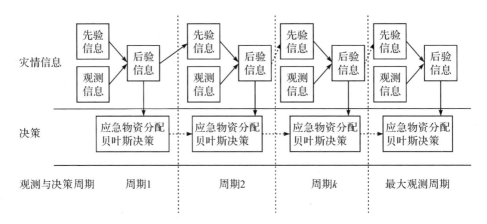

图 6.15 多决策周期的应急物流决策模型的基本框架

二、模型构建

多决策周期应急物流决策模型使用的符号、假设和贝叶斯风险函数同本章第一节,这里不再重新定义和说明。此外,还定义了以下符号:

k:贝叶斯决策中进行灾情信息观测的周期,对应着应急物流决策的周期,$k \in K$。

k_m:最大观测周期,即停止观测的周期。

单决策周期应急物流决策模型中的符号以 k 为下标,表示第 k 个灾情信息观测周期(应急物流决策周期)的参数或变量。k_m 为最大观测周期(即停止观测的周期),在此周期以后灾情信息可以看作确定信息,不需要对灾情信息进行观测和更新,同时在以后的决策周期中都使用这一确定的灾情信息进行应急物流决策,应急物流决策问题转变为确定信息情况下的确定性规划问题。最大观测周期 k_m 需要根据灾情信息的特征进行确定。

假设突发事件发生后,由多个出救点向某受灾点提供应急物资。应急物资为定期消耗的物资,其需求是周期性的,如饮用水、食品、卫生用品等,并且需求周期为 1 天。第 k 周期应急物资的需求量 $D_k = d\theta_k B$,其中 B 为受灾点总人口、θ_k 为第 k 周期的受灾比例,d 为单位受灾人口的应急物资需求量。在灾害发生

后第 1 天,受灾比例 θ_1 的先验分布 $\pi(\theta_1) \sim N(\mu_0, \tau_0^2)$,每天最多进行 N_k 次观测,序贯观测 $X_1^n = (X_{11}, \cdots, X_{1n})$ 的样本条件密度 $f(x|\theta_1)$ 服从分布 $N(\theta_1, \sigma_1^2)$。设第 1 周期末经过 N_1 次观测后得到受灾比例 θ_1 的后验分布 $\pi(\theta_1|x)$ 服从 $N(\mu_1, \tau_1^2)$。设灾害发生后第 k 天(周期),受灾比例 θ_k 在周期初的先验分布为 $\pi(\theta_k)$,序贯观测 $X_k^n = (X_{k1}, \cdots, X_{kn})$ 的样本密度 $f(x|\theta_k)$ 服从分布 $N(\theta_k, \sigma_k^2)$,设第 k 周期末经过 N_k 次观测后得到受灾比例 θ_k 的后验分布为 $\pi(\theta_k|x)$ 服从分布 $N(\mu_k, \tau_k^2)$。在每个周期进行序贯观测后,使用受灾比例的观测信息来修正受灾比例的先验分布可以得到其后验分布,同时每个决策周期中受灾比例的后验分布是后一个周期的先验分布。则有 $\pi(\theta_k) = \pi(\theta_{k-1}|x)$,即第 k 周期受灾比例 θ_k 的先验分布 $\pi(\theta_k)$ 服从 $N(\mu_{k-1}, \tau_{k-1}^2)$。

可以得到以下损失函数:

第 k 周期决策延误损失函数:$L_{dk} = (dB\mu_{k-1} - 0)^2 = (dB\mu_{k-1})^2$

第 k 周期决策失误损失函数:$L_{fk}(\theta_k, S_k) = (d\theta_k B - S_k)^2$

第 k 周期总的决策损失函数:

$$L_k(\theta_k, S_k, n_k) = (N_k - n_k)\frac{1}{N_k}L_{fk}(\theta_k, S_k) + n_k \frac{1}{N_k}L_{dk}$$

多决策周期的应急物流决策模型建立在本章单决策周期应急物流决策模型的基础之上,每一个观测与决策周期都建立一个单决策周期应急物流决策的贝叶斯序贯决策模型。在每个周期,该问题都可以建立一个两阶段模型,第一阶段根据受灾比例的观测特征,确定最优决策时间和最优物资分配量,以使物资分配决策相关的损失最小。第二阶段基于最优物资分配量,确定出救点及其应急物资供应量,以使应急时间最短。根据本章中的单决策周期应急物流决策模型,见式(6.3)、式(6.4),可以得到第 k 天(周期)的两阶段模型。

（一）第一阶段模型

在第一阶段模型中,需要确定第 k 周期最优决策时间 n_k^* 和最优物资分配量 S_k^*,以使第 k 周期总损失函数的贝叶斯风险 $r_k^n(\pi)$ 最小。因此,第一阶段模型为:

$$\min_{n_k, S_k} r_k^{n_k}(\pi) = E^\pi E_\theta^{X_k^n} \left[\frac{N_k - n_k}{N_k} L_{fk} \left[\theta_k, \delta_{kn}^\pi (X_k^n) \right] \right] + \frac{n_k}{N_k} L_{dk} \qquad (6.14)$$

(二)第二阶段模型

在出救点定位问题中,将以应急时间最短作为目标。假设每一周期的出救点不变。在第 k 周期,假设 φ_k 为一可行方案,表示为 $\varphi_k = \{(i_1, b'_{i_1}), (i_1, b'_{i_2}), \cdots,$ $(i_m, b'_{i_m})\}$,其中 $0 \leqslant b'_{i_l} \leqslant b_{i_l}$,$\sum_{l=1}^m b'_{i_l} = S_k^*$,$i_1, i_2, \cdots, i_m$ 为 $1, 2, \cdots, p$ 子列的一个排列。用 Ξ_k 表示可行方案的集合,φ_k^* 表示最优出救方案。

应急时间是出救点应急物资最后一个到达受灾点的时间,则应急时间可以表达为:

$$T_k(\varphi_k) = \max_{l=1,2,\cdots,m} t_{i_l}$$

则第二阶段的模型为:

$$\min_{\varphi_k \in \Xi_k} T_k(\varphi_k) \qquad (6.15)$$

三、模型求解

在本章单决策周期应急物流决策模型求解方法的基础上,可以得到多决策周期应急物流决策模型的求解步骤。在多决策周期应急物流决策模型中,除了求解每一周期的最优决策时间 n_k^*、最优物资分配量 S_k^* 和最优出救方案 φ_k^* 以外,还需要确定最大观测周期(即停止观测的周期)k_m。

(一)求解步骤

本模型求解步骤如下:

步骤 1 设周期 $k=1$,$\pi(\theta_k) \sim N(\mu_0, \tau_0^2)$。

步骤 2 通过最小化贝叶斯风险求解第 k 周期的贝叶斯决策法则 δ_{kn}^π。

步骤 3 将贝叶斯决策法则代入贝叶斯风险函数,最小化贝叶斯风险,求出第 k 周期的最优决策时间 n_k^*、最优决策时间整数值 n_{intk}^*、实际最优决策时间 $\overline{T_k^*}$ 和最优物资分配量 S_k^*。

步骤 4 根据最优物资分配量 S_k^*，确定第 k 周期出救点及其物资供应量，得到第 k 周期最优出救方案 φ_k^*。

步骤 5 求解第 k 周期末受灾比例 θ_k 的后验分布 $\pi(\theta_k|x) \sim N(\mu_k, \tau_k^2)$。

步骤 6 设定足够小的正值 ε，如果 $\tau_k^2 < \varepsilon$，转入步骤 7。否则，令 $k = k+1$，$\pi(\theta_k) \sim N(\mu_{k-1}, \tau_{k-1}^2)$，转入步骤 2。

步骤 7 令 $k_m = k$，停止以后各周期的观测。对于最大观测周期 k_m 以后的决策周期，$S^* = dB\mu_k$。根据最优物资分配量 S^*，确定出救点及其物资供应量，得到最优出救方案 φ^*。

结束。

对于最大观测周期（即停止观测的周期）k_m，根据受灾比例的后验方差进行判断，如果后验方差足够小，可以认为受灾比例由随机变量变为确定变量，因此无需再进行观测。此时，应急物流决策的随机决策问题转变为确定性决策问题。

（二）求解结果

1. 各周期最优决策时间和最优物资分配量

根据单决策周期应急物流决策模型的求解结果，可以得到第 k 周期的最优决策时间 n_k^* 和最优物资分配量 S_k^* 如下：

$$n_k^* = \mu_{k-1}^{-1} \tau_{k-1}^{-2} \left[\sigma_k \tau_{k-1} (\sigma_k^2 + N_k \tau_{k-1}^2)^{\frac{1}{2}} - \mu_{k-1} \sigma_k^2 \right]$$

$$S_k^*(n_{int}^*, X^n) = dB \frac{\sigma_k^2 \mu_{k-1} + n_{intk}^* \tau_{k-1}^2 \overline{x}_{n_{intk}^*}}{\sigma_k^2 + n_{intk}^* \tau_{k-1}^2}$$

其中 σ_k 的取值取决于灾情信息的观测方式与观测工具。而 μ_{k-1} 和 τ_{k-1}^2 则是由受灾比例的先验信息结合了各周期的观测信息而得到的。

可以用数学归纳法得到 μ_k 和 τ_k^2 的表达式：

$$\mu_k = \frac{\mu_0 \prod\limits_{v=1}^{k} \sigma_v^2 + \tau_0^2 \sum\limits_{v=1}^{k} \prod\limits_{w=1}^{k} \dfrac{N_v \sigma_w^2 \overline{x}_{vN_v}}{\sigma_v^2}}{\prod\limits_{v=1}^{k} \sigma_v^2 + \tau_0^2 \sum\limits_{v=1}^{k} \prod\limits_{w=1}^{k} \dfrac{N_v \sigma_w^2}{\sigma_v^2}} \qquad (6.16)$$

$$\tau_k^2 = \frac{\tau_0^2 \prod_{v=1}^{k} \sigma_v^2}{\prod_{v=1}^{k} \sigma_v^2 + \tau_0^2 \sum_{v=1}^{k} \prod_{w=1}^{k} \frac{N_v \sigma_w^2}{\sigma_v^2}} \qquad (6.17)$$

证明：

首先，根据定理 6.1 求出前几个周期末受灾比例的后验均值和方差，归纳猜想 μ_k 和 τ_k^2 的通项公式。

第 1 周期末受灾比例的后验均值 μ_1 和方差 τ_1^2 为：

$$\mu_1 = \frac{\sigma_1^2 \mu_0 + N_1 \tau_0^2 \overline{x}_{1N_1}}{\sigma_1^2 + N_1 \tau_0^2}$$

$$\tau_1^2 = \frac{\sigma_1^2 \tau_0^2}{\sigma_1^2 + N_1 \tau_0^2}$$

第 2 周期末受灾比例的后验均值 μ_2 和方差 τ_2^2 为：

$$\mu_2 = \frac{\sigma_1^2 \sigma_2^2 \mu_0 + \tau_0^2 (N_1 \sigma_2^2 \overline{x}_{1N_1} + N_2 \sigma_1^2 \overline{x}_{2N_2})}{\sigma_1^2 \sigma_2^2 + \tau_0^2 (N_1 \sigma_2^2 + N_2 \sigma_1^2)}$$

$$\tau_2^2 = \frac{\sigma_1^2 \sigma_2^2 \tau_0^2}{\sigma_1^2 \sigma_2^2 + \tau_0^2 (N_1 \sigma_2^2 + N_2 \sigma_1^2)}$$

第 3 周期末受灾比例的后验均值 μ_3 和方差 τ_3^2 为：

$$\mu_3 = \frac{\sigma_1^2 \sigma_2^2 \sigma_3^2 \mu_0 + \tau_0^2 (N_1 \sigma_2^2 \sigma_3^2 \overline{x}_{1N_1} + N_2 \sigma_1^2 \sigma_3^2 \overline{x}_{2N_2} + N_3 \sigma_1^2 \sigma_2^2 \overline{x}_{3N_3})}{\sigma_1^2 \sigma_2^2 \sigma_3^2 + \tau_0^2 (N_1 \sigma_2^2 \sigma_3^2 + N_2 \sigma_1^2 \sigma_3^2 + N_3 \sigma_1^2 \sigma_2^2)}$$

$$\tau_3^2 = \frac{\sigma_1^2 \sigma_2^2 \sigma_3^2 \tau_0^2}{\sigma_1^2 \sigma_2^2 \sigma_3^2 + \tau_0^2 (N_1 \sigma_2^2 \sigma_3^2 + N_2 \sigma_1^2 \sigma_3^2 + N_3 \sigma_1^2 \sigma_2^2)}$$

根据前 3 周期末受灾比例的后验均值和方差，归纳猜想出 μ_k 和 τ_k^2 的通项公式为：

$$\mu_k = \frac{\mu_0 \prod_{v=1}^{k} \sigma_v^2 + \tau_0^2 \sum_{v=1}^{k} \prod_{w=1}^{k} \frac{N_v \sigma_w^2 \overline{x}_{vN_v}}{\sigma_v^2}}{\prod_{v=1}^{k} \sigma_v^2 + \tau_0^2 \sum_{v=1}^{k} \prod_{w=1}^{k} \frac{N_v \sigma_w^2}{\sigma_v^2}}$$

$$\tau_k^2 = \frac{\tau_0^2 \prod_{v=1}^{k} \sigma_v^2}{\prod_{v=1}^{k} \sigma_v^2 + \tau_0^2 \sum_{v=1}^{k} \prod_{w=1}^{k} \frac{N_v \sigma_w^2}{\sigma_v^2}}$$

在第 1 周期,将 $k=1$ 代入 μ_k 和 τ_k^2 的通项公式得到:

$$\mu_1 = \frac{\sigma_1^2 \mu_0 + N_1 \tau_0^2 \, \overline{x}_{1N_1}}{\sigma_1^2 + N_1 \tau_0^2}$$

$$\tau_1^2 = \frac{\sigma_1^2 \tau_0^2}{\sigma_1^2 + N_1 \tau_0^2}$$

此时,假设成立。

在第 $k+1$ 周期,受灾比例的先验分布 $\pi(\theta_{k+1}) \sim N(\mu_k, \tau_k^2)$,观测样本的分布 $f(x \mid \theta_{k+1}) \sim N(\theta_{k+1}, \sigma_{k+1}^2)$,根据定理 6.1 得到第 $k+1$ 周期期末受灾比例后验分布的均值和方差:

$$\mu_{k+1} = \frac{\sigma_{k+1}^2 \mu_k + N_{k+1} \tau_k^2 \, \overline{x}_{(k+1)n}}{\sigma_{k+1}^2 + N_{k+1} \tau_k^2}$$

$$= \frac{\sigma_{k+1}^2 \dfrac{\mu_0 \prod\limits_{v=1}^{k} \sigma_v^2 + \tau_0^2 \sum\limits_{v=1}^{k} \prod\limits_{w=1}^{k} \dfrac{N_v \sigma_w^2 \, \overline{x}_{vN_v}}{\sigma_v^2}}{\prod\limits_{v=1}^{k} \sigma_v^2 + \tau_0^2 \sum\limits_{v=1}^{k} \prod\limits_{w=1}^{k} \dfrac{N_v \sigma_w^2}{\sigma_v^2}} + N_{k+1} \dfrac{\tau_0^2 \prod\limits_{v=1}^{k} \sigma_v^2}{\prod\limits_{v=1}^{k} \sigma_v^2 + \tau_0^2 \sum\limits_{v=1}^{k} \prod\limits_{w=1}^{k} \dfrac{N_v \sigma_w^2}{\sigma_v^2}} \, \overline{x}_{(k+1)n}}{\sigma_{k+1}^2 + N_{k+1} \dfrac{\tau_0^2 \prod\limits_{v=1}^{k} \sigma_v^2}{\prod\limits_{v=1}^{k} \sigma_v^2 + \tau_0^2 \sum\limits_{v=1}^{k} \prod\limits_{w=1}^{k} \dfrac{N_v \sigma_w^2}{\sigma_v^2}}}$$

$$= \frac{\sigma_{k+1}^2 \left(\mu_0 \prod\limits_{v=1}^{k} \sigma_v^2 + \tau_0^2 \sum\limits_{v=1}^{k} \prod\limits_{w=1}^{k} \dfrac{N_v \sigma_w^2 \, \overline{x}_{vN_v}}{\sigma_v^2} \right) + N_{k+1} \tau_0^2 \prod\limits_{v=1}^{k} \sigma_v^2 \, \overline{x}_{(k+1)n}}{\sigma_{k+1}^2 \left(\prod\limits_{v=1}^{k} \sigma_v^2 + \tau_0^2 \sum\limits_{v=1}^{k} \prod\limits_{w=1}^{k} \dfrac{N_v \sigma_w^2}{\sigma_v^2} \right) + N_{k+1} \tau_0^2 \prod\limits_{v=1}^{k} \sigma_v^2}$$

$$= \frac{\mu_0 \prod\limits_{v=1}^{k+1} \sigma_v^2 + \tau_0^2 \sum\limits_{v=1}^{k+1} \prod\limits_{w=1}^{k+1} \dfrac{N_v \sigma_w^2 \, \overline{x}_{vN_v}}{\sigma_v^2}}{\prod\limits_{v=1}^{k+1} \sigma_v^2 + \tau_0^2 \sum\limits_{v=1}^{k+1} \prod\limits_{w=1}^{k+1} \dfrac{N_v \sigma_w^2}{\sigma_v^2}}$$

$$\tau_{k+1}^2 = \frac{\sigma_{k+1}^2 \tau_k^2}{\sigma_{k+1}^2 + N_{k+1} \tau_k^2}$$

$$= \cfrac{\sigma_{k+1}^2 \cfrac{\tau_0^2 \prod\limits_{v=1}^{k} \sigma_v^2}{\prod\limits_{v=1}^{k} \sigma_v^2 + N\tau_0^2 \sum\limits_{v=1}^{k} \prod\limits_{w=1}^{k} \cfrac{\sigma_w^2}{\sigma_v^2}}}{\sigma_{k+1}^2 + N_{k+1} \cfrac{\tau_0^2 \prod\limits_{v=1}^{k} \sigma_v^2}{\prod\limits_{v=1}^{k} \sigma_v^2 + N\tau_0^2 \sum\limits_{v=1}^{k} \prod\limits_{w=1}^{k} \cfrac{\sigma_w^2}{\sigma_v^2}}}$$

$$= \cfrac{\tau_0^2 \prod\limits_{v=1}^{k+1} \sigma_v^2}{\prod\limits_{v=1}^{k+1} \sigma_v^2 + \tau_0^2 \sum\limits_{v=1}^{k+1} \prod\limits_{w=1}^{k+1} \cfrac{N_v \sigma_w^2}{\sigma_v^2}}$$

因此,假设对于从 $k=1$ 开始的所有正整数都成立。

证毕。

2. 最优出救方案

根据定理6.4可以求出第 k 周期的最优出救方案 φ_k^*。在第 k 周期,把 1, $2, \cdots, q$ 作为出救点的方案 φ_k^* 将使应急时间最短的目标达到最优,其中 q 为序列 $b_1, b_2, \cdots, b_p$ 相对于最优物资分配量 S_k^* 的临界下标,并有 $T(\varphi_k^*) = \max\limits_{l=1,2,\cdots,q} t_l = t_q$。则当 $l<q$,出救点 l 的应急物资供应量 $s_{kl}^* = b_l$;当 $l=q$,出救点 q 的应急物资供应量为 $s_{kq}^* = S_k^* - \sum\limits_{l=1}^{q-1} b_l$。

3. 最大观测周期

当受灾比例后验方差足够小时,可以认为受灾比例由随机变量变为确定变量,因此无需再进行观测。由此,可以得到:

$$\tau_k^2 = \cfrac{\tau_0^2 \prod\limits_{v=1}^{k} \sigma_v^2}{\prod\limits_{v=1}^{k} \sigma_v^2 + \tau_0^2 \sum\limits_{v=1}^{k} \prod\limits_{w=1}^{k} \cfrac{N_v \sigma_w^2}{\sigma_v^2}} < \varepsilon$$

当 k 满足上式时,就可以得到最大观测周期 $k_m = k$。

变换 τ_k^2,得到:

$$\frac{\tau_0^2}{1 + \tau_0^2 \sum\limits_{v=1}^{k} \dfrac{N_v}{\sigma_v^2}} < \varepsilon$$

可见,当每周期观测次数 N_k 越大,或者受灾比例观测标准差 σ_k 越小时,受灾比例后验方差越小,越容易达到最大观测周期。

四、地震灾害算例分析

（一）灾害情况与参数

本部分的灾害背景和参数设置参考本章第一节中的算例分析。假设基于之前的地震灾害案例和灾情数据库,可以获得地震发生后第 1 周期地震灾区受灾比例 θ_1 的先验分布服从正态分布 $N(0.27, 0.32^2)$,即 $\mu_0 = 0.27, \tau_0 = 0.32$。

灾情信息观测可以采用卫星遥感、灾害评估人员现场评估、灾区主动上报、询问受灾人员等方式。而不同的观测方式观测精度不同,导致观测样本的标准差有差异。假设在地震灾害发生后,第 k 天（周期）受灾比例观测样本服从分布 $N(\theta_k, \sigma_k^2)$。其中 σ_k 的取值如下:

$$\sigma_k = \begin{cases} 0.8 & k = 1,2 \\ 0.6 & k = 3, \cdots, 6 \\ 0.2 & k = 7, \cdots, 10 \\ 0.1 & k = 11, \cdots, 15 \\ 0.02 & k > 15 \end{cases}$$

由于观测条件、观测方法与通信方式的限制以及信息更新的实际需求,在每个观测与决策周期内的最大观测次数不同。设第 k 天（周期）受灾比例的最大观测次数为 N_k,其取值情况如下:

$$N_k = \begin{cases} 2 & k = 1,2 \\ 6 & k = 3, \cdots, 6 \\ 12 & k = 7, \cdots, 10 \\ 6 & k = 11, \cdots, 15 \\ 2 & k > 15 \end{cases}$$

彭州市总人口为 79.5 万人,即 $B=79.5$。单位受灾人口每天对饮用水的需求量为 6 升,即 $d=6$。

有 7 个出救点,假设每周期出救点到彭州灾区的通行时间和饮用水可供应量都是不变的,出救点到彭州灾区的通行时间 t_i 和每周期饮用水可供应量 b_i 见表 6.1。

(二)算例模拟求解

使用 MATLAB 软件对本部分提出的求解步骤编程。在第 k 周期,在 MATLAB 中使用 random() 函数产生均值为受灾比例先验均值 μ_{k-1}、标准差为观测标准差 σ_k 的服从正态分布的随机数,选取前 N_k 个在 $0-1$ 之间的随机数作为受灾点受灾比例的观测序贯样本。设 $\varepsilon=0.00001$,得到最大观测周期 $k_m=36$,第 36 周期受灾比例的后验均值 $\mu_{36}=0.4969$,后验标准差 $\tau_{36}=0.0030$。

1. 受灾比例先验(后验)均值

各观测与决策周期中,受灾比例先验(后验)均值的变化情况如图 6.16 所示。可见,在第 10 周期之前受灾比例先验(后验)均值变化非常大,从第 11 周

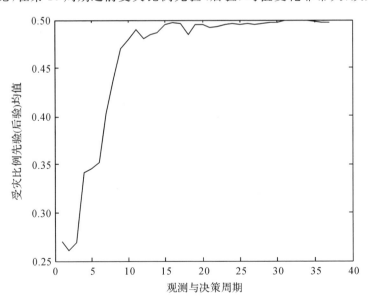

图 6.16　受灾比例先验(后验)均值的变化情况

156

期到25周期左右变化比较大,第 25 周期以后,变化比较小,受灾比例均值趋于稳定。第 37 周期以后则认为受灾比例信息为确定信息,受灾比例成为确定的值,即为 0.4969。若以 μ_{36} 作为最终的受灾比例,由于 $\mu_5 < 0.8\mu_{36} < \mu_6$,根据受灾比例这一灾情信息累计信息量获得比例达到80%的标准,可以大致判断该地震灾害的"灰箱"时间为 6 天(周期)。"灰箱"时间以后灾情信息仍然得到不断更新,而真正的"白箱"时间是从第 37 周期开始的。

2.受灾比例先验(后验)标准差

各观测与决策周期中,受灾比例先验(后验)标准差的变化情况如图 6.17 所示。与受灾比例先验(后验)均值的变化规律类似,在第 10 周期之前受灾比例先验(后验)标准差变化非常大,从第 11 周到 25 周左右变化比较大,第 25 周以后变化比较小,受灾比例标准差趋于 0。第 36 周期受灾比例的后验标准差 $\tau_{36} = 0.0030$,后验方差 $\tau_{36}^2 = 0.000009 < \varepsilon$,此时可以认为受灾比例信息近似为确定信息。第 37 周期以后,受灾比例的方差近似为 0。

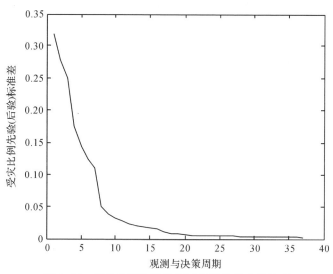

图 6.17　受灾比例先验(后验)标准差的变化情况

3.实际最优决策时间

各观测与决策周期中,实际最优决策时间的变化情况如图 6.18 所示。在第1、2、3周期,最优决策时间整数值都为2次,实际最优决策时间分别为24、24、8小时。第4周期及其以后各周期最优决策时间整数值和实际最优决策时间都为0。尽管在第4周期及其以后各周期中不需要在观测后进行应急物流决策,但是观测的灾情信息使下一周期的受灾比例先验信息更加精确,有利于降低下一周期应急物流决策的损失。第37周以后,由于不再进行灾情信息观测,因此最优决策时间为0。

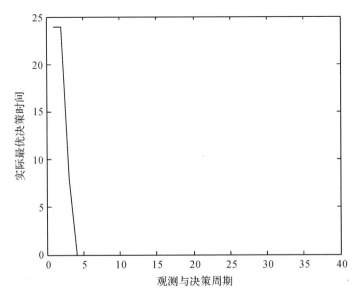

图6.18　实际最优决策时间的变化情况

4. 最优应急物资分配量

各观测与决策周期中,最优应急物资分配量的变化情况如图6.19所示。由于第4周期以后实际最优决策时间为0,应急物资分配决策按照该周期的先验均值进行分配,因此,第4周期以后最优应急物资分配量的变化与受灾比例先验(后验)均值的变化规律完全相同。最优应急物资分配量第1、2、3周期的变化规律与受灾比例先验(后验)均值的变化规律也类似。在第37周以后,由于受灾比例信息近似为确定信息,因此最优应急物资分配量变为固定值,即237.0226。

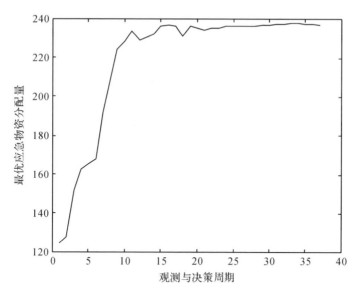

图 6.19　最优应急物资分配量的变化情况

5.最优出救方案

在每一观测与决策周期,将出救点按照通行时间 t_i 从小到大排列,排列后得到的序列见表 6.2,计算出救点序列对于该周期最优应急物流决策量 S_k^* 的临界下标,得到该周期的最优出救方案,即出救点及其应急物资供应量 s_i^*,如表 6.4 所示。

表 6.4　多周期最优出救方案

周期 k	最优应急物流决策量 S_k^*	出救点及其应急物资供应量 s_i^*				
1	124.3	彭州	什邡			
		80	44.3			
2	128.0	彭州	什邡			
		80	48.3			
3	151.6	彭州	什邡	都江堰		
		80	60	11.6		

续表

周期 k	最优应急物流决策量 S_k^*	出救点及其应急物资供应量 s_i^*				
4	162.7	彭州	什邡	都江堰		
		80	60	22.7		
5	165.2	彭州	什邡	都江堰		
		80	60	25.2		
6	168.1	彭州	什邡	都江堰		
		80	60	28.1		
7	192.2	彭州	什邡	都江堰	崇州	
		80	60	30	22.2	
8	208.1	彭州	什邡	都江堰	崇州	
		80	60	30	38.1	
9	224.3	彭州	什邡	都江堰	崇州	绵竹
		80	60	30	50	4.3
10	228.6	彭州	什邡	都江堰	崇州	绵竹
		80	60	30	50	8.6
11	233.8	彭州	什邡	都江堰	崇州	绵竹
		80	60	30	50	13.8
12	229.1	彭州	什邡	都江堰	崇州	绵竹
		80	60	30	50	9.1
13	230.8	彭州	什邡	都江堰	崇州	绵竹
		80	60	30	50	10.8
14	232.2	彭州	什邡	都江堰	崇州	绵竹
		80	60	30	50	12.2
15	237.2	彭州	什邡	都江堰	崇州	绵竹
		80	60	30	50	17.2
16	236.5	彭州	什邡	都江堰	崇州	绵竹
		80	60	30	50	16.5

周期 k	最优应急物流决策量 S_k^*	出救点及其应急物资供应量 s_i^*				
17	231.1	彭州	什邡	都江堰	崇州	绵竹
		80	60	30	50	11.1
18	236.1	彭州	什邡	都江堰	崇州	绵竹
		80	60	30	50	16.1
19	235.8	彭州	什邡	都江堰	崇州	绵竹
		80	60	30	50	15.8
20	234.4	彭州	什邡	都江堰	崇州	绵竹
		80	60	30	50	14.4
21	235.2	彭州	什邡	都江堰	崇州	绵竹
		80	60	30	50	15.2
22	235.7	彭州	什邡	都江堰	崇州	绵竹
		80	60	30	50	15.7
23	236.4	彭州	什邡	都江堰	崇州	绵竹
		80	60	30	50	16.4
24	236.2	彭州	什邡	都江堰	崇州	绵竹
		80	60	30	50	16.2
25	236.6	彭州	什邡	都江堰	崇州	绵竹
		80	60	30	50	16.6
26	236.2	彭州	什邡	都江堰	崇州	绵竹
		80	60	30	50	16.2
27	236.7	彭州	什邡	都江堰	崇州	绵竹
		80	60	30	50	16.7
28	236.9	彭州	什邡	都江堰	崇州	绵竹
		80	60	30	50	16.9
29	237.1	彭州	什邡	都江堰	崇州	绵竹
		80	60	30	50	17.1

续表

周期 k	最优应急物流决策量 S_k^*	出救点及其应急物资供应量 s_i^*				
30	237.8	彭州	什邡	都江堰	崇州	绵竹
		80	60	30	50	17.8
31	237.8	彭州	什邡	都江堰	崇州	绵竹
		80	60	30	50	17.8
32	238.0	彭州	什邡	都江堰	崇州	绵竹
		80	60	30	50	18.0
33	238.1	彭州	什邡	都江堰	崇州	绵竹
		80	60	30	50	18.1
34	237.6	彭州	什邡	都江堰	崇州	绵竹
		80	60	30	50	17.6
35	237.4	彭州	什邡	都江堰	崇州	绵竹
		80	60	30	50	17.4
36	237.0	彭州	什邡	都江堰	崇州	绵竹
		80	60	30	50	17.0

（三）相关参数与最大观测周期之间关系的仿真

设第 1 周期初受灾比例 θ 的先验分布服从正态分布 $N(0.27, 0.32^2)$，即 $\mu = 0.27, \tau = 0.32$，取 $\varepsilon = 0.0001$。假设每一周期中灾情信息最大观测次数 N 都相同，受灾比例观测标准差 σ 也相同。使用 MATLAB 软件对受灾比例观测标准差、最大观测次数与最大观测周期之间的关系进行仿真，得到结果如图 6.20 所示。其中，受灾比例观测标准差 σ 的取值范围为 $[0, 0.2]$，最大观测次数 N 的取值范围为 $[4, 24]$。

由图 6.20 可知，当受灾比例观测标准差不变时，最大观测周期是灾情信息最大观测次数的减函数，灾情信息最大观测次数越大，则最大观测周期越短。而当灾情信息最大观测次数不变时，最大观测周期是受灾比例观测标准差的增

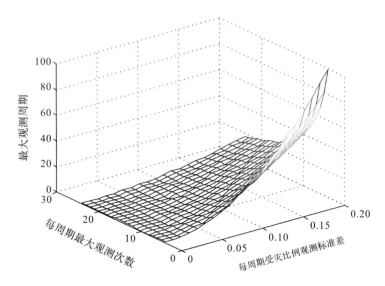

图 6.20　受灾比例观测标准差、最大观测次数与最大观测周期的关系仿真

函数,受灾比例观测标准差越小,则最大观测周期越短。当受灾比例观测标准差接近于 0 时,最大观测周期为 1。当 (σ, N) 取值为 $(0, 4)$ 时,最大观测周期为 1;当 (σ, N) 取值为 $(0, 24)$ 时,最大观测周期仍为 1;当 (σ, N) 取值为 $(0.2, 4)$ 时,最大观测周期为 100;当 (σ, N) 取值为 $(0.2, 24)$ 时,最大观测周期为 17。从仿真情况来看,最大观测周期对受灾比例观测标准差的灵敏性更高。因此,要想尽快降低灾情信息的不确定性,让灾情信息由不确定信息修正为确定信息,一方面要增加灾情信息观测频率,另一方面更要提高观测的精度。

五、新冠疫情算例分析

多周期应急物流决策的贝叶斯序贯决策模型同样适用于新冠疫情,其中部分符号的含义转换如下:

B:疫区的人口总数。

θ_k:k 周期疫区的传染病感染率。

μ_{k-1}:k 周期传染病感染率的先验均值。

τ_{k-1}:k 周期传染病感染率的先验标准差。

163

σ_k：k 周期传染病感染率的观测样本标准差。

d：单位确诊病例造成的应急物资需求量。

n_k：k 周期传染病感染率的观测次数。

（一）疫情与参数设定

2020 年 1 月，在武汉的新冠疫情封城初期，全国新冠肺炎感染人员基本为武汉本地或从武汉输出的人员。武汉本地约有 900 万人，武汉迁出人员约有 500 万人。根据国家卫健委和武汉市卫健委发布的累计确诊人数，计算得到 2020 年 1 月 24 日武汉的新冠肺炎感染率为 0.6356‰；以武汉迁出的 500 万人为基数，得到全国其他地区感染率为 1.4040‰。这两个感染率差别比较大，以这 2 个数据的均值和标准差分别作为 2020 年 1 月 25 日（第 1 个决策周期）武汉实际感染率 θ_1 的先验均值和先验标准差，即感染率 θ_1 的先验分布服从正态分布 $N(1.0198, 0.5434^2)$。

假设武汉每天可以依次得到新冠肺炎感染率的 6 种观测样本值，如表 6.5 所示。其中，其他地区观测使用前一天全国其他地区感染率数据（以武汉迁出的 500 万人为基数）；试剂检测观测使用武汉官方发布的确诊数据。在采用多级分诊的情况下，从社区到定点门诊，再到影像检查和试剂检测，都需要一定的时间，因此在本周期的前一种观测信息中往往包含了下几个周期后一种观测的信息。在本情景下，随着新冠肺炎疫情在社区的快速传播，医疗资源的紧缺程度不断增加，观测的精度也不断降低，观测标准差见表 6.5。

表 6.5　武汉新冠肺炎感染率的观测样本值与标准差　　　　单位：‰

周期	其他地区观测	社区预检门诊观测	定点门诊观测	随机调查观测	影像检查观测	试剂检测观测	观测标准差
1	1.404	3.3232	2.1017	1.6001	1.9789	0.6867	0.88
2	2.688	4.8216	2.6008	3.1051	2.5686	0.7756	1.29
3	4.066	7.7775	4.3123	5.6656	3.3914	1.7667	2.05
4	5.824	10.4538	6.0062	5.1003	4.4312	2.1167	2.74

封城后武汉市总人口保持不变,即 $B = 900$。假设单位感染人数导致对 N95 口罩的需求量为 10 只,即 $d = 10$。有 3 类 N95 口罩供应源:中央储备、捐赠和生产企业。其中,中央储备的储备总量为 1 万只;每天收到的捐赠数量是 0～10000 只的随机数。供应源优先使用捐赠和中央储备,其到武汉的通行时间都设为很小的数字,假设分别 0 小时、0.1 小时。生产企业有 5 家,分别位于湖北黄冈、湖北宜昌、浙江嘉兴、上海、广东广州,其到武汉的通行时间分别为 2、4、9、12、14 小时。5 家生产企业的 N95 口罩每天总供应量如表 6.6 所示,这些企业生产的口罩优先供应武汉,如有剩余再供应到其他疫区。

表 6.6　N95 口罩生产企业每天供应量 单位:只

周期	黄冈	宜昌	嘉兴	上海	广州	合计
1	1500	1800	1200	2000	1000	7500
2	2000	2800	1200	2500	1500	10000
3	2000	4000	1500	3000	1500	12000
4	3000	4500	2000	3000	2000	14500

(二)求解结果

1.最优决策时间

2020 年 1 月 25—28 日最优决策时间都为 0,也即当天在进行观测之前,尽早按照前一天感染率的后验均值进行应急物资分配决策。这是因为尽管感染率信息的不确定性比较大,但是观测的不确定更大,因此观测的边际延误损失大于边际失误损失。

2.最优应急物流决策方案

对于 N95 口罩,每天最优应急物流决策方案如表 6.7 所示。由于中央储备不能持续供应,而捐赠又是随机的,因此生产供应是保障应急物资持续稳定供应的基础。如果生产供应量不能快速提升,当捐赠数量变少时,就会导致应急物资需求不能被完全满足,如第 4 周期所示。这时需要考虑通过紧急的国际采购进行补充。

表 6.7　每天最优应急物流决策方案　　　　　　单位:只

周期	最优分配量	出救点实际供应量							实际总分配量	未满足需求量
		捐赠	中央储备	黄冈	宜昌	嘉兴	上海	广州		
1	9178	788	8390	0	0	0	0	0	9178	0
2	14372	4853	1610	2000	2800	1200	1909	0	14372	0
3	16932	7785	0	2000	4000	1500	1647	0	16932	0
4	19011	2453	0	3000	4500	2000	3000	2000	16953	2058

(三)结果分析

1.感染率及其不确定性分析

2020 年 1 月 25—28 日感染率的统计如表 6.8 所示。比较感染率的后验均值和试剂检测观测值可以发现,前者的变化更加平滑,而真实感染率很难像试剂检测观测值所显示的那样仅仅在 1 月 27 日就实现翻倍,这也说明了仅仅依靠试剂检测确认感染率是不太准确的。因此,通过多种观测信息进行贝叶斯更新,有利于更加准确地把握真实的疫情信息。同时,由于多级分诊制度和诊疗拥堵,新冠肺炎感染者的确诊需要一定的时间,因此当考虑社区门诊、定点门诊和影像检查等观测信息并进行贝叶斯更新时,获得相对真实感染率信息的时间将会提前,如 1 月 26 日、27 日感染率后验均值分别与 1 月 27 日、28 日试剂检测

表 6.8　感染率的统计　　　　　　单位:‰

日期	先验均值	后验均值	试剂检测观测值	先验标准差	后验标准差
1 月 25 日	1.0198	1.5969	0.6867	0.5434	0.2997
1 月 26 日	1.5969	1.8814	0.7756	0.2997	0.2605
1 月 27 日	1.8814	2.1123	1.7667	0.2605	0.2487
1 月 28 日	2.1123	2.2792	2.1167	0.2487	0.2428

观测值更加接近,相当于提前 1 天获得了确诊信息。同时,在进行了观测信息的贝叶斯更新以后,感染率的标准差逐步减少,疫情信息的不确定程度不断降低(见图 6.21)。

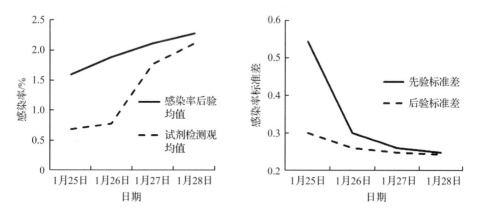

图 6.21　感染率的统计量比较

2.最优决策时间

在本模型中,每天的最优决策时间为 0,即每天应尽可能早地进行应急物流决策。在传统的观念中,认为应急物流决策越早越好,实际上并非如此。过早决策可能使决策失误损失过大,从而超过决策延误损失。

3.应急物资分配量分析

2020 年 1 月 25—28 日的应急物资分配量与供应量情况如表 6.9 所示。可见,在最优决策时间为 0 时,本模型得出的最优物资分配量大于按前一天试剂检测确诊人数计算的分配量,可以更加有效地满足武汉疫区对于应急物资的实际需求,进而减少医护人员的感染。同时,当按照试剂检测确诊人数确定分配量时,可能会造成总生产可供应量可以满足现有需求的假象,不利于进一步紧急扩大生产,或提前进行紧急的国际采购。如果不考虑中央储备和捐赠,按照本模型得出的最优物资分配量,1 月 25 日就需要进行紧急国际采购,而按照试剂检测确诊人数确定配置量时,1 月 28 日才需要进行紧急国际采购。

表 6.9 应急物资分配量与供应量 单位:只

日期	最优物资分配量	按前一天试剂检测确诊人数的分配量	两种分配量差额	总生产可供应量
1月25日	9178	5720	3458	7500
1月26日	14372	6180	8192	10000
1月27日	16932	6980	9952	12000
1月28日	19011	15900	3111	14500

4.决策损失

在本例中,由于每周期的最优决策时间都为 0,因此没有决策延误损失,只有决策失误损失。计算两种应急物流决策方案的决策损失,为了便于比较,剔除同一数量级,具体如表 6.10 所示。可见最优物流决策方案与按前一天试剂检测确诊人数进行分配相比,可以大幅度减少决策损失。

表 6.10 应急物流决策方案决策损失

日期	按前一天试剂检测确诊人数分配的决策损失	最优方案决策损失	损失减少比例/%
1月25日	7.4850	2.6974	63.96
1月26日	11.5610	0.6556	94.33
1月27日	14.4730	0.4320	97.02
1月28日	2.1270	0.2256	89.39

第三节　本章小结

本章基于应急响应阶段应急物流决策属于不可逆决策的特征及突发事件灾情信息不断观测和更新的特征,将决策时间的确定和决策方案的制订纳入一个系统框架,建立了应急物流决策问题中多出救点选择的贝叶斯序贯决策模型,确定灾情信息最大观测周期、各决策周期应急物流决策最优决策时间、最优物资分配量、出救点及其物资供应量，以使各决策周期的总损失最小、应急时间最短。通过数值模拟与仿真，分析了受灾比例先验均值、受灾比例先验标准差、受灾比例观测标准差、最大观测次数等相关参数与最优决策时间、总期望决策损失、最大观测周期之间的关系，并使用地震和新冠疫情两个案例进行了算例分析。本章的主要结论如下：

（1）总期望决策损失取决于期望决策失误损失和决策延误损失的背反关系。当观测与延迟决策的边际收益等于边际成本时，总期望决策损失最小，得到最优决策时间。

（2）一般情况下，灾情信息最大观测次数越大则实际最优决策时间越小，总期望决策损失也越小，最大观测周期也越小。因此，灾害发生后应该尽量增加灾情信息观测频率，减少观测间隔时间。

（3）一般情况下，受灾比例观测标准差越小，则实际最优决策时间越小，总期望决策损失也越小，最大观测周期也越小。因此，灾害发生后应该尽量使用精密的观测方法，提高观测的精度。

（4）一般情况下，受灾比例验均值越大，先验标准差越大，则总期望决策损失也越大。因此，应积极建立灾情数据库，不断丰富灾情数据，并对灾害情景进行有效分类，以便获得更加精确的灾情先验信息。

（5）基于受灾比例后验均值得到的应急物资分配量总是介于基于受灾比例先验均值和观测样本均值得到的应急物资分配量之间，后验信息结合了先验信息与观测信息，使决策更加合理。

本章的创新点如下：

（1）区分了应急响应阶段应急物流决策的两类损失：决策延误损失和决策失误损失。决策延误损失是指由于应急物资延迟分配而造成受灾点的损失。决策失误损失是指由于受灾比例和应急物资需求信息不确定导致物资分配量不能满足物资需求量，从而造成的受灾点损失。决策延误损失发生在应急物流决策之前，而决策失误损失则发生在应急物流决策之后，两者往往存在着背反关系。

（2）应急响应阶段灾情信息的最大特点是动态不确定性，本书通过贝叶斯分析将灾情先验信息与实时更新的信息结合起来，通过先验信息与实时信息的相互修正来降低信息的不确定性。在对灾情信息进行连续观测的情况下，通过本次观测信息来修正原有先验信息，得到下一次观测的先验信息，通过本周期的观测信息修正本周期的先验信息，得到下一周期的先验信息。连续观测的信息不断用于信息的修正，有力地支持了应急物流决策。

（3）在研究范式上，结合灾害的演变规律，将贝叶斯统计决策分析与运筹优化决策分析结合起来，建立了一个两阶段模型，将动态更新的灾情信息和决策时间纳入应急物流决策框架：第一阶段根据灾情信息的先验特征和观测特征，确定最优决策时间和最优物资分配量，以使物资分配决策相关的损失最小；第二阶段基于第一阶段模型得到的最优物资分配量，确定出救点及其应急物资供应量，以使应急时间最短。这样可以同时求解出应急物流决策模型的最优决策时间、最优应急物资分配量、最优出救方案和受灾点损失。

（4）在单决策周期应急物流决策模型中，对受灾比例先验均值、受灾比例先验标准差、受灾比例观测标准差、最大观测次数与最优决策时间、总期望决策损失之间的关系进行了仿真，直观地体现了这些参数对最优决策时间、总期望决策损失的独立影响和交互影响。

（5）在单决策周期应急物流决策模型的基础之上，建立了多决策周期的应急物流决策模型。前一个观测周期最后一次观测得到的灾情信息的后验信息是后一个周期的先验信息，这样就把单决策周期应急物流决策模型联系贯穿了起来。对多决策周期模型进行了数值模拟，再现了灾情信息不确定性不断降低，并趋近确定信息的动态演化过程，动态展示了各决策周期的最优决策时间、最优应急物资分配量和最优出救方案。同时对受灾比例观测标准差、最大观测次数与最大观测周期之间的关系进行了仿真。

第七章　应急响应阶段应急物流决策的仿真模型

对于传染病疫情这一类延续型突发事件,随着对突发事件灾情信息的持续观测,当突发事件应急响应进入中后期之后,一些关键灾情信息的概率分布相对稳定,如感染率、潜伏期、康复期等,此时可以使用特定的突发事件模型对突发事件的演化进行动态仿真。这种情况下可以根据突发事件的动态演化对应急物流进行动态决策,同时也可以分析应急物流决策对于突发事件动态演化的反馈作用,从而通过提高应急物资满足率、缩短应急响应时间来影响灾情演化、减少灾害损失。此时的应急物流决策不仅仅追求应急物流子系统的优化,更需要考虑其对整个应急管理系统的影响。鉴于此,本章将针对传染病疫情这一延续型突发事件,在应急响应阶段的中后期建立应急物流决策的动态仿真模型。

当传染病大规模暴发的时候,现有传染病医院的床位数量必然无法满足激增的入院治疗需求,必须通过应急医院的快速建造或改造实现床位扩容。为有效控制传染源、治疗受感染人群,需要快速增加医疗资源,应急医院的快速建造或改造手段主要包括现有传染病医院扩容、普通医院改造、临时传染病医院建设、方舱医院改造等手段。以2020年初武汉的新冠疫情为例,武汉对两家传染病医院进行了床位扩容;对44家综合医院的普通病房进行隔断、密封,改造成定点医院;新建火神山医院和雷神山医院;将会展中心、体育馆、工厂厂房或仓库等大型场馆改造成大空间、多床位的方舱医院。在这种情况下,就需要为不断建成和启用的疫情定点医院进行应急物资配送,并根据所使用的医院数量和各个医院中的病人数量动态地调整配送方案。

2020年武汉的新冠疫情期间，在武汉市新冠肺炎指挥部指导下，武汉市应急及物资保障组要求以市医保局为主体成立医用物资采购专班。武汉市医疗保障局共为全市56家市管医疗机构、火神山医院及雷神山医院、两家重症医院、25家方舱医院（包括普通方舱、监狱方舱、简易方舱等）、34家隔离点共计119个点位提供医用物资的集中采购和调配，实现全范围的医用物资的供应保障（易涛，2020）。集中式的采购调配机制，可以发挥医药物资流通龙头企业全国采购和销售网络的优势，采购、物流、仓库、销售同步发力，克服春节放假、企业停工等困难，全力调拨货源，积极寻货找货、上门取货，确保能在全国上游厂家找到各类急需医用物资；克服了交通管制、道路封锁等困难，开展跨区域水、陆、空、铁等多种方式的物资接力联运，保证物资能源源不断地运往武汉各医疗机构。同时，各企业仓储物流发挥云计算智能管理功能，紧急物资可以在1小时内实现入库出库，并协助红十字会分配捐赠物资（易涛，2020）。在这种情况下，武汉市应急及物资保障组就需要综合考虑疫情演化及其对应急物资的需求、应急物资供应商的供应能力、捐赠物资的数量等情况动态调整应急物资的采购决策方案。同时对于政府部门，还需要确定在多大程度上提升应急物资供应能力。

应急物资采购决策、应急物资供应决策、应急物资配送决策等应急物流决策都是疫情防控的重要决策，这些疫情防控措施的决策既取决于疫情的演化，又反过来影响疫情的演化，形成复杂的反馈关系，而不是简单的线性关系。因此，使用运筹优化方法难以解决这些动态的、具有反馈关系的决策问题，比较合适的方法是动态仿真方法。

第一节　研究方法

一、多智能体仿真

美国学者霍兰·约翰（Holland John）在1994年提出了复杂适应系统理论

(complex adaptive system，CAS)，现已成为复杂性理论的重要研究领域。CAS
理论认为，复杂系统是由许多具有自主行为能力的智能体组成，系统中智能体
间的交互及智能体与环境的交互使智能体不断演化并表现出不同的宏观特征。
复杂系统具有非线性、多样性、自组织聚集、涌现等特性。CAS 理论最基本的概
念是具有适应能力的主动个体，简称主体或智能体(agent)。主体的适应性表
现在它能够根据环境状态和自身状态及目标调整自己的行为，以便在客观环境
中更好地生存。

CAS 理论的核心思想是：适应性造就复杂性。其含义包括以下几方面(廖
守亿和戴金海，2004；倪建军等，2006；王建颖等，2008；廖守亿，2015)：(1)主体
是主动的，主体的主动性是系统进化的基本动因。复杂性正是在主体与其他主
体间的相互作用的过程中形成的，这是 CAS 理论与其他建模方法的关键区别。
(2)主体与环境(包括主体之间)的相互影响和相互作用，是系统演变和进化的
主要动力。(3)把宏观和微观有机地联系起来，通过主体与环境的相互作用，使
个体的变化成为整个系统的演化基础。(4)引进了随机因素的作用，使它具有
更强的描述和表达能力。

CAS 理论的最大贡献在于它提供了一种自下而上建模的研究方法(廖守亿
和戴金海，2004；廖守亿，2015)。这种方法赋予组成系统的个体——Agent 以
简单的规则和关系，通过仿真来重现真实世界的复杂现象。复杂适应系统理论
的方法学基础是基于 Agent 的建模方法。采用基于 Agent 的建模方法(Agent-
based Modeling，ABM)，通过对复杂系统中的基本元素及其之间的交互的建模
与仿真，可以将复杂系统的微观行为和宏观"涌现"现象有机地结合在一起，是
一种自顶向下分析、自底向上综合的有效建模方式。基于 Agent 的仿真包括
Agent、环境及交互规则、通信方式等概念。基于 Agent 的仿真目前依赖于面向
对象的编程，每个自主 Agent 可以被看成由变量和方法组成的对象。环境也是
一个对象。Agent 间运用规定的通信方法进行通信，通过与环境通信来探知、
改变他们在环境中的位置。对于多 Agent 仿真来说，最重要的一个问题是对时
间的控制及它对 Agent 所显现出的行为的影响。

基于 Agent 的仿真其优点在于(廖守亿和戴金海,2004;刘丹等,2014;廖守亿,2015):(1)具有对复杂系统的自然描述能力,使对复杂系统的建模更为方便。(2)可以仿真高度动态环境中的行为,研究传统方法难以获得的"涌现"行为。将复杂系统中的个体用 Agent 来刻画,具有很大的自由度和灵活性,对于复杂系统的微观行为具有良好的描述能力。(3)支持对主动行为的仿真。(4)仿真的动态性和高度灵活性,仿真过程中 Agent 和相应的仿真实体或人可以方便地进行交互,而且在仿真过程中可以方便地增加或删除实体。(5)有利于模型的重用,可以提高软件开发的效率。(6)基于 Agent 的建模能够很好地与其他类型的模型相结合,如仿真离散性的或连续性的环境。

本章采用多智能体仿真方法,将疫情相关的各类决策主体或客体抽象成智能体,模拟个体的微观行为,通过智能体之间的交互作用和个体状态变换模拟疫情及应急物流决策系统的演化(潘理虎等,2020;丁莹等,2021),能够更准确、更系统地再现疫情演化的微观机理。多智能体模型包含居民智能体、医院智能体、配送中心智能体、车辆智能体、订单智能体、入院申请智能体等 6 种智能体。其中根据 SEIR 模型可将居民智能体分为易感、潜伏、感染、治疗、康复、死亡等6 种状态,居民智能体会在不同状态之间转移或变迁,形成疫情的演化。医院智能体为感染的病人提供住院医疗服务,并根据病人数量向配送中心发送需求订单。配送中心智能体根据医院的需求订单为医院提供医疗物资,并派遣车辆进行配送,同时管理医疗物资库存,及时补货。车辆智能体根据配送中心的指令,按照医院的需求订单进行及时配送。订单智能体是医院向配送中心发送的物资需求订单,包含需求量和订货医院等信息。入院申请智能体是感染的居民向医院发送的住院申请,包含居民信息。

二、离散事件系统仿真

离散事件系统指的是受事件驱动、系统状态呈现跳跃式变化的动态系统,且系统状态仅在不确定的离散的时间点上发生变化。离散事件系统的数学模型很难用方程式来表示,系统状态的描述通常为图、表等接近自然语言的方式。

离散事件系统一般从实体、属性、事件、活动、进程和仿真时钟等方面进行描述（肖田元和范文慧，2011）。

（一）实体（entity）

实体可以是系统的对象或组成元素，可以在仿真过程中被单独识别，按照其特性可分为临时实体和永久实体。

（二）属性（attribute）

属性用来表示实体的特性。在离散事件系统仿真的实际应用中，实体属性可以根据建模的目的，通过不同的特征变量来实现。

（三）事件（event）

事件是引起系统状态变化的行为。离散系统由事件驱动，按照事件的触发条件可以将其分为必然事件和条件事件，必然事件的触发只与仿真时钟关联。而条件事件的触发还与其他因素有关。在离散事件系统中，除了固定事件之外，还有一类程序事件，它用于控制仿真进程。事件具有使能性、随机性、同异步并存性等三个基本特征。在离散事件系统仿真过程中的关键任务就是对所有必然事件、条件事件进行准确的分析。

（四）活动（activity）

活动指实体在处于两个事件之中，且保持某一状态的持续过程。活动的开始和结束都是由事件驱动的。

（五）进程（process）

进程是对所有事件和活动及它们之间逻辑关系的描述，通常由若干个有序事件及活动构成。

本章采用离散事件系统仿真描述医院向病人提供医疗服务的进程、配送中心处理医院需求订单的进程，这些进程分别由不同的事件、活动来构成。

三、系统动力学建模

麻省理工学院福瑞斯特(Forrester)教授于 1956 年首次提出系统动力学。系统动力学是一门复杂的交叉学科,它基于系统理论和计算机仿真,同时融入了反馈控制理论、信息论、决策论等相关方法,以研究系统反馈结构与行为模式的变化(钟永光等,2013)。系统动力学将现实问题反映到系统模型中,根据现实逻辑建立系统中各变量之间的逻辑关系,通过因果回路图展示系统变量之间的关联,建立方程式来进行仿真,以定性与定量结合的方式反映系统行为的动态性,通过调控参数、调整系统结构和模拟不同情景的仿真,得出复杂问题的系统改进方案。系统动力学适用于解决非线性关系、因果循环、信息反馈、时间滞延等动态的复杂问题。

建立系统动力学模型的基本组件包括因果回路图(causal loop diagram)、系统流图(flow diagrams)及方程式。

(一)因果回路图

因果回路图是系统结构的基础,是系统动力学的一种重要工具。因果回路图以因果关系将变量之间的关系表达出来,以箭头图来表示变量之间的关系,箭头终点表示被影响的变量,箭头原点表示影响变量。

(二)系统流图

系统流图表示一个系统各部门相互之间的关系,并表示反馈环如何相互联结以产生一个完整的系统。系统流图包含了存量(level)、流量(rate)、流(flow)和辅助变量(auxiliary)、常量等。

(三)方程式

方程式表示各类量之间的关系。这里使用系统动力学方法建立应急医疗物资的库存模型,其中库存水平为存量,物资补货量及捐赠量为流入量,医院的配送量为流出量。

四、SEIR 模型

本章选择 SEIR 模型来对新冠疫情的动力学过程进行分析。SEIR 模型将研究对象分为易感、潜伏、感染、移出等 4 种状态。

S 为易感状态(susceptible),表示潜在的可感染人群,个体在被感染之前处于易感状态,即该个体有可能被周围个体感染。

E 为潜伏状态(exposed),表示已经被感染但没有表现出感染症状的群体,潜伏状态的个体可能具有传染性。

I 为感染状态(infectious),表示表现出感染症状的人,该个体还会以一定的概率感染其能接触到的易感个体。

R 为移出状态(removed),表示脱离系统不再受到传染病影响的人,包括痊愈、死亡或被有效隔离与治疗的人。

这里将移出状态 R 进一步扩展为住院治疗状态(treatment)、康复状态(recovered)和死亡状态(dead),所建立的 SEIR 模型将居民分为易感、潜伏、感染、治疗、康复、死亡等 6 种状态。

五、仿真软件

本仿真模型以 2020 年初武汉的新冠疫情演化与应急物流决策系统作为仿真对象,使用 AnyLogic 软件进行建模仿真。武汉的新冠疫情演化与应急物流决策系统是一个非常复杂的系统,包含居民、医院、配送中心、车辆等子系统,通过单一的建模方法很难具体描述每一个子系统。AnyLogic 仿真软件内部集成了基于 Agent 建模、离散事件建模、系统动力学等多种建模方法,并且可以以任何组合方式进行混合仿真(尚鹏程等,2021),被广泛应用在物流、建筑业、自动化、供应链、医疗、行人交通等复杂系统领域。基于 Agent 的建模可以与离散事件、系统动力学模型无缝地组合,可以将武汉的新冠疫情演化与应急物流决策系统中配送中心、医院、车辆等通过离散事件和系统动力学表达的流程与决策过程封装成一个独立的智能体,精细化模拟配送中心、医院、车辆的行为活动和行为规则。

第二节　模型构建

本模型将对以下现实情景进行模拟仿真:传染病疫情暴发后,居民感染人数不断增加,医院接到感染居民的申请后对其进行住院治疗。此时医院需要根据感染病人的数量确定医疗物资的需求量向配送中心(疫情防控部门)发送需求订单,配送中心根据医疗物资总体的供求状况确定需求满足率,结合各个医院的需求订单为医院统一分配医疗物资,并安排车辆进行配送。本模型主要采用多智能体仿真,并结合离散事件系统仿真、系统动力学仿真等方法。

本模型中智能体行为活动和行为规则的设定参考了现有的研究文献(葛洪磊和刘南,2020;易涛,2020)、官方报告(如《中国-世界卫生组织新型冠状病毒肺炎(COVID-19)联合考察报告》《抗击新冠肺炎疫情的中国行动》白皮书)、各类疫情新闻报道(包括湖北省卫生健康委员会防控新型冠状病毒感染肺炎疫情例行新闻发布会、国务院联防联控机制新闻发布会)、已有的仿真数据和相关理论假设(范如国等,2020;金新叶等,2020;潘理虎等,2020;曹盛力等,2020;祁超等,2021;丁莹等,2021;周美含等,2022;马力文等,2023),并根据本模型的仿真结果进行了校正和调节。这样,既能保证对现实疫情系统的真实刻画,又能实现对现实系统的理论抽象和优化分析。本模型中主要智能体类型及其属性、行为活动、行为规则分别介绍如下。

一、智能体类型与属性

本模型中的智能体包含居民智能体、医院智能体、配送中心智能体、车辆智能体、订单智能体、入院申请智能体等6种智能体。

（一）居民智能体

在传染病的传播过程中，居民是重要的传播载体和生物宿主，是疫情管控和治疗的主要对象，保护居民的生命安全也是疫情防控的最主要目标，因此将居民作为一类智能体。居民智能体的主要属性包括状态（易感、潜伏、感染、治疗、康复、死亡等 6 种状态）、接触人数、感染概率、潜伏期、康复期、康复率、死亡率等。

（二）医院智能体

在疫情防控中，医院需要为感染的病人提供住院医疗服务，一方面可以控制传染源，另一方面可以治疗感染人群，使其康复。为了开展有效的医疗服务，医院需要从配送中心获得相应的医疗物资。医院智能体的主要属性包括名称、地址、床位数、病人数量、单位病人物资需求量、医疗物资订货量、订货周期等。

（三）配送中心智能体

在重大传染病疫情暴发期间，各级疫情防控指挥部往往对紧缺物资实行统一调度（易涛，2020）。假设疫情防控指挥部通过配送中心完成关键应急医疗物资的统一配置，包括应急物资采购、库存管理、物资分配和车辆配送等。配送中心智能体的主要属性包括名称、地址、车辆数、物资最初库存、采购量、采购周期、配送周期等。

（四）车辆智能体

车辆智能体根据配送中心的指令按照医院的需求订单进行及时配送，假设车辆隶属于各个配送中心。配送中心智能体的主要属性包括隶属的配送中心、配送的医院、闲忙情况、不同状态（在配送中心、为医院送货、卸货、回配送中心）等。

（五）订单智能体

订单智能体是医院向配送中心发送的物资需求订单，主要属性包括需求量和订货医院。

（六）入院申请智能体

入院申请智能体是感染的居民向医院发送的住院申请，主要属性是居民信息。

二、智能体的行为活动分析

智能体是主动的,智能体主动的行为活动是系统进化的基本动因,智能体之间以及智能体与环境的相互影响和相互作用,是系统演变和进化的主要动力(廖守亿,2015)。正是因为模型中的智能体按照一定的行为规则进行周期性活动,模型的智能体和环境才能实现动态仿真,刻画出复杂事件的发展过程(潘理虎等,2020)。

模型中订单智能体、入院申请智能体只包含相关信息,没有行为活动,其他各类智能体及其行为描述如表 7.1 所示。

表 7.1 模型智能体及其行为描述

智能体	行为活动	行为描述
居民智能体	病毒传染	病毒潜伏者、病毒感染者通过与易感者的空间接触,按照一定概率将病毒传给易感者,使其转化为潜伏者
	出现症状	病毒潜伏者经过潜伏期之后出现症状,转化为病毒感染者
	入住医院	病毒感染者出现感染症状以后寻找医院住院治疗,如果找到医院住院治疗则转换为治疗状态
	感染康复	病毒感染者经过住院治疗后康复,或者未经住院治疗而自愈
	感染死亡	病毒感染者经过住院治疗后仍然死亡,或者未经住院治疗而死亡
医院智能体	处理住院申请	处理感染者的住院申请,根据空缺床位数确定是否接收病人
	感染病人治疗	在住院期间对感染病人进行治疗
	病人出院	感染病人经过一定的治疗期,在病人康复或死亡之后安排病人出院
	发送应急医疗物资需求订单	根据住院病人数量确定应急医疗物资需求量,按照一定频率向配送中心发送需求订单

续表

智能体	行为活动	行为描述
配送中心智能体	处理医院的医疗物资需求订单	包括接收订单、订单排队、处理订单、分配物资等具体环节
	接收捐赠物资	接收个人、团体等捐赠的医疗物资
	医疗物资采购	根据医疗物资库存、需求量和供应商的供应能力确定采购量,以及对每个配送中心的补货量
	安排车辆配送	按照一定的频率,安排空闲的车辆根据医院的订单进行配送
车辆智能体	接受配送指令	接受配送中心的配送指令,开始配送
	选择配送路线进行配送	按照一定规则选择配送路线,从配送中心出发依次对医院进行配送、卸货
	配送完成	配送完成后回到配送中心

三、智能体行为规则

模型中各类智能体的行为活动均遵从一定的行为规则,这些行为规则有利于智能体做出相对科学合理的决策。下面分别介绍各类智能体的行为规则。

(一)居民智能体的行为规则

本模型基于 SEIR 模型,将移出状态(R)进一步扩展为住院治疗状态(treatment)、康复状态(recovered)和死亡状态(dead),居民智能体共分为易感、潜伏、感染、治疗、康复、死亡等 6 种状态。居民智能体 6 种状态之间的转换关系如图 7.1 所示。

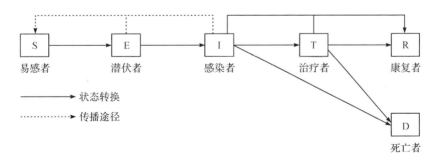

图 7.1　居民智能体 6 种状态之间的转换关系

对于传播途径，根据 2020 年 2 月 29 日中国-世界卫生组织新冠肺炎联合专家考察组发布的《中国-世界卫生组织新型冠状病毒肺炎(COVID-19)联合考察报告》，中国新冠病毒肺炎疫情的传播动力学分以下四种：武汉传播(社区传播)、湖北除武汉外其他地区的传播(强度较弱的社区传播)、湖北省以外其他地区的传播(家庭聚集性传播为主)、特殊场所和人群的传播(医疗机构、监狱等特殊场所的聚集性传播)。因此，在武汉疫情仿真中主要考虑两条病毒传播途径：潜伏者造成的社区传播、感染者在家庭或医疗机构造成的聚集性传播。潜伏者造成的社区传播这一途径接触人数相对较多，但是感染概率相对较低。感染者在家庭或医疗机构造成的聚集性传播这一途径接触人数相对较少，但是感染概率相对较高。

对于状态转换，易感者由于和潜伏者或感染者接触而有一定的感染概率成为潜伏者。潜伏者经过一定的潜伏期之后成为感染者。如果医院有床位，感染者则入院治疗，转换为治疗者；如果不入院治疗则为居家感染者。治疗者经过一定时期的治疗，可能会被治愈而成为康复者，也可能因为病情恶化而死亡。居家感染者如果一直没有机会入院治疗，则经过一定时期以后可能康复，也可能死亡。入院治疗者和居家感染者康复或死亡的概率不同，入院治疗者的康复概率远远高于居家感染者。

在 AnyLogic 软件中，使用状态图表达居民智能体的状态转换关系，如图7.2所示。AnyLogic 状态图用一种可视化的建模工具来定义各种对象的事件驱动或时间驱动行为。状态图主要由状态和变迁组成，变迁可以由用户定义的条件(到时、速率、消息、条件等)触发，变迁的执行将会导致状态的更改，激活一系列新的变迁(何瑞春等，2020)。其中易感染者为状态图的进入点，易感者、潜伏者、感染者、治疗者、康复者、死亡者等 6 个方框分别表示 6 种状态，连接状态之间的箭头或状态内部的箭头表示变迁。◇则表示分支，可以实现多目标状态的变迁。

以下分别介绍居民智能体状态转换的具体规则。

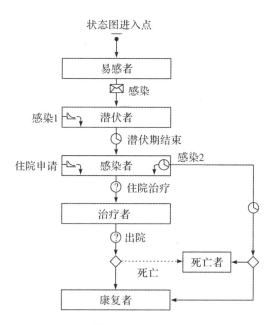

图 7.2　AnyLogic 软件中居民智能体状态转换的状态

1. 病毒传染

图 7.2 中,使用感染 1 内部变迁表示在潜伏者造成的社区传播这一传播途径中,每个潜伏者每天接触人数和感染人数;使用感染 2 内部变迁表示感染者在家庭或医疗机构造成的聚集性传播这一传播途径中,每个感染者的接触人数和感染人数。感染人数的计算公式为:

$$感染人数 = 接触人数 \times 感染概率 \tag{7.1}$$

$$其中,接触人数 = 管控系数 \times 基础接触人数 \tag{7.2}$$

$$感染概率 = 基础感染概率 + (1 - 医疗物资满足率) \times 物资的感染率系数 \tag{7.3}$$

$$医疗物资满足率 = min(1, 配送中心医疗物资总供应量/$$
$$医院医疗物资总需求量) \tag{7.4}$$

本模型中,感染人数主要取决于基础接触人数和基础感染概率。这两个系数的取值在两种传播途径中有所不同,社区传播的基础接触人数大于聚集性传播,而社区传播的基础感染概率小于聚集性传播。除此之外,感染人数还受到政府疫情防控政策和医疗物资满足率的影响。管控政策越严格,物资满足率越高,则感染人数越少(金新叶等,2020;傅正堂等,2021)。

其中管控系数取决于政府管控行为,如2020年1月23日10时武汉封城,全市城市公交、地铁、轮渡、长途客运暂停运营,机场、火车站离汉通道暂时关闭;2020年2月10日,湖北省住建厅发出《关于印发〈湖北省住宅小区、办公建筑新型冠状病毒肺炎疫情防控工作指南〉的通知》,要求住宅小区实行封闭管理。交通管控和社区管控越严格,则管控系数越小,潜伏者或感染者所能接触的人数越少。本模型中通过"事件"为管控系数赋值,表达在不同的管控事件下管控系数有所不同,以便于和现实情况相符合。

而医疗物资满足率表达应急医疗物资的供需情况。当医疗物资的库存小于需求时,医疗物资满足率小于1,否则等于1。医疗物资满足率越小,说明医疗物资越匮乏,个人防护条件就越差,总的感染概率就会增大。这里假设感染概率与医疗物资满足率呈线性负相关(与医疗物资的未满足率线性正相关),其比例系数为物资的感染率系数。物资的感染率系数表示物资未满足率增加一单位会导致的感染率的增加值。医疗物资满足率是一个动态变量,随着疫情和物资供需的变化而动态变化。比如,2020年1月26日,武汉、黄冈等通过官方和媒体渠道向全社会发出医疗物资的支援请求;一直到2020年2月20日左右,湖北疫区才实现了"保重点、保急需、保一线"低标准需求的基本满足。2020年1月20日证实新冠病毒会人传人后,几天内药店、网店口罩库存销售一空,发生缺货,直至2020年3月10日左右民用防护用品供应短缺和限量供应的问题仍然比较突出(葛洪磊和刘南,2020)。

在图7.2中,每个潜伏者和感染者每天按照式(7.1)的速率随机向人群发送特定消息,接收到特定消息的易感者会从易感者状态变迁到潜伏者状态。这里发送和接收特定消息的过程就表达了人群接触与传染病毒的过程。

2. 出现症状

潜伏者经过一定的潜伏期之后会出现症状,成为感染者。因此,在图7.2

中从潜伏者到感染者的变迁感染"到时"变迁,经过的时段即为潜伏期。2020 年1 月 26 日,国家卫健委主任马晓伟表示,从初期轻症病人的观察情况来看,潜伏期在 10 天左右,最短的潜伏期为 1 天,最长的潜伏期是 14 天,感染者在潜伏期内具有传染性。《中国-世界卫生组织新型冠状病毒肺炎(COVID-19)联合考察报告》则指出,新冠肺炎患者通常在感染后平均 5～6 天(平均潜伏期为 5～6天,范围为 1～14 天)出现轻度呼吸道症状和发热等症状。尽管在其他文献中所使用的潜伏期也有所差别,但是潜伏期往往是一个区间值,服从一定的概率分布。本模型中使用三角分布来表示潜伏期。

3. 入住医院

感染者出现症状之后往往需要住院治疗,以控制传染源、治疗感染病人。如果医院床位数足够多,感染者会立马住院治疗;如果医院床位数不足,则感染者需要等待。比如 2020 年武汉疫情期间,一直到 2020 年 2 月 24 日,"人等床"才终于变成了"床等人",收治率达到 100%,真正实现了应收尽收、应治尽治(祁超等,2021)。在本模型中,感染者每天会按照医院列表询问是否有空余床位,如果发现空余床位则发送住院申请,入住该院,成为治疗者;如果所有医院都没有空余床位,则继续居家隔离。

感染者寻找医院的行为活动通过遍历所有医院智能体的循环(for 循环)来实现,当某个医院床位数大于其现有病人数的时候,就返回该医院;如果所有医院都没有空床,则返回空值。感染者向有空床的医院发送住院申请时,首先生成一个包含自身信息的入院申请智能体,然后将该入院申请智能体发送给医院智能体。

医院在接收病人以后会改变一个居民住院标志变量的取值,通过一个条件来控制居民由感染者状态到治疗者状态的变迁(图 7.2 的住院治疗变迁)。

4. 感染康复

感染者经过一段时间后会有一定的概率恢复健康。康复分为两种情况:一种是住院治疗后康复,另一种是在家隔离后康复。两种情况下康复的概率和康复期都有所不同,一般而言住院治疗的康复期更短,康复概率更大。

《中国-世界卫生组织新型冠状病毒肺炎(COVID-19)联合考察报告》指出,根据可用的初步数据,从发病到临床痊愈的中位时间,轻症约为2周,重症或危重症约为3～6周。其他文献的数据有所差异,但是康复期往往是一个区间值,服从一定的概率分布。本模型使用三角分布来表示康复期。

康复率与死亡率数据相对应,两者相加等于1。《中国-世界卫生组织新型冠状病毒肺炎(COVID-19)联合考察报告》指出,截至2020年2月20日,粗病死率为3.8%,粗病死率因地区和传播强度而异(武汉为5.8%,中国其他地区为0.7%)。而且在中国,疫情暴发早起的粗病死率较高(1月1日至10日间发病的病例,粗病死率为17.3%),随着时间的推移,2月1日之后发病病例的粗病死率降至0.7%,体现了医疗服务水平对死亡率的影响。其他文献的数据有所差异。截至2020年2月20日,粗病死率因地区和传播强度而异(武汉为5.8%,中国其他地区为0.7%),这种差异除了受到医疗服务水平的影响,还受到应急医疗物资满足率的影响。本模型中康复率不仅仅考虑医疗服务水平的影响,还考虑应急医疗物资满足率的影响,其公式为:

康复率＝基础康复率－(1－医疗物资满足率)×物资的康复率系数　　(7.5)

其中住院治疗者的基础康复率使用时变函数来表达先持续减少然后保持相对稳定的变化过程,而居家隔离的感染者的基础康复率为常数,不受医疗服务水平的影响。物资的康复率系数表示物资未满足率增加1单位会导致康复率的减少值。

对于住院治疗者,康复期用于在医院的感染病人治疗模块设定延迟时间,当治疗者结束治疗后会改变居民住院标志变量的取值。通过居民住院标志变量的取值这一条件来控制居民由治疗者状态到康复者或死亡者状态的变迁(图7.2中的出院变迁)。对于居家隔离的感染者,康复期用于控制康复和死亡的到时变迁(图7.2中的未住院治疗变迁)。

5.感染死亡

感染者经过一段时间后会有一定的概率会因病情恶化而死亡。假设从感

染到死亡的时间与康复期相同,则:

$$死亡率＝1－康复率 \qquad (7.6)$$

感染死亡的变迁与感染康复的变迁的触发方式是相同的,通过分支和变迁概率(康复率、死亡率)实现感染康复和感染死亡变迁的分流。

(二)医院智能体的行为规则

医院智能体的行为主要分为两类:一是针对感染病人的行为,包括处理住院申请、感染病人治疗、病人出院,一类是向配送中心发送应急医疗物资需求订单。

1.医院智能体针对感染病人的行为规则

针对每一个感染病人,医院需要依次开展三项活动:一是处理住院申请,二是在医院为感染病人进行治疗,三是当病人康复或死亡后安排病人出院。这一过程的流程如图 7.3 所示。

图 7.3　医院针对感染病人的服务活动流程

在 AnyLogic 软件可以使用离散事件建模方法来表达医院的服务过程。处理住院申请、感染病人治疗、病人出院分别是三个相互关联的离散事件,使用流程建模库构建的流程图如图 7.4 所示。

图 7.4　AnyLogic 软件中医院针对感染病人的服务流程

(1)处理住院申请

在图 7.4 中,处理住院申请使用 Enter 模块,将入院申请智能体插入流程图中。在 AnyLogic 软件中通过标准智能体链接"connections"获取感染者发出的入院申请智能体,通过处理住院申请语句将入院申请智能体转到流程图的第一个模块中。

(2)感染病人治疗

在图 7.4 中,感染病人治疗使用 Service 模块延迟智能体。队列容量为医院床位数,延迟时间即为治疗者康复期(康复期 1)。

设置一个变量用于记录该医院病人的数量,当智能体进入感染病人治疗模块时,该医院病人数量加 1;当智能体离开该模块时,该医院病人数量减 1。感染者询问医院是否有空余床位时,就需要比较住院病人数量和床位数。

同时,当智能体进入和离开感染病人治疗模块时,也给予居民智能体的住院标志变量不同的赋值,分别用于控制居民智能体状态(见图 7.2)中的"住院治疗"变迁和"出院"变迁。

(3)病人出院

在图 7.4 中,病人出院使用 Sink 模块在流程图中移出智能体。

2. 医院智能体向配送中心发送应急医疗物资需求订单的行为规则

医院智能体每天检查是否需要向配送中心发送应急医疗物资需求订单,可以通过一个循环事件来完成这一功能。发送应急医疗物资需求订单的行为规则如图 7.5 所示,通过函数来实现。

当医院有病人时才需要发送应急医疗物资需求订单。当应急医疗物资供不应求时,即使医院按照实际病人数量及其物资需求量确定订货量,配送中心也只能按照总的医疗物资满足率满足其订单,体现了统一调配与公平原则。因此医院订货量需要用医疗物资满足率来进行修正,也即

订货量=病人数×单位病人物资需求量×医疗物资满足率

医院寻找配送中心时,先建立一个医疗物资库存不为 0 的配送中心(distribution center,DC)集合,然后遍历该 DC 集合中所有配送中心,将距离自身路径最短的配送中心作为最优配送中心,以缩短应急响应时间,降低应急成本。医院选择最优配送中心时使用 getNearestAgentByRoute()函数来实现。当所有的配送中心都没有库存(DC 集合为空集)时,在所有配送中心中选择最

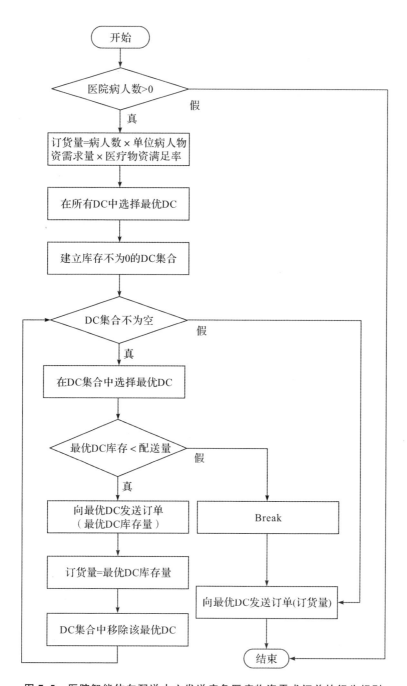

图 7.5 医院智能体向配送中心发送应急医疗物资需求订单的行为规则

优配送中心,此时订单需要在该配送中心排队;当 DC 集合不为空时,则在 DC 集合中选择最优配送中心。如果 DC 集合中选出的最优配送中心的库存不能满足订货量,则需要在集合中依次选择多个最优配送中心,然后将订单分别发给这些配送中心,直到 DC 集合为空或最优配送中心库存能满足订货量为止;如果集合为空仍然无法满足订货量,则将订单发送给最后一个找到的最优配送中心进行排队。

(三)配送中心智能体的行为规则

配送中心对接收到的医院医疗物资需求订单,按照先后顺序进行处理,按照订单的数量和分配规则确定配送数量,然后安排车辆进行多点配送。配送中心还需要接收捐赠的物资,而当医疗物资库存不足时,需要进行集中采购。下面分别分析各个活动的行为规则。

1.处理医院医疗物资需求订单的行为规则

配送中心首先接收医院的医疗物资需求订单。如果订单数量比较多,订单可能需要排队等待处理。如果库存充足,订单直接被处理完成,订单处理时间为 0;如果库存不足,订单处理时间就要延迟到补货或捐赠的物资能满足订单的订货量为止。完成处理的订单进入已处理订单集合,等待车辆统一配送。配送中心处理医院物资需求订单的活动流程如图 7.6 所示。

图 7.6　配送中心处理医院物资需求订单的活动流程

在 AnyLogic 软件中,可以使用离散事件建模方法来表达配送中心的订单处理过程。接收订单、订单排队、订单处理、完成处理分别是四个相互关联的离散事件,使用流程建模库构建的流程图如图 7.7 所示。

图 7.7　AnyLogic 软件中配送中心处理医院物资需求订单的流程

（1）接收订单

在图7.7中，接收订单使用Enter模块，将医疗物资需求订单智能体插入流程图中。通过标准智能体链接"connections"来获取医院发出的医疗物资需求订单智能体。

（2）订单排队

在图7.7中，订单排队使用Queue模块按订单先后顺序存储医疗物资需求订单智能体，等待下一模块接受该订单智能体。队列容量为最大容量，没有容量限制。

（3）订单处理

在图7.7中，订单处理使用Delay模块。假设一次处理一个订单，处理时间取决于配送中心的库存是否充足。如果库存充足，订单处理时间为0；如果库存不足，订单处理时间等于库存补充时间。当订单智能体离开该模块时，配送中心的医疗物资库存量需要减去该订单的订货量，更新库存信息。

（4）完成处理

在图7.7中，完成处理使用Sink模块，在流程图中移出医疗物资需求订单智能体。

2.医疗物资库存管理的行为规则

假设配送中心医疗物资库存的增加主要来自两个途径：社会捐赠和统一采购。比如，2020年1月26日，前国务院联防联控物资保障组统一采购了22万件防护服。2020年1月24日到2月5日，我国进口的疫情物资中包括口罩3.28亿只、防护服385.4万件、护目镜62.0万副、医疗器械45.3万件；其中捐赠物资包括口罩7179.9万只、防护服153.3万件、护目镜33.7万副。而配送中心医疗物资库存的减少用于满足医院的需求订单。

配送中心医疗物资库存的变化可以使用系统动力学模型来进行建模，如图7.8所示。其中医疗物资库存为存量，补货量与捐赠量为流入量，向医院的送货量为流出量（包含在图7.7的订单处理的模块中）。

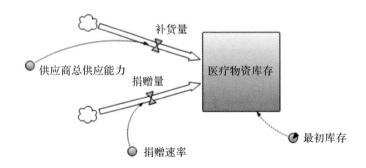

图 7.8　配送中心医疗物资库存系统的系统流程

其中捐赠速率表示每一个配送中心接收到的捐赠数量,使用随时间变化的随机函数来表达。在疫情时期特别是疫情初期,政府统一调度所属地区的紧缺医疗物资,所以紧缺医疗物资由政府部门统一向供应商订购,每一个配送中心的补货量也由政府统一来确定,因为在应急物资短缺的状态下,集中采购调配的效率会远高于各医疗机构分散采购的效率,还能保证医疗机构公平地获得应急医疗物资。2020 年武汉疫情期间,武汉市医疗保障局采购专班根据工作需要,积极拓展采购渠道,与湖北省内 6 家主流流通企业签订委托协议,代表武汉市集中采购,并向全市医疗机构集中配送医用物资(易涛,2020)。假设当紧缺医疗物资供不应求时,政府将采购医疗物资供应商所能供应的所有医疗物资;当医疗物资不再紧缺,也即供大于求时,政府按照医院总的物资需求量进行采购。采购的物资均发送到配送中心,配送中心按照总的医疗物资满足率和医院订单为医院配送。假设政府将采购的应急物资平均分配到所有配送中心,以便于安排配送。也即:

每个配送中心的补货量＝总采购量/配送中心数量

其中,总采购量＝min(总供应能力,医院总物资需求量)。

供应商的总供应能力采用随时间变化的斜坡函数 ramp() 来表达,表达医疗物资供应商的总供应能力在不断增加,并逐步趋于稳定,这比较符合疫情期间物资供应能力的现实情况。根据《抗击新冠肺炎疫情的中国行动》白皮书,在疫情初期,武汉市医疗防护物资极度短缺。医疗企业面临春节假期停工减产、工人返岗数量不足等困难,需要以最快速度恢复医疗用品生产,最大限度地扩大产能。其他行业企业也迅速调整转产,生产口罩、防护服、消毒液、测温仪等防疫物资,有效扩大了疫情防控物资的生产供应。相关政府部门快速启动防控医疗物资应急审批程序,全面加强质量安全监管,确保以最快的速度批准上市、促产保供,截至 2020 年 5 月 31 日,共应急批准 17 个药物和疫苗的 19 件临床试验申请,附条件批准 2 个疫情防控用药上市。在各方共同努力下,医用物资产能不断提升,医用物资保供实现从"紧缺"到"紧平衡""动态平衡""动态足额供应"的跨越式提升。2020 年 2 月初,医用非 N95 口罩、医用 N95 口罩日产量分别为 586 万只、13 万只,到 2020 年 4 月底分别超过 2 亿只、500 万只。

3. 安排车辆配送的行为规则

配送中心按照一定的配送周期安排车辆配送现有的订单。其主要行为规则如图 7.9 所示,通过函数来实现。假设配送中心按照一定的频率安排车辆对配送订单集合中的订单进行共同配送,进行共同配送可以在一定程度上节约配送成本,同时有利于在应急医疗物资供应不足时统筹决策给各个医院的配送量。而增加配送频率又可以减少订单等待时间,缩短应急响应时间。

(四)车辆智能体的行为规则

空闲车辆接收到开始配送的指令后,自配送中心出发,从医院集合中选择最近的医院进行配送,到达医院后卸载医疗物资。车辆完成卸载后,在医院集合中移除该医院,车辆判断新医院集合中是否还有未完成的配送任务。如果有配送任务,则从新医院集合中选择最近的医院进行配送,直到所有的配送任务完成,医院集合为空为止。此时,车辆返回配送中心,车辆状态变为空闲。这一过程的活动流程如图 7.10 所示。车辆每次都从医院集合中选择最近的医院进行配送,可以缩短配送时间。

在 AnyLogic 软件中,使用状态图表达车辆智能体在整个配送过程中的不同状态及其状态转换关系,如图 7.11 所示。

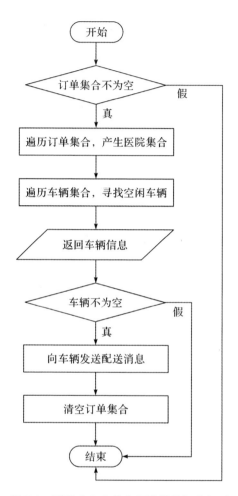

图 7.9　配送中心安排车辆配送的行为规则

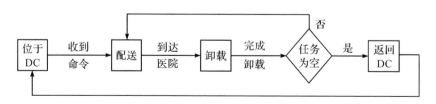

图 7.10　车辆配送行为的活动流程

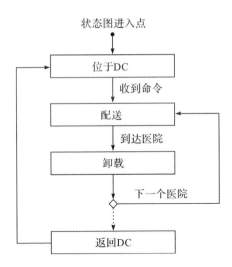

图 7.11 AnyLogic 软件中车辆智能体配送行为的状态

（1）接受配送指令。车辆初始位置都是位于配送中心，此时车辆为空闲。标准智能体链接"connections"获取配送中心发出的配送命令消息，转到状态图，当空闲车辆收到配送命令后，启动"收到命令"变迁，开始配送，转换为"配送"状态。

（2）选择配送路线进行配送。当车辆离开配送中心以后，车辆变为繁忙状态，使用 getNearestAgentByRoute()函数在现有订单医院集合中找到最近的医院进行配送，然后在医院集合中删除该医院。到达医院后，开始卸载物资，卸载物资需要一定的时间。卸载完成后，车辆判断新医院集合中是否还有新的配送任务，如果还有新的配送任务，则从新的医院集合中选择最近的医院进行配送，直到所有的配送任务完成，医院集合为空为止。

（3）配送完成。当医院集合为空，也即所有的配送任务完成以后，车辆开始返回配送中心，当车辆到达配送中心时，车辆状态变为空闲。

四、模型框架

基于对各类智能体行为活动、行为规则的分析，可以得到本仿真模型的框架，如图 7.12 所示。本仿真模型中居民智能体的行为活动和状态变化形成了疫情的演化。医院、配送中心、车辆、入院申请、订单等智能体的行为活动与互动,以及交通与社区管控政策、物资供应能力提升、物资捐赠动员等环境的变化形成了疫情防控子系统的动态演化。疫情防控子系统中医院智能体的床位与治疗服务、物资供需关系与物资配送、交通与社区管控政策、物资供应政策、物资捐赠动员等防控措施会影响居民智能体的行为活动和状态变化,从而影响疫情的演化。本模型通过仿真来分析这些防控措施,特别是物资的供需对于疫情的影响,以及根据疫情的动态演化来动态地优化物资供应及配送决策。

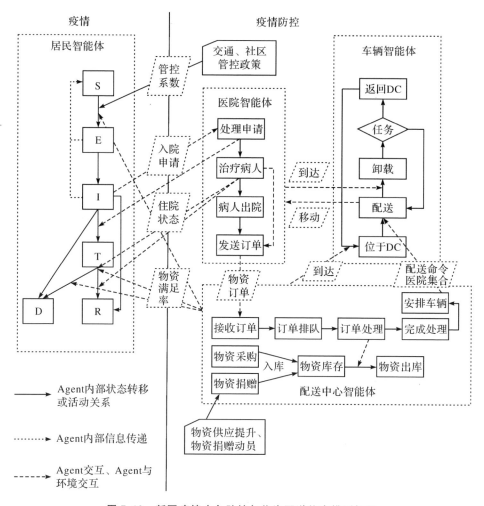

图 7.12　新冠疫情应急防控与物资配送仿真模型框架

第三节　模型仿真

一、仿真模型的运行过程

仿真模型的运行包括数据初始化、Agent 交互、Agent 决策行为、Agent 状态转换、数据统计与输出等过程(廖守亿,2015;潘理虎等,2020)。仿真模型的运行过程如图 7.13 所示。

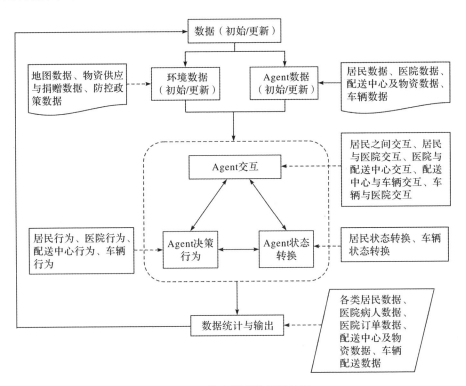

图 7.13　仿真模型的运行过程

1.数据初始化

Agent 的初始数据包括居民数据、医院数据、配送中心及物资数据、车辆数据等。其中居民数据包括居民数量、初始潜伏者数量等。医院数据包括医院名称、经纬度、床位数等。配送中心及物资数据包括配送中心的名称、经纬度、车辆数量、物资初始库存等。车辆数据包括车辆隶属的配送中心、初始位置等。环境的初始数据包括地图数据、物资供应与捐赠初始值,防控政策(交通管控与社区管控)的初始值等。

2. Agent 交互

Agent 交互与 Agent 决策行为、Agent 状态转换是相互交叉的过程。Agent 交互本身是 Agent 的一种决策行为,也可以触发 Agent 新的决策行为;Agent 交互可以引起 Agent 状态的转换,Agent 状态的转换也可以产生 Agent 的交互;Agent 决策行为可以引起 Agent 状态的转换,Agent 状态的转换也可以导致 Agent 新的决策行为。本模型中 Agent 交互主要包括居民之间的交互(主要引起病毒传播和居民状态的变化)、居民与医院的交互(主要会触发感染者住院治疗和出院等过程,并导致居民状态的变化)、医院与配送中心的交互(主要会触发需求订单处理、物资管理及配送过程)、配送中心与车辆的交互(主要会触发车辆配送活动及状态的变化)、车辆与医院的交互(主要会触发车辆位置及状态的变化)。

3. Agent 决策行为

Agent 决策行为主要包括居民、医院、配送中心和车辆四类智能体的行为,具体决策则可以参考前一部分提到的智能体行为活动和行为规则。

4. Agent 状态转换

Agent 状态转换主要涉及居民和车辆两类智能体的状态转换,具体见图 7.2、图 7.11。

5. 数据统计与输出

Agent 交互、Agent 决策行为与 Agent 状态转换的过程会产生新的数据,这些数据经过统计以后可以进行输出和可视化显示,也可以用于下一步仿真数据的更新。这些数据主要包括各类居民状态(易感、潜伏、感染、治疗、康复、死亡)的数据、医院收治病人时间、医院病人数量、医院医疗物资订货量、配送中心物资库存及补货量、医疗物资满足率、车辆配送路线、订单等待时间等数据。

6.数据持续更新与模型持续运行

除了 Agent 交互、Agent 决策行为与 Agent 状态转换的过程会产生新的数据,物资供应与捐赠量,防控政策(交通管控与社区管控)等环境数据也会发生动态变化,这些变化的数据驱动模型进行下一步的仿真,以天为周期循环往复。

二、仿真实现

本仿真模型以 2020 年初武汉的新冠疫情演化与应急物流决策系统作为仿真对象,使用 AnyLogic 软件建模仿真。模型时间单位为天,取 2020 年 1 月 1 日为第 1 天,至 2020 年 4 月 9 日,共运行 100 天。2020 年 4 月 8 日,武汉已多日没有新增确诊病例,历经整整 76 天管控的武汉正式解封,说明该轮疫情基本结束。GIS 地图的瓦片提供者为 AnyLogic,路线从 OSM 服务器请求获得。

本仿真模型中各类智能体除了遵循上面分析的行为规则之外,还遵从以下假设:

(1)假设感染者在某一医院住院治疗后不会转院。

(2)假设医院按照序号顺序依次启用感染病床,当排序在前面的医院没有床位以后,才启用排序在后面的医院。

(3)假设医院启用感染病床时不需要准备时间,医院的床位数不存在动态变化和渐进增加。

(4)假设应急医疗物资单位体积小,车辆配送时一般不会超过载货量,也即不考虑车辆的装载能力。

本仿真模型中主要智能体参数与相关变量的设定分别如下。

(一)居民智能体

对应本次疫情,易感者并不是指城市人口总数,因为并不是所有人都有接触到感染者的机会,在 SEIR 模型中,只有潜伏者或感染者群体直接接触到的人才处于易感状态(范如国等,2020)。根据武汉市卫生健康委员会发布的武汉市新冠肺炎疫情动态,截至 2020 年 4 月 9 日 24 时,全市累计报告确诊病例 50008 例,假设易感者大约为此时累计报告确诊病例的 2 倍,即 10 万人。假设 2020 年 1 月 1 日的潜伏者数量为 240 人,居民智能体的主要参数与变量如表 7.2 所示。

表 7.2　居民智能体的主要参数与变量

参数/变量	取值	参考文献	备注
基础接触人数 1/人	uniform(1.6,4.8)	曹盛力等(2020)	潜伏者造成的社区传播(每天),uniform()为均匀分布
基础感染概率 1	0.05	《抗击新冠肺炎疫情的中国行动》白皮书	潜伏者造成的社区传播,参考广东省感染率的数据
基础接触人数 2/天	uniform(1,3)	—	感染者造成的聚集性传播(每周)
基础感染概率 2	0.3	—	感染者造成的聚集性传播
管控系数	初始取值为 1;第 22 天开始,取值为 0.6;第 40 天开始,取值为 0.3	《抗击新冠肺炎疫情的中国行动》白皮书	时间节点参考白皮书:第 22 天交通管控,第 40 天社区管控
物资的感染率系数	0.1	—	
潜伏期/天	triangular(6,20,11)	《中国-世界卫生组织新型冠状病毒肺炎(COVID-19)联合考察报告》	triangular()为三角分布,包含潜伏期和从发病到确诊的时间
康复期 1/天	triangular(5,21,14)	《中国-世界卫生组织新型冠状病毒肺炎(COVID-19)联合考察报告》	治疗者
基础康复率 1	0.83+ramp(0.0024,1,50)	《中国-世界卫生组织新型冠状病毒肺炎(COVID-19)联合考察报告》	治疗者,ramp()为斜坡函数

续表

参数/变量	取值	参考文献	备注
死亡率 1	1-康复率 1	—	治疗者
康复期 2/天	triangular(5,20,15)	—	居家感染者
康复率 2	0.7	—	居家感染者
死亡率 2	1-康复率 2	—	居家感染者

基础康复率 1 的随时间变化的曲线如图 7.14 所示。

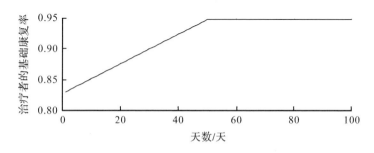

图 7.14　治疗者的基础康复率

（二）医院智能体

自 2020 年 1 月 21 日起，武汉市政府分 5 批将 2 家传染病医院和 44 家综合医院改造为新冠肺炎定点医院，快速新建了"两山"医院，新冠肺炎定点医院从最初的第一批 2 家医院到第五批增至 48 家医院。2020 年 2 月 5 日至 2 月 24日，通过改造城市中大空间的公共建筑（如体育馆、会展中心、厂房、仓库等），在现有公共设施中设置病床和病区，快速建造了 16 家方舱医院，其中 14 家方舱医院收治了新冠感染患者。本模型将 48 家新冠肺炎定点医院和有收治病人的14 家方舱医院作为医院智能体，共包括 62 家医院。这 62 家医院的经纬度通过百度地图拾取坐标系统获得。48 家新冠肺炎定点医院的床位数参考武汉市卫生健康委员会于 2020 年 2 月 25 日发布的《全市定点医院病床使用情况表》中的开放床位数。14 家方舱医院的床位数参考王子豪等(2020)的报道。这 62 家医院的具体情况如表 7.3 所示。

表 7.3 武汉 62 家新冠治疗医院的基本情况

序号	名称	纬度	经度	床位数/张
1	金银潭医院	30.672579	114.291555	684
2	肺科医院	30.587710	114.259917	322
3	汉口医院	30.631403	114.307149	378
4	武昌医院	30.608794	114.347663	504
5	第五医院	30.553924	114.278104	420
6	第七医院	30.548309	114.338093	268
7	第九医院	30.629789	114.386174	793
8	红十字会医院	30.619977	114.279588	404
9	第四医院	30.571961	114.273049	619
10	武钢第二职工医院	30.608931	114.494024	181
11	市中心医院后湖院区	30.634191	114.271967	510
12	第三医院（光谷）	30.504676	114.417766	600
13	同济医院中法新城院区	30.555374	114.120360	1050
14	协和医院西院	30.498577	114.180748	810
15	武大人民医院东院	30.447225	114.447353	800
16	省中西医结合医院	30.613649	114.280020	950
17	武汉科大附属天佑医院	30.530459	114.333136	400
18	第六医院	30.605574	114.296803	500
19	市中医医院汉阳院区	30.525512	114.221832	400
20	湖北 672 骨科医院	30.527230	114.373752	305
21	黄陂区中医医院	30.878196	114.382779	411
22	江夏区中医医院	30.364346	114.349214	260
23	新洲区中医医院	30.857793	114.812080	300
24	紫荆医院	30.586970	114.334650	288
25	汉南区中医医院	30.307256	114.083353	26

续表

序号	名称	纬度	经度	床位数/张
26	蔡甸区人民医院	30.567557	114.050287	690
27	中部战区总医院	30.537080	114.350912	240
28	火神山医院	30.538067	114.092896	1020
29	雷神山医院	30.436154	114.300386	1396
30	武汉儿童医院	30.608655	114.294232	262
31	同济医院光谷院区	30.494351	114.471807	828
32	第八医院	30.654399	114.311308	255
33	新城医院	30.711905	114.584024	80
34	省第三人民医院阳逻院区	30.682565	114.589974	135
35	亚心总医院	30.506806	114.209996	451
36	第一医院	30.578088	114.278513	1000
37	省中医院光谷院区	30.511842	114.415138	430
38	泰康同济(武汉)医院	30.527787	114.239044	1009
39	协和肿瘤医院	30.619081	114.270364	850
40	省第三人民医院	30.575313	114.260775	240
41	华润武钢总医院	30.637855	114.410101	235
42	优抚医院	30.622784	114.267258	260
43	武大中南医院	30.559432	114.359069	262
44	第三医院	30.546376	114.309765	600
45	第四医院	30.571961	114.273049	619
46	长航总医院	30.612190	114.293542	300
47	梨园医院	30.588590	114.385021	233
48	省妇幼保健院光谷院区	30.503883	114.480923	800
49	江汉方舱医院	30.585599	114.280240	1564
50	武昌方舱医院	30.552094	114.341058	784
51	东西湖方舱医院	30.678163	114.285656	1461
52	硚口武体方舱医院	30.582881	114.266616	200
53	汉阳方舱医院	30.513182	114.248387	960

续表

序号	名称	纬度	经度	床位数/张
54	黄陂方舱医院	30.910355	114.369523	200
55	江岸方舱医院	30.647042	114.290985	1000
56	体育中心方舱医院	30.507715	114.181183	1000
57	青山方舱医院	30.618617	114.395153	388
58	江夏方舱医院	30.364217	114.355887	800
59	光谷科技会展中心方舱医院	30.495926	114.515746	840
60	沌口方舱医院	30.436506	114.151042	996
61	江汉经济开发区方舱医院	30.628839	114.235717	682
62	武汉体校方舱医院	30.577522	114.224495	960

医院智能体的其他参数取值如表 7.4 所示。

表 7.4　医院智能体的主要参数

参数	取值	备注
单位病人物资需求量（单位）	1	1 单位物资可以表示一定数量的 单种物资或多种物资的组合
订货周期（天）	1	—

（三）配送中心智能体

2020 年疫情期间,湖北省设置了多类转运节点,实现疫区多重覆盖。湖北省自 2020 年 2 月 2 日起对公路运输设置了 5 个进鄂应急物资道路运输中转调运站,即武汉市东西湖区捷利物流园、武汉市黄陂区武湖萃元冷链物流园(汉口北)、武汉市汉南区宝湾物流园、湖北省(鄂州)赤湾东方物流有限公司、襄阳市光彩国际物流基地。航空运输转运节点包括武汉天河机场、省内地区机场网络和直升机临时起降点。铁路运输转运节点为其各个地市的火车站。

根据武汉市交通运输委员会官方微博"武汉交通"发布的 2020 年 4 月 2 日武汉疫情防控交通战报,自 2020 年 1 月 23 日至 4 月 1 日,铁路运输抵达武汉防疫物资 7.11 万吨;航空运输防疫物资 1.03 万吨;道路运输两个国有公司分别

运输物资 452 万箱(件)、0.95 万吨;邮政、快递企业运送医疗和生活物资 13.07
万吨。可见,应急医疗物资的主要配送中心包括公路、铁路和航空的转运节点。
假设有 5 个配送中心为武汉的 62 家新冠治疗医院提供物资配送服务,包括 3
个公路进鄂应急物资道路运输中转调运站、天河机场和武汉火车站。武汉 5 个
配送中心的具体情况如表 7.5 所示。

表 7.5　武汉 5 个配送中心的基本情况

序号	名称	纬度	经度	车辆数/辆
1	东西湖区捷利物流园	30.610215	114.090636	6
2	黄陂区武湖苹元冷链物流园	30.720225	114.441437	6
3	汉南区宝湾物流园	30.292758	114.061076	6
4	天河机场	30.776258	114.217379	6
5	武汉火车站	30.612766	114.430977	6

配送中心智能体的其他参数取值如表 7.6 所示。

表 7.6　配送中心智能体的主要参数

参数/变量	取值	备注
物资最初库存/单位	70	
采购周期/天	1	
配送周期/天	0.5	
应急医疗物资总供应能力/单位	$300+ramp(100,20,25)+ramp(200,25,30)$ $+ramp(500,30,35)+ramp(1000,35,40)+$ $ramp(1500,40,50)+ramp(1000,50,60)$	ramp()为斜坡函数
捐赠速率/单位	$0+step(uniform\_discr(20,50),20)+step$ $(uniform\_discr(50,100),30)+step(uniform$ $\_discr(100,200),40)-step(uniform\_discr$ $(100,200),60)$	step()为阶跃函数

其中,应急医疗物资总供应能力随时间变化的曲线如图 7.15 所示,捐赠速
率随时间变化的曲线如图 7.16 所示。因为捐赠速率为在一定时间段内服从均

匀分布,因此对于不同的配送中心,其捐赠速率可能有所不同。

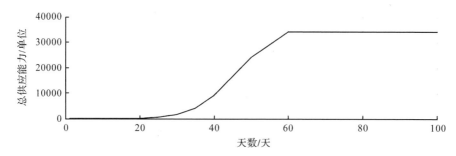

图 7.15　应急医疗物资的总供应能力

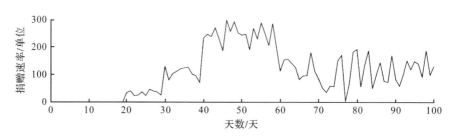

图 7.16　应急医疗物资的捐赠速率

(四)车辆智能体

车辆智能体的主要参数是卸货时间,取 0.5 小时/次。

第四节　仿真实验与结果分析

一、仿真实验

(一)疫情仿真结果

1.现有确诊病例

2020 年 1 月 1 日至 4 月 9 日,武汉疫情中现有确诊病例的仿真值和历史值的对比情况如图 7.17 所示,可以看到仿真曲线与真实曲线的拟合度比较高,特别是在第 50 天(2 月 19 日)之前,曲线更加平滑,平滑了 2020 年 2 月 12 日武汉市突增 13436 例确诊病例的意外数据。可见,模型较好地对武汉疫情演化情况进行了仿真。仿真结果中现有确诊病例的仿真值等于感染者与治疗者数量之和,现有确诊病例的历史值根据湖北省卫健委和武汉市卫健委发布的疫情数据进行计算得到。

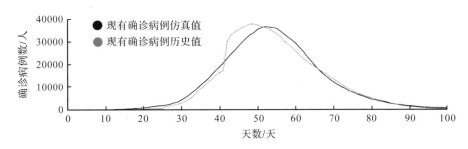

图 7.17　武汉疫情中现有确诊病例仿真值和历史值的对比

2. 疫情中不同状态居民的数量

在仿真时间区间内,不同状态居民数量的仿真结果如图 7.18 所示。结合图 7.17,可以发现潜伏者的最高峰出现在第 40 天(2 月 9 日),数量为 35191 人;治疗者的最高峰出现在第 54 天(2 月 23 日),数量为 34253 人;现有确诊病例的最高峰出现在第 52 天(2 月 21 日),数量为 36652 人。历史数据中,现有确诊病例的最高峰出现在第 49 天(2 月 18 日),数量为 37875。可见与历史数据相比,仿真结果中

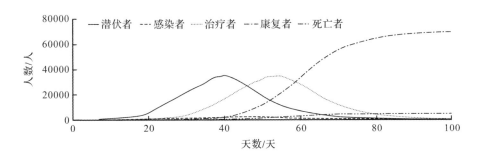

图 7.18　武汉疫情中不同状态居民数量的仿真结果

出现高峰期的日期比较接近,现有确诊病例在高峰期的人数也比较接近。

在第 100 天(2020 年 4 月 9 日),不同状态居民数量仿真值与现实值的比较如表 7.7 所示。可见,感染者的数量比较接近,治疗者、康复者和死亡者的仿真值均大于现实值。

表 7.7　第 100 天疫情仿真值与现实值的对比

	潜伏者	感染者	治疗者	康复者	死亡者
仿真值	110	20	650	69450	4880
现实值	—	16	319	47433	3869

注:感染者现实值为新增无症状感染者;死亡人数现实值使用武汉市新冠肺炎疫情防控指挥部 2020 年 4 月 17 日发布的《关于武汉市新冠肺炎确诊病例数确诊病例死亡数订正情况的通报》中的数据。

(二)医院仿真结果

1.使用医院数量

医院的使用数量将直接影响应急医疗物资需求点、需求点的地理分布及配送决策。在仿真时间区间内,使用的医院数量如图 7.19 所示。医院最多启用了 61 个,与现实值相比少了一个医院,主要是因为治疗者峰值的仿真值小于实际值,不需要开启第 62 家医院。根据图 7.19,在第 20 天(1 月 20 日)之前,只使用了 1 个医院,之后使用的医院数量迅速增加,到第 45 天(2 月 14 日)启用方舱医院,到第 53 天(2 月 22 日)启用第 61 个医院,一直到第 66 天(3 月 6 日)才开始有医院相继休舱或关闭感染住院病区。现实情况是第一家方舱医院于 2 月 5 日启用,早于仿真的时间点,主要原因是 2 月 5 日全市定点医院开放病床数仅为 8574 个,而本模型假设全市定点医院开放病床数为 23532 个(2 月 25 日的数据)。现实中,在 2 月 22 日 62 家医院全部启用,与仿真值比较接近。同时,现实中 3 月 1 日方舱医院开始休舱,也早于仿真的时间点,主要原因可能是方舱医院的病人存在转院行为,本模型并未考虑这种情况。总体而言,医院的启用与关闭情况比较好地体现了其随疫情演化的动态变化。

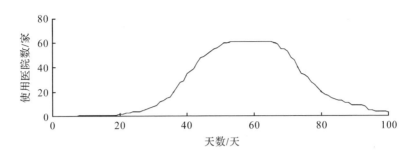

图 7.19　武汉疫情中使用医院数量的仿真结果

2. 医院住院人数

医院收治的感染者数量将直接影响应急医疗物资需求量。通过仿真可以得到每个医院在仿真时间区间内收治的感染者数量,以武汉肺科医院和江汉方舱医院为例,其住院新冠病人数量分别如图 7.20、图 7.21 所示。通过对比可以发现,医院使用的时间段与医院的排序(改造顺序)相关,改造

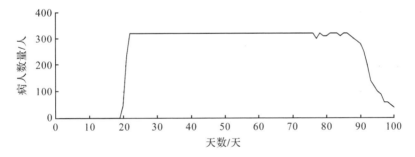

图 7.20　武汉疫情中武汉肺科医院住院新冠病人数量仿真值

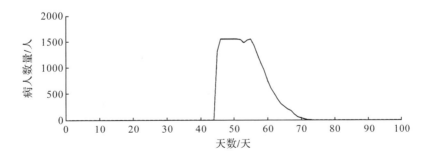

图 7.21　武汉疫情中江汉方舱医院住院新冠病人数量仿真值

顺序排在后面的医院,特别是方舱医院,使用的时间段相对比较短。当疫情高峰期过后,临时性方舱医院被关闭,排序靠后的医院也先后关闭了传染病病区。

(三)应急物资决策方案仿真结果

1.应急医疗物资补货量

由于本模型假设政府统一采购的应急医疗物资平均发送到 5 个配送中心,因此每个配送中心收到的应急医疗物资数量是相同的。单个配送中心收到的应急物资数量,即对单个配送中心的应急物资补货量的仿真结果如图 7.22 所示。此处的应急物资补货量不包括捐赠物资,捐赠物资的速率见图 7.16。可见,应急物资补货量取决于疫情发展对应急医疗物资的动态需求及物资供应量的约束。

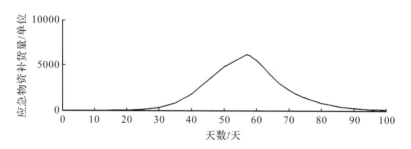

图 7.22　对单个配送中心应急物资补货量的仿真结果

2.应急医疗物资满足率

应急医疗物资满足率的仿真结果如图 7.23 所示。可见,在第 16 天(1 月16 日)开始出现应急医疗物资短缺,直到第 57 天(2 月 26 日),应急物资需求才得到完全满足。现实情况是,1 月 26 日,武汉、黄冈等地应急医疗物资出现较大缺口,通过官方和媒体渠道向全社会发出支援请求,如黄冈 1 月 26 日在媒体上请求支援医用防护服 95 万件、N95 口罩 210 万个、气溶胶智能消毒机 200 台等。直到 2 月 20 日左右,湖北疫区才实现了"保重点、保急需、保一线"低标准需求的基本满足。保重点是指保障 ICU、隔离病房、特殊岗位、方舱医院、发热门诊等重点医疗区域;保急需是指保障医疗物资的紧急需求不断供;保一线是指保障一线医疗人员。低标准指为了节约医疗物资,按照最低标准配置,如为了节约,医护人员进重症监护室都尽可能少喝水、少上厕所。因此,应急物资满足率的仿真结果与现实情况比较接近。

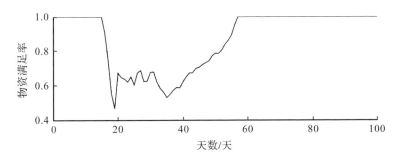

图 7.23　应急医疗物资满足率的仿真结果

3. 配送中心应急医疗物资库存

通过仿真,可以得到每一个配送中心应急医疗物资库存与捐赠物资数量、采购物资数量的关系,以黄陂区武湖莘元冷链物流园为例,其关系如图 7.24 所示。根据仿真结果,配送中心主要承担中转作用,其收到的应急医疗物资会被迅速地配送到医院,因此库存会出现频繁而迅速的增减。在疫情初期,捐赠物资占有相当大的比例,但是随着疫情的演化,应急物资需求量急速增加,应急物资主要依赖政府的统一采购。

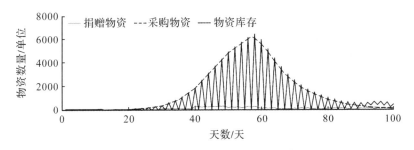

图 7.24　黄陂区武湖莘元冷链物流园应急医疗物资库存及供应的仿真结果

（四）感染率与康复率仿真结果

本模型假设应急医疗物资满足率会影响感染率和康复率,见公式(7.3)和公式(7.5)。社区传播感染率和治疗者康复率的仿真结果如图 7.25 和图 7.26 所示,当应急物资满足率降低时,会明显提高传播感染概率、降低感染者康复率,造成疫情扩散加剧和死亡者增加。

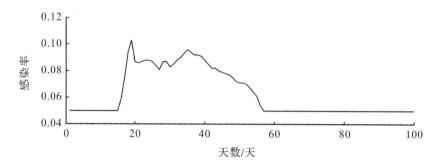

图 7.25　社区传播感染概率的仿真结果

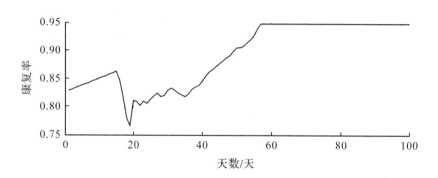

图 7.26　治疗者康复率的仿真结果

（五）车辆配送方案仿真结果

在仿真界面,会给出车辆配送的实时动画,还可以给出每天每个配送中心车辆的配送路径,如图 7.27 所示。图 7.27 表示在第 30 天,每个配送中心分别有一辆车进行物资配送,以东西湖区捷利物流园为例,其车辆[0]的配送路径为:东西湖区捷利物流园—第五医院—第七医院—武昌医院—东西湖区捷利物流园。

```
30.5东西湖区捷利物流园root.vehicles[0]--root.vehicles[0]第五医院

30.5黄陂区武湖萃元冷链物流园root.vehicles[6]--root.vehicles[6]第九医院

30.5汉南区宝湾物流园root.vehicles[12]--root.vehicles[12]肺科医院

30.5天河机场root.vehicles[18]--root.vehicles[18]金银潭医院

30.5武汉火车站root.vehicles[24]--root.vehicles[24]第九医院
--root.vehicles[24]红十字会医院
--root.vehicles[6]第七医院
--root.vehicles[0]第七医院
--root.vehicles[18]汉口医院
--root.vehicles[12]肺科医院
--root.vehicles[0]武昌医院
--root.vehicles[18]武昌医院
root.vehicles[24]--配送结束
--root.vehicles[12]汉口医院
root.vehicles[6]--配送结束
root.vehicles[0]--配送结束
root.vehicles[18]--配送结束
root.vehicles[12]--配送结束
```

图 7.27　车辆配送路径的仿真结果

二、比较分析实验

新冠疫情发生后,应急医疗物资储备和供应不足,导致应急医疗物资供不应求,且出现较大缺口。政府可以在事前增加应急物资储备,或事后通过各种政策鼓励和组织相关生产企业扩大生产或转产,提高供应能力。比如,2020 年 1 月 23—26 日,武汉方面先后向国务院联防联控物资保障组提出四批物资的需求清单,大致有 4 大类共 20 多个品种,动用了中央储备和各省区的储备。国务院办公厅于 2020 年 1 月 29 日发布了《关于组织做好疫情防控重点物资生产企业复工复产和调度安排工作的紧急通知》,提出要迅速组织企业复工复产,做好生产人员、技术人员和相关设备、原辅料、资金等各方面保障工作,帮助企业及时解决生产经营中遇到的困难和问题,并根据需要及时扩大相关产品产能;向重点企业选派驻企特派员,负责监督物资的统一调拨,帮助企业及时反映困难和问题;抓紧组织原材料采购和产品生产;建立有关工作衔接机制,确保 24 小时联络畅通。

设定一个参数——物资供应系数（supply coefficient，SC），代表政府应急物资储备与生产政策带来的应急物资供应能力变化，物资供应系数越大，物资总供应能力就越强。也即

应急物资总供应能力＝SC×[300＋ramp(100,20,25)＋ramp(200,25,30)＋ramp(500,30,35)＋ramp(1000,35,40)＋ramp(1500,40,50)＋ramp(1000,50,60)]

物资供应系数 SC 分别取 0.8、0.9、1.0、1.1、1.2、1.3，模型仿真结果对比如下。

（一）应急医疗物资需求满足率

当物资供应系数变化时，应急医疗物资需求满足率的变化情况如图 7.28 所示。可见，当物资供应系数从小到大变化时，应急医疗物资发生短缺的时间段越短，应急医疗物资需求满足率相对越高。

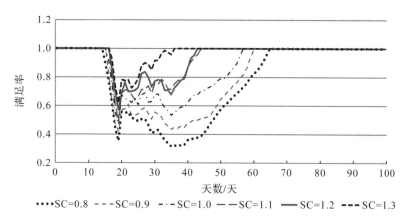

图 7.28　应急医疗物资需求满足率的不同仿真结果

当物资供应系数从 0.8 逐步增加到 1.3 时，应急医疗物资开始发生短缺的时间都比较接近，在第 15～17 天，如表 7.8 所示。这主要是因为在疫情初期防控措施相对比较弱，疫情扩散速度比较快，而应急医疗物资扩大产能却需要较长的调整周期。当物资供应系数从 0.8 逐步增加到 1.3 时，物资完全满足需求

的时间从第 65 天提前到第 36 天,物资短缺时间段从 50 天缩短到 19 天,应急医疗物资需求满足率均值从 77.3% 提高到 97.1%,变化非常显著。这一方面是因为物资供应系数的增加提高了物资供应能力;另一方面是因为应急物资满足率与疫情感染人数之间存在着负反馈关系——当应急物资供应量越大时,应急物资满足率越高,感染率越低,感染人数越少,进而导致应急物资需求量减少,物资满足率提高,物资短缺时间段缩短,反之亦然。

表 7.8　应急医疗物资供需情况的不同仿真结果

SC 取值	0.8	0.9	1.0	1.1	1.2	1.3
第一次缺货时间/第天	15	16	16	17	17	17
需求完全满足时间/第天	65	61	57	45	43	36
短缺时间段/天	50	45	41	28	26	19
短缺时间段的变化/天	9	4	0	13	15	22
物资满足率均值/%	77.3	81.7	87.2	93.2	93.9	97.1
物资满足率均值的变化/%	−9.9	−5.5	0.0	6.0	6.7	9.9

(二)社区传播感染率与治疗者康复率

当物资供应系数变化时,社区传播感染率与治疗者康复率的变化情况分别如图 7.29、图 7.30 所示。可见,当物资供应系数从小到大变化时,在物资短缺的时间段内社区传播感染率会明显降低,而治疗者康复率会明显提高。

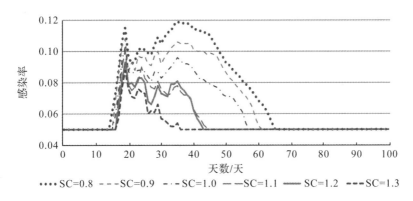

图 7.29　社区传播感染率的不同仿真结果

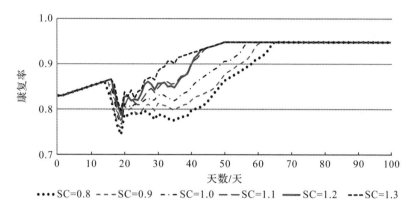

图 7.30 治疗者康复率的不同仿真结果

当物资供应系数 SC 从 0.8 逐步增加到 1.3 时,社区感染率均值从 7.3% 减少到 5.3%,治疗者康复率均值从 87.2% 提高到 91.2%,变化幅度比较明显,如表 7.9 所示。

表 7.9 社区感染率均值与治疗者康复率均值的不同仿真结果

SC 取值	0.8	0.9	1.0	1.1	1.2	1.3
社区传播感染率均值/%	7.3	6.8	6.3	5.7	5.6	5.3
社区传播感染率均值的变化/%	1.0	0.5	0.0	−0.6	−0.7	−1.0
治疗者康复率均值/%	87.2	88.1	89.2	90.4	90.5	91.2
社区传播感染率均值的变化/%	−1.9	−1.0	0.0	1.2	1.4	2.0

(三)现有确诊人数与死亡人数

当物资供应系数变化时,现有确诊人数与死亡人数的变化情况分别如图 7.31、图 7.32 所示。可见,当物资供应系数从小到大变化时,现有确诊人数与死亡人数都会变少,物资供应系数对于疫情演化具有比较显著的影响。

当物资供应系数 SC 减少时,物资供应能力降低,会导致现有确诊人数峰值和死亡人数显著增加,当供应能力减少到现有的(SC=1.0 时)0.9 倍时,现有确

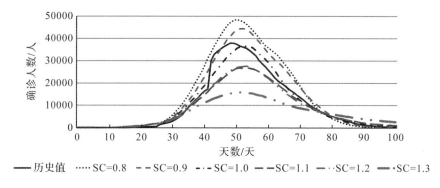

图 7.31 现有确诊人数的历史值与仿真结果

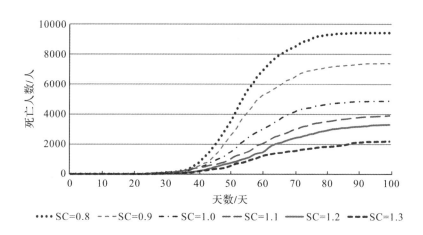

图 7.32 死亡人数的不同仿真结果

诊人数峰值增加到现有峰值的 1.21 倍,死亡人数增加到现有人数的 1.51 倍;而当供应能力减少到现有的 0.8 倍时,现有确认人数峰值增加到现有峰值的 1.32 倍,死亡人数增加到现有人数的 1.93 倍,如表 7.10 所示。当物资供应能力增加时,能够显著减少现有确诊人数峰值和死亡人数,特别是当供应能力提高到现有的 1.3 倍时,现有确诊人数峰值减少到现有峰值的 43%,死亡人数减少到现有人数的 45%。此外还可以发现,与现有确诊人数相比,死亡人数对应急物资短缺的灵敏度更高,当应急物资短缺时,死亡人数的增加比例要高于现有确诊人数的增加比例。

表 7.10　现有确诊人数最大值与最终死亡人数的仿真结果比较

SC 取值	0.8	0.9	1.0	1.1	1.2	1.3
现有确诊人数峰值之比	1.32	1.21	1.00	0.73	0.75	0.43
最终死亡人数之比	1.93	1.51	1.00	0.80	0.68	0.45

(四)使用医院数量

当物资供应系数变化时,使用医院数量的变化情况如图 7.33 所示。可见,当物资供应系数从大到小变化时,使用的医院数量会增加,直到增加到最大值 62 个医院,而且医院使用时间段也会相应延长。本模型中,当物资供应系数减少时,疫情的传播进程会加快,到疫情后期可感染人数和感染者都会减少,因此使用的医院数量也会快速减少;而当物资供应系数增大时,疫情的传染进程会减缓,到疫情后期仍然存在一些可感染人员和感染者,因此使用的医院数量会缓慢减少。

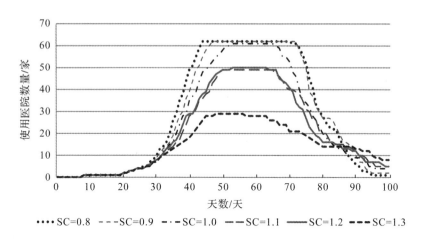

图 7.33　使用医院数量的不同仿真结果

当物资供应系数 SC 从 0.8 逐步提高到 1.3 时,使用医院数量峰值与医院启用时间具体如表 7.11 所示。可见,当物资供应能力增加时,能够显著减少所使用的医院数量,特别是当物资供应能力提高到现有的(SC＝1.0 时)1.3 倍时,使用的医院数量仅为 29 个,此时不需要建设方舱医院即可满足防疫需求。当物资供应能力降低时,疫情进展明显加快,对医院的需求速度也明显加快,当供应能力分别减少到现有的 0.9 倍、0.8 倍时,对第 30 家医院的需求分别提前 2 天、3 天,对第 40 家医院的需求分别提前 2 天、4 天,对第 50 家医院的需求分别提前 3 天、5 天,对第 60 家医院的需求分别提前 5 天、7 天。

表 7.11　使用医院数量峰值与医院启用时间的不同仿真结果

SC 取值	0.8	0.9	1.0	1.1	1.2	1.3
使用医院数量峰值/个	62	62	61	49	50	29
启用第 1 家医院时间/第天	8	8	8	8	8	8
启用第 10 家医院时间/第天	30	31	32	32	32	32
启用第 20 家医院时间/第天	34	36	36	38	37	41
启用第 30 家医院时间/第天	37	38	40	42	42	—
启用第 40 家医院时间/第天	39	41	43	47	46	—
启用第 50 家医院时间/第天	41	43	46	—	53	—
启用第 60 家医院时间/第天	44	46	51	—	—	—

（五）医院床位对疫情的影响

医院床位是否充足对于疫情发展的影响是至关重要的。当物资供应系数 SC 等于 1.3 和 0.8 时,疫情的演化情况分别如图 7.34、图 7.35 所示。对比图 7.34 和图 7.35 可以发现,当物资供应系数 SC 等于 0.8 时,在第 44 天之后医院床位明显不足,导致未入院的感染者出现了明显的增加,未入院感染者数量的曲线出现了明显的高峰期,住院治疗者数量曲线也出现了一段明显的水平直线。这就进一步加剧了感染者造成的社区感染,也导致死亡人数大幅度增加。

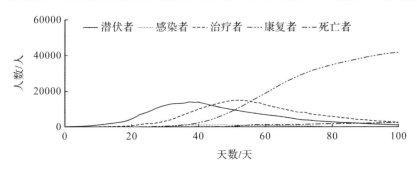

图 7.34　疫情的演化(SC＝1.3)

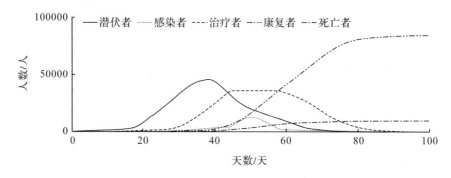

图 7.35　疫情的演化 (SC＝0.8)

当物资供应系数 SC 从 0.8 逐步增加到 1.3 时,未入院感染者的不同仿真结果如图 7.36 所示。可见,当物资供应系数降到 0.9、0.8 时,未入院感染者大幅度增加,并且出现了一段时间较长的、比较明显的高峰期。

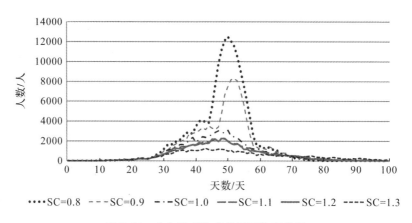

图 7.36　未入院感染者的不同仿真结果

当物资供应系数 SC 从 0.8 逐步增加到 1.3 时,未入院感染者峰值的不同仿真结果如表 7.12 所示。可见,当物资供应能力提高时,医院床位相对更加充足,能明显降低未入院感染者的峰值,特别是当物资供应系数为 1.3 时,未入院感染者的峰值是原来(SC＝1.0 时)的 0.42 倍。而当物资供应能力降低时,医院床位相对更加稀缺,未入院感染者的峰值会显著增加。特别是当物资供应系数为 0.8 时,未入院感染者的峰值是原来(SC＝1.0 时)的 4.05 倍。这也解释了表 7.10 中,相较于现有确诊人数峰值,死亡人数对于物资短缺更加敏感的现象。因为未入院感染者的死亡率大于入院治疗者的死亡率,因此物资供应能力和医院床位数的叠加作用使死亡人数对于物资短缺更加敏感。

表 7.12　未入院感染者峰值的不同仿真结果

SC 取值	0.8	0.9	1	1.1	1.2	1.3
未入院感染者峰值/人	12480	8290	3080	2280	2270	1280
比例	4.05	2.69	1.00	0.74	0.74	0.42

（六）应急物资实际供应量

当应急物资供大于求时,应急物资实际供应量等于应急物资需求量;当应急物资供不应求时,应急物资实际供应量等于物资供应能力。当物资供应系数变化时,应急物资实际供应量（不包含捐赠物资）的仿真结果如图 7.37 所示。可见,当物资供应系数等于 0.9 时,应急物资实际供应量的峰值最大。当物资供应系数分别等于 1.0、1.2、0.8、1.1、1.3 时,应急物资实际供应量的峰值依次减少。这是因为应急物资实际供应量取决于疫情的演化和物资供应能力。再结合图 7.28、图 7.31 可以发现,当物资供应系数为 0.8 时,物资供应能力明显不足,导致其应急物资实际供应量的峰值较低,且其峰值出现时间明显晚于疫情峰值出现时间。当物资供应系数大于 1.0 时,特别是达到 1.3 时,由于在疫

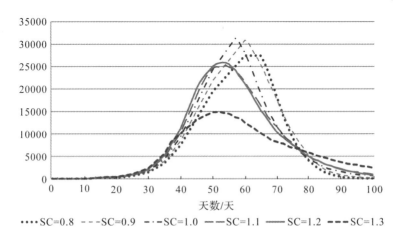

图 7.37　应急物资实际供应量的不同仿真结果

情前期物资供应能力和供应量的提升,减缓了疫情的发展,其应急物资需求量相对降低,因而应急物资实际供应量的峰值也相应较低,且其峰值出现时间与疫情峰值出现时间比较一致。

当物资供应系数 SC 从 0.8 逐步提高到 1.3 时,应急物资实际供应量合计值如表 7.13 所示。可见,当物资供应系数从 0.9 增加到 1.3 时,应急物资实际供应量合计值反而在减少。其原因在于在疫情前期的物资供应有力助推了疫情的防控,减缓了疫情的扩散,导致疫情中后期对应急物资的需求量相对减少,因此整个疫情周期内对应急物资的总需求量减少。

表 7.13 应急物资实际供应量合计值的不同仿真结果

SC 取值	0.8	0.9	1	1.1	1.2	1.3
应急物资实际供应量合计/单位	786870	854180	819590	781700	789350	595260

(七)应急物资供应能力决策

当物资供应系数变化时,应急物资实际供应量(不包含捐赠物资)与供应能力之间关系的仿真结果如图 7.38 所示。可见,当物资供应系数为 0.8、0.9 时,需要将应急物资供应能力增加到最大值,而当物资供应系数为 1.0、1.1、1.2 和 1.3 时,应急物资供应能力不需要增加到最大值就可以满足疫情后期的应急物资需求。也就是说,在疫情防控中我们需要提高潜在的应急物资供应能力,但是实际上可能并不需要把全部潜在的供应能力都动员和利用起来。

当物资供应系数变化时,应急物资最大供应能力、实际最大供应量(不包含捐赠物资)、供应能力达到实际最大供应量的时间等仿真结果如表 7.14 所示。可以发现,当物资供应系数等于 1.0 时,实际需要达到的应急物资供应能力最大;随着物资供应系数的增加,实际需要达到的应急物资供应能力反而会降低。当物资供应系数小于 1.0 时,需要在第 60 天将物资供应能力增加到最大供应能力。当物资供应系数分别为 1.0、1.1、1.2、1.3 时,分别需要在第 57 天、50 天、49 天、42 天将物资供应能力增加到最大供应能力的 91.3%、66.9%、62.9%、32.7%即可,而不需要将最大供应能力全部利用起来。可见,当潜在的

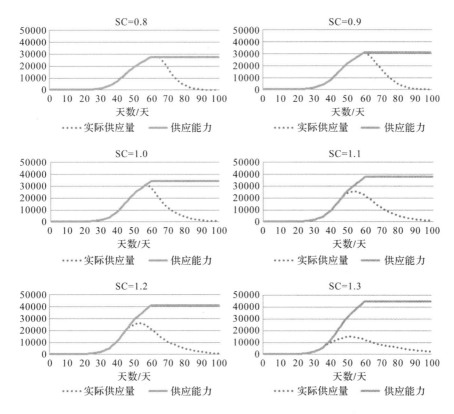

图 7.38　应急物资实际供应量与供应能力之间关系的仿真结果

应急物资供应能力足够大时,也需要根据疫情演化情况,在合适的时间做出合理的产能调控决策,才能既满足疫情的需求,又避免资源浪费。如果应急物资供应能力的决策时间和决策方案不恰当,会反过来影响疫情的演化,进而影响应急物资的需求,然后再影响应急物资供应能力决策,形成一个反馈环。

表 7.14　应急物资最大潜在供应能力与实际最大供应量的仿真结果

SC	0.8	0.9	1.0	1.1	1.2	1.3
最大供应能力	27440	30870	34300	37730	41160	44590
实际最大供应量	27440	30870	31302	25254	25915	14596
实际最大供应量/ 最大供应能力	100.0%	100.0%	91.3%	66.9%	62.9%	32.7%
供应能力达到实际 最大供应量的时间/第天	60	60	57	50	49	42

综上,应急物资供应能力对于疫情演化起着重要的作用,提高疫情期间的应急物资供应能力是疫情防控的重要措施。提高疫情期间的应急物资供应能力可以降低传播感染率,提高康复率,减少感染者数量和死亡人数,减少对医院床位的需求,进而减少对正常医疗资源的挤兑,还能在一定程度上节约应急物资的总消耗。同时,应急物资供应能力不同,疫情演化就存在差异,这时需要根据疫情及时调整应急物资供应能力决策,避免盲目扩大产能,造成资源浪费。

应急物资供应能力变化时会导致不同的疫情演化情景,在不同疫情演化情景中其车辆配送决策方案也会有差别,这里不再进行比较分析。

第五节　本章小结

在应急响应阶段中后期,延续型突发事件部分灾情信息概率分布相对稳定,此时可以使用特定的突发事件模型来对突发事件的演化进行模拟仿真。同时,考虑到突发事件演化与应急物流动态决策之间存在着复杂的交互与反馈关系,可以建立突发事件演化与应急物流动态决策的仿真模型。本章以传染病疫情演化与应急物流动态决策为研究对象,综合使用基于 Agent 的建模、离散事件建模和系统动力学建模等三类仿真建模方式,构建了传染病疫情动态演化下的应急物流动态决策仿真模型;定义了居民、医院、配送中心、车辆、订单、入院申请等 6 种智能体,通过智能体的状态图、离散事件的流程图和系统动力学的系统流图来精细化模拟智能体的行为活动和行为规则;以 2020 年初武汉的新冠疫情为例进行了仿真,仿真结果与现实情况拟合较好,求解出了疫情动态演化下的应急物资供应能力、应急物资采购、应急物资配送等决策方案;分析了应急物资供应能力对疫情演化的反馈作用,包括应急物资供应能力对物资需求满足率、传播感染、治疗康复率、疫情演化、使用医院数量、应急物资总消耗的影响,体现了"灾害情景—应急物流决策—……灾害情景—应急物流决策"的反馈式"情景—应对"决策方法。

本章的主要结论有:

（1）传染病疫情演化与物流决策系统是一个复杂的非线性系统，使用仿真建模方法可以比较好地对该系统的演化与决策进行模拟仿真。在传染病疫情演化与物流决策系统中，居民的行为活动和状态变化形成了疫情的演化；医院、配送中心、车辆、入院申请、订单等主体的行为活动与互动，以及交通与社区管控政策、物资供应能力提升、物资捐赠动员等环境的变化，形成了疫情防控子系统的动态演化。疫情防控子系统中医院智能体的床位与治疗服务、物资供需关系与物资配送、社区管控政策、物资供应政策、物资捐赠动员等防控措施会影响居民智能体的行为活动和状态变化，从而影响疫情的演化。

（2）疫情防控中的应急物流决策方案需要根据疫情演化情况、物资供需情况、医院床位使用情况等进行动态调整，通过将应急物流决策纳入疫情演化与疫情防控系统并进行仿真，可以动态地得到应急物流决策方案，并在一定程度上实现提前规划和提前准备。

（3）应急物资供应能力对于疫情演化起着重要的作用，提高疫情期间的应急物资供应能力是疫情防控的重要措施。提高疫情期间的应急物资供应能力可以降低传播感染率，提高康复率，减少感染者数量和死亡人数，减少对医院床位的需求，进而减少对正常医疗资源的挤兑，还能在一定程度上节约应急物资的总消耗量。同时，应急物资供应能力不同，疫情演化就存在差异，这时需要根据疫情及时调整应急物资供应能力决策，避免盲目扩大产能，造成资源浪费。

（4）使用仿真建模方法，对疫情演化进行仿真可以得到疫情的演化情景，进而得到动态的应急物资补货与库存决策方案、车辆配送方案，体现了"情景—应对"型的应急管理决策模式。与此同时，可以根据疫情演化及时调整应急物资供应能力决策，而应急物资供应能力决策方案又会反过来影响疫情演化，生成新的疫情演化情景，进而影响应急物资的供应能力决策、应急物资补货与库存决策、车辆配送决策等。因此，本模型实际上是一种"灾害情景—应急物流决策……灾害情景—应急物流决策"的反馈式"情景—应对"决策方法。

总之，随着灾情信息的不断获得，建立灾害演化仿真模型的可能性不断增大，这时使用仿真建模方法可以比较好地解决灾情动态变化情况下的应急物流决策问题。

第八章 应急恢复阶段应急物流决策的效率—公平模型

在应急恢复阶段应急物流决策的效率与公平问题尤为突出,本章将建立确定性规划模型,研究应急物资分配中效率与公平的均衡关系。

第一节 资源分配的效率—公平模型归纳

在一些情况下,决策者不仅仅关注资源分配的效率,还关注不同主体之间资源分配的公平性问题,这就产生了资源分配的效率—公平模型。对于一些公共资源或公共服务的分配问题,如教育、图书馆、公共卫生、公共安全、应急资源等的定位与分配问题,考虑公平因素是其一个重要的特征。近年来,越来越多的学者在关注资源分配的效率和公平问题(李丹等,2013;陈莹珍和赵秋红,2015;冯春等,2017;陈刚和付江月,2018;朱莉等,2020b;和媛媛等,2021;宋英华等,2022)。资源分配的效率—公平模型主要有 4 类:平均主义方法,极小极大方法或极大极小方法,将对公平的偏好纳入社会福利函数或效用函数中作为目标函数,建立以效率和公平为目标的多目标优化模型。

一、平均主义方法

平均主义方法对资源进行平均分配,是一种简单易行的方法,但是往往会以损失较大的效率为代价。红十字会与红新月会国际联合会(International

Federation of Red Cross and Red Crescent Societies, IFRC)是全球最大的志愿救援组织,在《国际红十字与红新月运动章程》中,拟定了国际红十字运动的 7 项基本原则:人道(humanity)、公正(impartiality)、中立(neutrality)、独立(independence)、志愿服务(voluntary service)、统一(unity)、普遍(universality)。其中,公正原则要求不因国籍、种族、宗教信仰、阶级或政治意见而有所歧视,其致力于解除个人之痛苦,根据他们的需要行事,并优先考虑需求特别急迫的受灾主体。而且,如果不考虑需求的紧急程度,对所有情况都同样对待,也不能算作公平。因此,在实践中,平均主义往往并不代表真正的公平,平均主义方法在资源分配的效率—公平模型中较少使用。但是,这一方法可以进行一些转换,如在应急物流决策模型中以受灾人员应急物资的最低分配量或最低满足率作为约束条件,既可以保证公平性,又可以在一定程度上克服平均主义方法缺乏效率的缺点。

二、极小极大方法(min-max，maximin)或极大极小方法(max-min，minimax)

极小极大方法或极大极小方法的目标是使最差的绩效最优或最优的绩效最差,这是一类基于公平的转移原则而建立的模型(Mandell,1991),与罗尔斯的正义理论是相符的[①](Ogryczak,2006)。黄力菲等(2001)基于效用函数,使用

---

① 罗尔斯.正义论[M].何怀宏,等译.北京:中国社会科学出版社,2001:6.

罗尔斯对正义的两个原则做了完整的表述(第 46 节):

正义的第一个原则:每个人都应有平等的权利去享有与人人享有的类似的自由权体系相一致的最广泛的、平等的基本自由权总体系。

正义的第二个原则:社会和经济不平等的安排应能使它们:(1)符合地位最不利的人的最大利益,符合正义的储备原则;(2)在公平的机会均等的条件下与向所有人开放的官职和职务联系起来。

第一条优先规则(自由权优先):正义原则应按词汇序列来安排,因此自由权只有为了自由权本身才能受到限制。这里有两种情况:(1)不太广泛的自由权应能使人人享有的自由权总体系得到加强;(2)不太平等的自由权必须是具有较少自由权的那些人能够接受的。

第二条优先规则(正义优先于效率和福利):正义的第二个原则在词汇序列上优先于效率原则和最大限度提高利益总量的原则;而公平机会优先于差别原则。这里有两种情况:(1)机会的不平等必须扩大具有较少机会的那些人的机会;(2)过高的储蓄率在总体上能减轻为此而受苦的人的负担。

罗尔斯主张提高地位最不利的人的最大利益,增加具有较少机会的那些人的机会,因此,极小极大方法符合罗尔斯的正义理论。

极大极小方法求解网络资源在不同用户之间的公平分配问题。李丹等（2013）研究了以最小最大不满意度为公平目标，以系统效用总和为效用目标的多目标混合整数规划模型。但是极大极小方法往往不满足公平标度不变性原则（Mandell，1991），因此，Ogryczak（1997）提出应该使用字典序极大极小方法（the lexicographic minimax method），该方法是对极大极小方法的精炼，且符合公平的帕累托效率原则和转移原则。该方法的基本思想是，首先在保证可行性的前提下，最大化最小的绩效，然后把具有这样绩效的主体所占用的资源从总资源中扣除，并在余下的主体中最大化最小的绩效，如此依次进行，直至只剩最后一个主体。

三、将对公平的偏好纳入社会福利函数或效用函数中，并作为目标函数

一些学者尝试将相关主体对公平和效率的偏好整合到一个社会福利函数或效用函数中，作为目标函数，来求解资源分配的效率—公平问题。Lemaitre等（2003）讨论了卫星服务资源的公平有效分配的四种方法，其中第四种方法是使用了一个特别的联合效用函数来处理公平与效率。这种方法对于与决策相关的变量可识别性、可获得性要求非常严格，因此应用非常有限。薛坤和冯春（2015）通过在负效用函数中引入灾民需求未满足的比例对公平进行量化，建立了公平关切下以负效用加权的到达时间最小化为目标的应急物资局部配送问题的运筹学模型。

四、建立以效率和公平为目标的多目标优化模型

公平通常使用不公平指标来进行量化（Rothschild & Stiglitz，1973）。通过最小化不公平指标可以最大化公平程度。但是，仅仅最大化公平程度，往往带来效率的巨大损失，因此，可以建立以效率和不公平指标为目标函数的多目标规划模型，来求解资源分配的效率—公平问题。

Ogryczak(2008,2010)提出,标量不公平指数可以用于双目标规划来解决资源分配的效率—公平问题。这些标量不公平指标包括平均绝对半偏差、平均绝对偏差、最大半偏差、最大绝对偏差、平均绝对差、最大绝对差、标准半偏差和标准偏差。

第二节　资源分配中的公平测度指标及其选择标准

一、公平及其测度指标

公平(equity)可以从不同的层面进行定义,如正义、权利、平等对待、能力、机会、资源、财富、产品、收入、福利、效用等。《新帕尔格雷夫经济学大辞典》对公平的解释是:"如果在一种分配中,没有任何一个人羡慕另外一个人,那么这种分配就称之为公平分配。"这个定义强调的并不是"资源分配"的均等,而是强调了"效用或满足"的均等和公平的主观性。Marsh(1994)认为,当每个主体都按照自身贡献获得相应的资源份额时,就达到了公平。但是,资源分配是公平还是不公平,是一个相对概念;同一种分配方式,按这种标准来衡量是公平的,按那种标准来衡量可能是不公平的;在一部分人看来是公平的,在另一部分人看来又是不公平的。

公平通常使用不公平指标来进行量化。在文献中出现的各类不公平指标有 20 多个,不同的学者给出了不同的分类。设 Y_{max} 和 Y_{min} 分别表示 Y_j 中的最大值和最小值,$\overline{Y}$ 表示 Y_j 的均值。则在资源配置问题中,常用的不公平指标包括:

(1)极差 R(range),定义为:

$$R = Y_{max} - Y_{min}$$

(2)方差 V(variance),定义为:

$$V = \frac{1}{n} \sum_{j=1}^{n} (Y_j - \overline{Y})^2$$

（3）变异系数 CV（coefficient of variation），定义为：

$$CV = \frac{\sqrt{V}}{\overline{Y}}$$

（4）对数方差 VL（variance of logarithms），定义为：

$$VL = \frac{1}{n} \sum_{j=1}^{n} \left[\log\left(\frac{Y_j}{\overline{Y}_{\log}}\right) \right]^2$$

（5）相对平均偏差 M（relative mean deviation），定义为：

$$M = \frac{1}{n} \sum_{j=1}^{n} \left| \frac{Y_j}{\overline{Y}} - 1 \right|$$

（6）基尼系数 G（Gini index），定义为：

$$G = \frac{1}{2n^2 \overline{Y}} \sum_{l=1}^{n} \sum_{j=1}^{n} |Y_l - Y_j|$$

（7）泰尔指数 T（Theil's index），定义为：

$$T = \frac{1}{n} \sum_{j=1}^{n} \frac{Y_j}{\overline{Y}} \log\left(\frac{Y_j}{\overline{Y}}\right)$$

（8）阿特金森指数 A_ε（Atkinson index），定义为：

$$A_\varepsilon = 1 - \left[\frac{1}{n} \sum_{j=1}^{n} \left(\frac{Y_j}{\overline{Y}}\right)^{1-\varepsilon} \right]^{\frac{1}{1-\varepsilon}}$$

二、资源分配问题中公平测度指标的选择标准

选择一个合理的不公平指标非常重要，因为使用不同的指标得到的公平排序结果可能会有所不同。Ramjerdi（2005）、Marsh（1994）、Mandell（1991）、Allison（1978）等都提出了选择不公平指标的一些准则，归纳起来，包括以下准则（葛洪磊和刘南，2012）。

（一）标度不变性（scale invariance）

标度不变性是指每个主体获得的资源同比例变化时，不公平程度不变。不

公平程度不应该受到资源度量单位的影响,因此当度量单位发生变化时,如资源以吨和公斤计量时,其不公平程度应该不变。标度不变性是选择公平指标的必要标准。大部分不公平统计指标通过除以均值或均值的函数都可以转化为具有标度不变性的公平指标。方差不具有标度不变性,而变异系数是由标准差除以均值得到的,符合标度不变性。在上面 8 个指标中,除方差外,极差也不符合标度不变性标准。根据这一标准,将极差和方差两个指标排除。

(二)转移原则(principle of transfers)

所谓转移原则,是指从富人向穷人转移资源时,只要富人的资源在转移以后仍然高于穷人,那么不公平程度会降低,这一原则又称为庇古-道尔顿原则。这一原则与罗尔斯的正义理论是相一致的。转移原则也应该作为选择公平指标的必要标准。相对平均偏差不符合转移原则,其不受转移的影响,不管是资源从穷人转移到富人,还是从富人转移到穷人。对数方差在较低的资源持有水平时能对转移做出恰当的反应,但在高资源持有水平(大于几何平均值的 2.718 倍)情况下,资源从(相对)贫穷向富裕的个人转移时反而会减少不公平指数。而其他四个不公平指标都符合转移原则。因此,根据这一标准,将相对平均偏差和对数方差两个指标也排除。

其他四个不公平指标,即变异系数、基尼系数、泰尔指数和阿特金森指数,在不同的刻度点上对转移的敏感性不同。对于泰尔指数,资源持有水平越低,对转移越敏感;如果存在资源的边际效用递减规律,那么在转移同等数量资源的情况下,低资源持有者之间的转移比高资源持有者之间的转移对相关主体的影响更大,这时使用泰尔指数更具有优势。变异系数对任何资源的持有水平都具有同等的敏感性;当资源的边际效用不变时,变异系数指标更加合适。对于一般的资源分布形式,基尼系数在分布的中间点最敏感,在分布的两端(很富或很穷)最不敏感;由于许多分布往往呈现钟形,这是基尼系数最敏感的中间范围。因此,如果一个人最关心中等资源持有者之间的不平等,则基尼系数可能是一个不错的选择。而阿特金森指数可以使用不平等规避系数 ε 来调节资源

231

边际效用的递减速度。当 $\varepsilon = 0$ 时，资源的边际效用不变；而但随着 ε 的增大，边际效用的递减速度将会加快。

（三）可分解性原则（decomposability principle）

可分解性原则就是要求资源分配主体可以按照收入来源、人口构成、地域等划分为相互之间不存在交叉的组，总体的资源分配不公平指标数值等于各组内部的资源分配不公平指数值与组间的资源分配不公平指数值之和。变异系数、基尼系数是不具有可分解性的，而泰尔指数、阿特金森指数具有可分解性。

（四）公正原则（impartiality）

不公平指标对于所有的资源分配主体都应该是公正的。公平结果应该只依赖于资源分配的效应，而不依赖于接受者的其他排序，如种族、政治地位、年龄等。公正原则意味着当相关主体换位以后，公平指标不应该发生变化，因此公平指标函数应该是对称的函数。大部分公平指标都符合这一原则。

（五）人口原则（principle of population）

人口原则要求不公平指标独立于人口规模。在人口有限的情况下，变异系数具有上界 $\sqrt{n-1}$，基尼系数具有上界 $1-\dfrac{1}{n}$，泰尔指数具有上界 $\log n$，阿特金森指数具有上界 $1-n^{\frac{\varepsilon}{\varepsilon-1}}$，这些指标都不独立于人口规模。这时只要将公平指标除以它们的上界，就可以使指标值在 0 和 1 之间，并且与人口规模无关。或者说，可以使用一些变换使得这些指标在 0 和 $+\infty$ 之间，如对变异系数进行变换：$CV^{*} = \dfrac{CV}{(\sqrt{n-1}-CV)}$，对泰尔指数进行变换：$T^{*} = \dfrac{T}{(\log n - T)}$。

（六）标准化（normalization）

标准化这一原则与标度不变性原则、人口原则都相关。标准化的不公平指标从 0 到 1 变化，当为 0 时表示最公平，当为 1 时表示最不公平。标准化使不同的不公平指标更加直观，可以直接比较。在人口无限的情况下，基尼系数、阿特

232

金森指数在 0 和 1 之间。当不公平指标具有有限上界时，只要将公平指标除以它们的上界，就可以使指标在 0 和 1 之间。当不公平指标上界为无穷时，就需要做相应的变换。比如在人口无限的情况下，变异系数在 0 和无穷之间，为了使变异系数的上界为 1，可以变换为 $CV' = \dfrac{CV}{(CV+1)}$。

（七）平移不变性（translation invariance）

平移不变性公理指的是只要所有主体的资源都进行同样数量的变化，同时又不会导致负的资源持有量，那么不公平程度不变，又被称为绝对不平等厌恶公理。平移不变性与标度不变性是相对的，在资源分配问题中使用标度不变性标准更加合理，因此不使用平移不变性标准。

（八）易于求解（analytic tractability）

与非线性指标相比，线性指标更加容易处理和求解，如极差相对于基尼系数作为目标函数时，更加便于进行处理。对于资源分配问题，往往要建立比较复杂的模型，使用启发式方法或进化算法进行求解，能够处理复杂的目标函数，因此易于求解这一标准可以不考虑。

（九）适合（appropriateness）

这里的适合不是指数学上适合，而是指管理上适合，即公平指标应该反映管理决策者的背景、价值和知识。所选择的公平指标应该使指标和最终结果都易于解释和理解。变异系数、基尼系数、泰尔指数和阿特金森指数分别可以从统计、洛伦兹曲线、熵和社会福利的角度进行解释。

（十）帕累托最优（Pareto optimization）

帕累托改进指的是当效率提高时，没有任何人变得更差，但至少有一部分人变得更好。公平和效率在某种情况下可以同时得到改进。大部分指标并不符合帕累托最优原则，但是它们可以与效率指标共同作为目标进入资源的多目标分配模型。这种方法与单纯使用一个符合帕累托最优原则的指标相比，将效率与公平之间的背反关系表达得更加明晰。

公平测度指标选择的这些标准,对于一些情景和问题是重要的,对于另外一些问题则未必重要,因此,理论上不存在一个最好的不公平指标。但是,选择资源分配问题中不公平指标的基本标准是标度不变性和转移原则,同时满足这两个标准的不公平指标包括变异系数、基尼系数、泰尔指数和阿特金森指数,如表 8.1 所示。如果将资源分配主体划分成相互之间不存在交叉的组,且组内与组间的资源分配都存在不公平,那么需要使用可分解的不公平指标,即泰尔指数和阿特金森指数,否则四个指数都可以使用。

表 8.1 八个不公平指标的主要特性

不公平指标	标度不变性	转移原则	可分解性原则
极差	不符合	符合	
方差	不符合	符合	
变异系数	符合	符合	不符合
对数方差	符合	不符合	
相对平均偏差	符合	不符合	
基尼系数	符合	符合	不符合
泰尔指数	符合	符合	符合
阿特金森指数	符合	符合	符合

三、公平测度指标在资源分配效率—公平模型中的应用及其改进

一些学者建立了以效率函数和不公平指数为双目标的规划模型来研究资源分配的效率—公平问题。设分配某种资源,资源供应量为 b,共有 n 个资源分配主体,分配给第 j 个主体的资源为 Y_j,J 表示主体的集合,资源分配效率函数为 $F(Y_j)$,不公平指标为 $E(Y_j)$,该类资源分配效率—公平模型的基本形式是:

$$\max F(Y_j)$$

$$\min E(Y_j)$$

$$s.t. \begin{cases} \sum_{j \in J} Y_j \leqslant b \\ Y_j \geqslant 0, j \in J \end{cases}$$

这是一类最简单的资源分配问题,其特点是单一资源、单阶段。而很多资源分配问题是多资源、多阶段的,如自然灾害发生后需要对帐篷、衣物、食品、饮料、药品和工程器械等多种应急物资进行多阶段的分配,很多工程项目的资源分配也是如此。对于多资源分配模型、多阶段资源分配模型、多阶段多资源分配模型,需要对上述公平测度指标进行改进,才能在模型中使用。

（一）单一阶段多资源分配的公平测度指标

对于多资源分配模型,每一种资源分配得到一个不公平指标,那么多种资源分配总的不公平指标可以通过单种资源分配不公平指标加权求和而得到,其中权重表示资源分配主体对于该种资源公平分配的偏好。设 i 表示第 i 种资源,I 表示资源种类的集合,Y_{ij} 表示将资源 i 分配给主体 j 的数量,第 i 种资源分配的不公平指标为 $E_i(Y_{ij})$,权重为 ω_i,则单一阶段多资源分配总的不公平指标可以表达为:$E(Y_{ij}) = \sum_{i \in I} \omega_i E_i(Y_{ij})$,其中 $\sum_{i \in I} \omega_i = 1$。

（二）多阶段单一资源分配的公平测度指标

多阶段单一资源分配的总的不公平指标的获得有两种情况:第一种是资源分配主体只关注资源总量分配的公平性,那么多阶段问题就转化为单阶段问题;第二种情况是资源分配主体关注每一阶段资源分配的公平性,那么每一阶段都得到一个不公平指标,总的不公平指标可以通过各阶段不公平指标加权求和而得到,其中权重表示资源分配主体对于该阶段资源公平分配的偏好。设 k 表示第 k 个分配阶段,K 表示分配阶段的集合,Y_{jk} 表示第 k 阶段将资源分配给主体 j 的数量,第 k 阶段资源分配的不公平指标为 $E_k(Y_{jk})$,权重为 β_k,则多阶段单一资源分配总的不公平指标可以表达为:

第一种情况下:$E(Y_{jk}) = E(\sum_{k \in K} Y_{jk})$;

第二种情况下：$E(Y_{jk}) = \sum_{k \in K} \beta_k E_k(Y_{jk})$，其中 $\sum_{k \in K} \beta_k = 1$。

（三）多阶段多资源分配的公平测度指标

多阶段多资源分配的不公平指标可以参考前面两种情况获得。假设 Y_{ijk} 表示第 k 阶段将资源 i 分配给主体 j 的数量，第 k 阶段资源 i 分配的不公平指标为 $E_{ik}(Y_{ijk})$。与多阶段单一资源分配不公平指标类似，也分为两种情况：

第一种情况下：$E(Y_{ijk}) = \sum_{i \in I} \omega_i E_i(\sum_{k \in K} Y_{ijk})$，其中 $\sum_{i \in I} \omega_i = 1$；

第二种情况下：$E(Y_{ijk}) = \sum_{k \in K} \beta_k \sum_{i \in I} \omega_i E_{ik}(Y_{ijk})$，其中 $\sum_{i \in I} \omega_i = 1$，$\sum_{k \in K} \beta_k = 1$。

基于以上效率—公平模型的类型，结合公平指标的选择和构造方法，本章首先建立一个不包含公平目标或公平约束的单出救点、多受灾点、多种应急物资的应急物流决策效率模型作为基础模型，以便和其他效率—公平模型进行对比。然后，依次建立具有非线性目标函数的效率模型、具有公平约束的效率模型、具有多目标的效率—公平模型等。本章的模型使用受灾点损失作为效率的度量指标，损失越小表示效率越高。同时，以基尼系数作为公平度量指标，基尼系数越小，表示公平程度越高。这些模型基本使用同样的目标函数或约束条件，以便于相互比较。

第三节　基本的应急物流决策效率模型

一、符号定义

h：应急物资代号，$h \in H$。

j：受灾点代号，$j \in J$。

n：总的受灾点数量。

a_h：应急物资 h 的存储量。

c_j：出救点到受灾点 j 的运力。

D_{jh}：受灾点 j 对应急物资 h 的需求量。

R_{jh}：受灾点 j 应急物资 h 的满足率。

v_j：受灾点 j 的受灾点系数，表示受灾点（受灾人员）的脆弱性。

w_h：第 h 种物资的物资系数，表示应急物资的需求等级。

α：灾害强度系数，表示不同灾害强度，如地震震级、台风等级等。

S_{jh}：出救点对受灾点 j 应急物资 h 的分配量。

二、应急物流决策的效率模型

设由一个出救点向多个受灾点分配多种应急物资，出救点到受灾点有运力限制，但各种应急物资可以混载。要求给出一个方案，确定出救点分配给各个受灾点的各种应急物资的数量，以减少各受灾点受灾人员的损失。

假设受灾点的损失函数为：

$$L = \sum_{j \in J} \sum_{h \in H} v_j w_h \frac{1}{D_h} (D_{jh} - S_{jh}) \tag{8.1}$$

其中，$D_h = \sum_{j \in J} D_{jh}$，表示所有受灾点对应急物资 h 的总需求量。v_j，w_h 为灾害评价要素的定量化标识，$\frac{1}{D_h}$ 用于对物资的计量单位进行标准化和归一化处理（Yi & Özdamar，2007；葛洪磊等，2010）。该损失函数用于表达应急物流决策的效率，损失越小，表明效率越高。

同时，为了测量应急物资分配的公平程度，还需要选择一个公平测度指标。基尼系数符合标度不变性和转移原则，并且容易解释，同时本章的应急物流决策不涉及组内与组间的公平性问题，不需要公平测度指标具有可分解性，因此可以使用基尼系数作为公平测度指标（葛洪磊和刘南，2012）。由于本部分以受灾点作为应急物资分配主体，各个受灾点的应急物资需求量差异比较大，这时以应急物资分配量来计算基尼系数不太合理，而使用应急物资满足率计算基尼系数更加合理。受灾点 j 应急物资 h 的满足率 $R_{jh} = \frac{S_{jh}}{D_{jh}}$。应急物资 h 分配的公平程度可以表示为：$G_h = \dfrac{1}{2n^2 \overline{R}_h} \sum\limits_{j=1}^{n} \sum\limits_{l=1}^{n} \mid R_{jh} - R_{lh} \mid$，其中$\overline{R}_h$是各受灾点应急物资$h$满足率的均值（Ramjerdi，2005）。设各受灾点对应急物资h公平分配的偏好为ω_h，且$\sum\limits_{h \in H} \omega_h = 1$，则可以得到各类应急物资分配总的公平程度为：

$$E = \sum_{h \in H} \omega_h G_h = \frac{1}{2n^2} \sum_{h \in H} \left(\frac{\omega_h}{\overline{R}_h} \sum_{j=1}^{n} \sum_{l=1}^{n} \mid R_{jh} - R_{lh} \mid \right) \tag{8.2}$$

基于对问题的描述，可以建立一个决策模型，目标是使所有受灾点的受灾人员损失最小。本模型作为一个基本模型，其他效率—公平模型都是在这一模型的基础上建立的，并与该模型进行比较分析，该模型设为模型8-1（葛洪磊等，2010）。

模型 8-1：

$$\min L = \sum_{j \in J} \sum_{h \in H} v_j w_h \frac{1}{D_h} (D_{jh} - S_{jh}) \tag{8.3}$$

$$s.t. \sum_{j \in J} S_{jh} \leqslant a_h, \forall h \in H \tag{8.4}$$

$$\sum_{h \in H} S_{jh} \leqslant c_j, \forall j \in J \tag{8.5}$$

$$S_{jh} \leqslant D_{jh}, \forall j \in J, h \in H \tag{8.6}$$

$$S_{jh} \geqslant 0, \forall j \in J, h \in H \tag{8.7}$$

其中，式(8.3)为目标函数，使各受灾点的受灾人员损失最小；式(8.4)表示应急物资h总的分配量不大于其在出救点的储备量；式(8.5)表示分配到受灾点j的物资数量不大于出救点到该受灾点的运力；式(8.6)表示分配给受灾点j的物资h的数量不超过其实际需求量；式(8.7)为非负约束。

三、算法

该线性规划模型可以由任何线性规划的算法求解，但实际上下面简单的贪婪算法就能给出该问题的最优解。在介绍算法之前，我们引进一些符号。设$G = (V_1, V_2)$为完全二部图，其中V_1代表应急物资集合，V_2为受灾点集合，$V_1 = \{x_1, x_2, \cdots, x_m\}$，$V_2 = \{y_1, y_2, \cdots, y_n\}$。设$l = m \times n$，记$G$的边集为$B =$

$\{b_1, b_2, \cdots, b_l\}$。若 b_i 的两个端点为 x_h, y_j，则定义其权重为 $W(b_i) = \dfrac{v_j w_h}{D_h}, i = 1, 2, \cdots, l$。另外定义 G 的每个顶点的权重如下：$W(x_h) = a_h, W(y_j) = c_j$。

算法：

步骤 1：$G_0 = G, i = 0$。

步骤 2：If G_i 为空图，停止。

步骤 3：在 G_i 中选取权重最大的边 $b = x_h y_j$，令 $S_{jh} = \min\{D_{jh}, W(x_h), W(y_j)\}, D_{jh} = D_{jh} - S_{jh}, W(x_h) = W(x_h) - S_{jh}, W(y_j) = W(y_j) - S_{jh}$。

步骤 4：删去 G_i 中权重为零的顶点和容量为零的边（若 $D_{jh} = 0$，则删去 b；若 $W(x_h) = 0$，则删去 x_h；若 $W(y_j) = 0$，则删去 y_j）。记新的图为 G_{i+1}，设 $i = i + 1$，返回步骤 2。

定理 8.1　上述算法是最优的，其运行时间为 $O(m^2 n^2)$。

证明：

不妨设 $W(b_1) \geqslant W(b_2) \geqslant \cdots \geqslant W(b_l)$。我们将证明存在一个最优解，其在每条边上取到的 S_{jh} 的值与本算法的一致。设算法给出的解为：$S(b_1), S(b_2), \cdots, S(b_l)$，最优解为 $S^*(b_1), S^*(b_2), \cdots, S^*(b_l)$。

设在图 $G_i (i \geqslant 0)$ 之前对应的 S 与 S^* 值相同，而在图 G_i 中 S 与 S^* 不同，也就是说 $S(b_r) = S^*(b_r), r = 1, \cdots, i$，而 $S(b_{i+1}) \neq S^*(b_{i+1})$。根据算法中 $S^*(b_{i+1})$ 的取法，在约束条件下其值已经是最大的，所以 $S^*(b_{i+1}) < S(b_{i+1})$。注意到 b_{i+1} 是 G_i 中权重最大的边，通过增加 $S^*(b_{i+1})$ 的值使其等于 $S(b_{i+1})$，同时减少（等量）其他 S 的值，目标函数不会增加，所以我们总可以保证一个最优解与算法的解一致。

该算法的运行时间为 $O(m^2 n^2)$。若预先对权重排序，算法的计算时间为 $O(mn(\log m + \log n))$。

四、算例分析

设在应急恢复阶段，某地震灾区有 5 个受灾点，各受灾点对食用油、方便食品、粮食、衣物和帐篷等 5 种应急物资的需求情况 D_{jh} 如表 8.2 所示。

表 8.2　各受灾点对应急物资的需求情况

受灾点	食用油	方便食品	粮食	衣物	帐篷
1	3.5	53.8	379.8	593.4	466.5
2	8.3	43.7	1094.3	1709.9	1361.2
3	4.7	30.1	588.8	920.1	731.4
4	2.9	56.3	254.4	397.5	309.3
5	1.8	30.0	177.2	276.9	216.9

设仅有一个出救点，出救点储存的应急物资的数量 a_h 如表 8.3 所示，出救点到各受灾点的运力 c_j 如表 8.4 所示。

表 8.3　出救点可供应的应急物资数量

物资	食用油	方便食品	粮食	衣物	帐篷
a_h	15.5	135.0	1600.0	2507.0	2165.0

表 8.4　出救点到各受灾点的运力

受灾点	1	2	3	4	5
c_j	800.0	2450.0	1350.0	650.0	550.0

受灾点系数 v_j 如表 8.5 所示，物资系数 w_h 如表 8.6 所示。设 $v_j w_h$ 为差异系数，表示受灾点差异与物资差异的交叉作用，根据表 8.5 和表 8.6 可以得到差异系数 $v_j w_h$，如表 8.7 所示。

表 8.5　受灾点系数

受灾点	1	2	3	4	5
v_j	1.4	1.3	1.2	1.1	1.0

表 8.6　物资系数

物资	食用油	方便食品	粮食	衣物	帐篷
w_h	1.5	1.3	1.2	1.1	1.0

表 8.7　差异系数

受灾点	食用油	方便食品	粮食	衣物	帐篷
1	2.10	1.82	1.68	1.54	1.40
2	1.95	1.69	1.56	1.43	1.30
3	1.80	1.56	1.44	1.32	1.20
4	1.65	1.43	1.32	1.21	1.10
5	1.50	1.30	1.20	1.10	1.00

使用 MATLAB 软件对上文提出的贪婪算法编程,求得模型 8-1 的最优解,如表 8.8 所示,此时目标函数值为 2.5692,应急物资分配总量为 5800。

表 8.8　模型 8-1 的最优解

受灾点	食用油	方便食品	粮食	衣物	帐篷
1	3.5	53.8	379.8	0.0	362.9
2	8.3	43.7	1094.3	290.0	1013.7
3	3.7	30.1	69.7	920.1	326.4
4	0.0	7.4	0.0	397.5	245.1
5	0.0	0.0	56.2	276.9	216.9

根据表 8.8 可以得到各受灾点的应急物资满足率,如表 8.9 所示。

表 8.9　模型 8-1 各受灾点的应急物资满足率

受灾点	食用油	方便食品	粮食	衣物	帐篷
1	1.0000	1.0000	1.0000	0.0000	0.7779
2	1.0000	1.0000	1.0000	0.1696	0.7447
3	0.7872	1.0000	0.1184	1.0000	0.4463
4	0.0000	0.1314	0.0000	1.0000	0.7924
5	0.0000	0.0000	0.3172	1.0000	1.0000

由表 8.9 可以发现,一些应急物资如食用油、方便食品、粮食、衣物等应急物资满足率差别很大,最高的为 1,最低的为 0。因此,可以大体上判断应急物

241

资分配的公平程度不高。设各受灾点对任何应急物资 h 公平分配的偏好 $\omega_h =$ 0.2。可以求出该模型最优方案时的公平程度,即加权基尼系数为 0.3501,相对较大。由此,可以判断应急物资分配效率模型以追求效率最大化为目标,忽略公平因素,可能会造成应急物资分配的不公平程度较大。

第四节　具有非线性目标函数的应急物流决策效率模型

一、模型与算法

假设本模型使用的非线性损失函数为二次函数的形式:

$$L' = \sum_{j \in J} \sum_{h \in H} v_j w_h \frac{1}{D_h^2} (D_{jh} - S_{jh})^2 \tag{8.8}$$

其中,$D_h = \sum_{j \in J} D_{jh}$,表示所有受灾点对应急物资 h 的总需求量。与式(8.1)相比,这一损失函数可以看作灾害相对严重时的受灾点损失(葛洪磊等,2009)。

在模型 8-1 的基础上,可以得到具有非线性目标函数的应急物资决策模型,即模型 8-2。

模型 8-2:

$$\min \quad L' = \sum_{j \in J} \sum_{h \in H} v_j w_h \frac{1}{D_h^2} (D_{jh} - S_{jh})^2 \tag{8.9}$$

$$s.t. \sum_{j \in J} S_{jh} \leqslant a_h, \forall h \in H \tag{8.4}$$

$$\sum_{h \in H} S_{jh} \leqslant c_j, \forall j \in J \tag{8.5}$$

$$S_{jh} \leqslant D_{jh}, \forall j \in J, h \in H \tag{8.6}$$

$$S_{jh} \geqslant 0, \forall j \in J, h \in H \tag{8.7}$$

该模型与模型 8-1 相比,只有目标函数有差异,约束条件都相同。该模型为带有不等式约束的二次非线性最优化问题。由于模型的目标函数和约束条件都在可行域内可微,都是凸函数,而且目标函数为严格凸函数,所以 Kuhn-Tucker 驻点条件即为全局最优解的充分必要条件。同时所有的约束都是线性的,满足约束规格,在最优点上 Kuhn-Tucker 驻点条件成立,存在全局最优解。该问题可以使用 Lemke 方法、内点法、有效集法、椭球算法等求解。本书直接使用 MATLAB 中的 quadprog() 函数进行求解,即可得到其全局最优解。

二、算例分析

使用 MATLAB 软件的 quadprog() 函数求解,设模型 8-1 的最优解为给定的初始点,得到最优解,如表 8.10 所示,目标函数值为 0.2726,应急物资分配量为 5800。

表 8.10　模型 8-2 的最优解

受灾点	食用油	方便食品	粮食	衣物	帐篷
1	2.5362	40.4201	222.1317	282.6185	252.2936
2	7.2514	28.0387	739.8199	883.3667	791.5234
3	3.5744	14.3522	384.5202	503.3731	444.1800
4	1.6788	39.9073	147.5777	251.8972	208.9390
5	0.4593	12.2817	105.9504	239.9035	191.4051

根据表 8.10 可以得到各受灾点的应急物资满足率,如表 8.11 所示。

表 8.11　模型 8-2 各受灾点的应急物资满足率

受灾点	食用油	方便食品	粮食	衣物	帐篷
1	0.7246	0.7513	0.5849	0.4763	0.5408
2	0.8737	0.6416	0.6761	0.5166	0.5815
3	0.7605	0.4768	0.6531	0.5471	0.6073
4	0.5789	0.7088	0.5801	0.6337	0.6755
5	0.2551	0.4094	0.5979	0.8664	0.8825

设各受灾点对任何应急物资 h 公平分配的偏好 $\omega_h = 0.2$。可以求出该模型最优方案时的公平程度，即加权基尼系数为 0.1093。

三、与基本模型的对比分析

（一）应急物资分配总量的比较

模型 8-2 的最优解（见表 8.10）与模型 8-1 的最优解（见表 8.8）相比，应急物资分配总量都是 5800，说明应急物资分配总量没有变化，但是应急物流决策方案发生了变化。这说明应急物资分配总量并不能代表受灾点损失，当应急物资分配总量不变，而应急物流决策方案发生变化时，受灾点损失仍然可能会变化。因此，单纯以物资分配量最大或未满足需求量最小作为应急物流决策的目标是不尽合理的。

（二）效率比较

由于模型 8-2 与模型 8-1 目标函数使用的损失函数形式不同，因此很难对两个模型的效率（受灾点损失）进行直接比较分析。可以将模型 8-1 最优解时的分配方案（见表 8.8）代入损失函数式（8.8）时，得到受灾点损失为 0.4897。而模型 8-2 取得最优解时的受灾点损失为 0.2726。在灾害强度增加的情况下，通过方案的调整，效率提高了 44.33%。说明当受灾点的灾害强度发生变化时，应急物流决策方案也要相应进行调整，才能尽可能地减少受灾点损失，提高应急物流决策的效率。

（三）公平比较

模型 8-2 最优应急物资分配方案的加权基尼系数为 0.1093，而模型 8-1 的加权基尼系数则为 0.3501，可见模型 8-2 的应急物资分配方案公平程度更高。在灾害强度增加的情况下，通过调整方案，公平度提高了 68.78%。也就是说，当灾害比较严重时，需要兼顾各个受灾点，才能降低总的受灾人员损失；如果分配到某个受灾点的物资特别少，造成的损失会非常大。

通过比较可以发现,在灾害强度发生变化时,尽管应急物资分配总量可能保持不变,但必须调整应急物资分配方案,才能降低受灾点损失,提高效率。同时,从某种意义上讲,当灾害指数比较高时(灾害比较严重时),兼顾公平才能保证效率,此时公平与效率是一种促进关系,而不是背反关系。

第五节　具有公平约束的应急物流决策效率模型

一、模型与算法

为了使每个受灾点都能获得一定的应急物资,可以认为每个受灾点物资需求的满足率达到一定程度时,公平性是可以接受的。设各受灾点每种物资的满足率大于等于 $e(0<e<1)$ 时,方案的公平性是可以接受的,e 称为公平阈值。则可以得到一个公平约束条件:$R_{jh} = \dfrac{S_{jh}}{D_{jh}} \geqslant e$。

将公平约束条件加入模型 8-1 中,就可以得到具有公平约束的应急物流决策效率模型,见模型 8-3。

模型 8-3:

$$\min L = \sum_{j \in J} \sum_{h \in H} v_j w_h \frac{1}{D_h} (D_{jh} - S_{jh}) \tag{8.3}$$

$$s.t. \sum_{j \in J} S_{jh} \leqslant a_h, \forall h \in H \tag{8.4}$$

$$\sum_{h \in H} S_{jh} \leqslant c_j, \forall j \in J \tag{8.5}$$

$$S_{jh} \leqslant D_{jh}, \forall j \in J, h \in H \tag{8.6}$$

$$S_{jh} \geqslant e D_{jh}, \forall j \in J, h \in H \tag{8.10}$$

该模型与模型 8-1 相比,只有约束条件(8.10)与模型 8-1 的(8.7)不同,目标函数和其他约束条件都相同。模型 8-1 的约束条件(8.7)为非负约束,而模型 8-3 中的约束条件(8.10)则是公平约束。

基于灾情信息特征的应急物流决策优化模型研究

定理 8.2   模型 8-3 可以转化为模型 8-1 的形式，并使用模型 8-1 的贪婪算法求解。

证明：

设 $D'_{jh} = D_{jh} - eD_{jh}$，$S'_{jh} = S_{jh} - eD_{jh}$，$a'_h = a_h - eD_h$，$c'_j = c_j - eD_j$，其中 $D_j = \sum_{h \in H} D_{jh}$，并假设 e 的取值能够保证 S'_{jh}, a'_h, c'_j 等三个变量皆大于等于 0（当 S'_{jh}, a'_h, c'_j 三个变量中有一个小于 0 时，模型 8-3 无可行解）。将以上代数式代入模型 8-3 中，可以得到模型 8-4。

模型 8-4：

$$\min L = \sum_{j \in J} \sum_{h \in H} v_j w_h \frac{1}{D_h} (D'_{jh} - S'_{jh})$$

$$s.t. \sum_{j \in J} S'_{jh} \leqslant a'_h, \forall h \in H$$

$$\sum_{h \in H} S'_{jh} \leqslant c'_j, \forall j \in J$$

$$S'_{jh} \leqslant D'_{jh}, \forall j \in J, h \in H$$

$$S'_{jh} \geqslant 0, \forall j \in J, h \in H$$

该模型的形式与模型 8-1 相同，因此可以使用模型 8-1 给出的贪婪算法求解。

证毕。

假设该模型的最优解为 S'^*_{jh}，则可以得到模型 8-3 的最优解为：

$$S^*_{jh} = S'^*_{jh} + eD_{jh} \tag{8.11}$$

可见，对于具有公平约束的应急物流决策模型 8-3，其应急物流决策过程可以分为两个阶段：第一阶段根据公平阈值 e 分配给每个受灾点 j 应急物资 h 的数量为 eD_{jh}，第二阶段对剩余的物资 D'_{jh} 以受灾点损失最小为目标进行分配。因此，应急物流决策的第一阶段追求公平，而第二阶段则注重效率。具有公平约束的应急物流决策效率模型在一定程度上兼顾了公平与效率的平衡。

二、算例分析

设公平阈值 $e = 0.5$。使用 MATLAB 软件对模型 8-4 运用贪婪算法编程求

246

解,并根据式(8.12)求得模型 8-3 的最优解,如表 8.12 所示,此时目标函数值为 2.6657,应急物资分配总量为 5800。

表 8.12 模型 8-3 的最优解

受灾点	食用油	方便食品	粮食	衣物	帐篷
1	3.50	53.80	212.75	296.70	233.25
2	7.30	23.00	877.05	854.95	687.70
3	2.35	15.05	294.40	460.05	578.15
4	1.45	28.15	127.20	198.75	294.45
5	0.90	15.00	88.60	228.60	216.90

根据表 8.12 可以得到各受灾点的应急物资满足率,如表 8.13 所示。

表 8.13 模型 8-3 各受灾点的应急物资满足率

受灾点	食用油	方便食品	粮食	衣物	帐篷
1	1.0000	1.0000	0.5602	0.5000	0.5000
2	0.8795	0.5263	0.8015	0.5000	0.5052
3	0.5000	0.5000	0.5000	0.5000	0.7905
4	0.5000	0.5000	0.5000	0.5000	0.9520
5	0.5000	0.5000	0.5000	0.8256	1.0000

设各受灾点对任何应急物资 h 公平分配的偏好 $\omega_h = 0.2$。可以求出该模型最优方案时的公平程度,即加权基尼系数为 0.1276。

三、与基本模型的对比分析

(一)应急物资分配总量比较

模型 8-3 的最优解(见表 8.12)与模型 8-1 的最优解(见表 8.8)相比,应急物资分配总量都是 5800,说明应急物资分配总量没有变化,但是应急物资分配方案发生了变化。这说明当通过增加公平约束条件来兼顾公平时,应急物资分配总量并没有减少,应急物资分配总量并不能代表应急物流决策的公平性。当应急物资分配总量不变,而应急物资分配方案发生变化时,应急物流决策的公平性仍然可能会发生变化。这也说明单纯以物资分配量最大或未满足需求量最小作为应急物流决策的目标是不尽合理的。

(二)效率比较

模型 8-3 最优方案时的效率(受灾点损失)为 2.6657,而模型 8-1 最优方案时的效率(受灾点损失)为 2.5712。可见,在增加公平约束兼顾公平时,由于最优应急物资分配方案的调整,效率降低了 3.76%。当增加公平约束兼顾公平时,由于应急物资分配分为两个阶段,第一阶段根据公平阈值平均分配,第二阶段才对剩余的物资以受灾点损失最小(效率最大)为目标进行分配,因此会在一定程度上降低应急物流决策的效率。

(三)公平比较

模型 8-3 最优应急物资分配方案的加权基尼系数为 0.1276,而模型 8-1 的加权基尼基数则为 0.3501。可见模型 8-3 的应急物资分配方案公平程度更高,在增加公平约束条件来兼顾公平时,由于最优应急物资分配方案的调整,公平性提高了 63.55%。这就说明,当设定了比较适当的公平阈值时,由于应急物资分配首先按照公平阈值进行分配,因此应急物资分配的公平性能够得到较好的保障。在本算例中,以效率降低 3.76% 作为代价,公平性提升了 63.55%,应该是一个比较好的权衡。

通过比较可以发现,当设定适当的公平阈值时,通过增加公平约束的方式,可以在一定程度上取得效率与公平的均衡。这是一种比较简单的实现效率与公平均衡的应急物资两阶段分配策略,第一阶段按照相同的应急物资满足率分配,第二阶段将剩余的物资按照效率最大化分配。尽管公平性的提升以降低效率为代价,但是如果公平性提升的幅度远远高于效率降低的幅度,或者公平提升造成的效率降低在可接受的范围内,那么以效率换取公平往往还是值得的。

公平与效率的关系到底如何权衡,本书将建立一个以效率与公平为双目标的应急物流决策效率—公平模型,并求解其有效解的集合,分析效率与公平的背反关系和权衡策略。

第六节 具有多目标的应急物流决策效率—公平模型

一、模型

一般来讲,效率与公平是相互矛盾的,存在背反关系。为了更进一步研究应急物流决策中效率与公平的关系,本部分将建立一个以受灾点损失最小作为效率目标、以加权的基尼系数最小作为公平目标的双目标规划模型,并求其帕累托有效解。所谓帕累托有效解,是指在没有使一个目标变坏的前提下,不可能使至少另一个目标变得更好。多目标规划的相关研究可以参考徐玖平等(2005)的文献。

在模型 8-1 的基础上加入公平目标,就可以得到具有多目标的应急物流决策效率—公平模型,见模型 8-5。

模型 **8-5**:

$$\min L = \sum_{j \in J} \sum_{h \in H} v_j w_h \frac{1}{D_h} (D_{jh} - S_{jh}) \tag{8.3}$$

$$\min E = \frac{1}{2n^2} \sum_{h \in H} \left(\frac{\omega_h}{\overline{R}_h} \sum_{j=1}^{n} \sum_{l=1}^{n} \mid R_{jh} - R_{lh} \mid \right) \tag{8.11}$$

$$s.t. \sum_{j \in J} S_{jh} \leqslant a_h, \forall h \in H \tag{8.4}$$

$$\sum_{h \in H} S_{jh} \leqslant c_j, \forall j \in J \tag{8.5}$$

$$S_{jh} \leqslant D_{jh}, \forall j \in J, h \in H \tag{8.6}$$

$$\sum_{j \in J} \sum_{h \in H} S_{jh} = S_0 \tag{8.12}$$

$$R_{jh} = \frac{S_{jh}}{D_{jh}}, \forall j \in J, h \in H \tag{8.13}$$

$$S_{jh} \geqslant 0, \forall j \in J, h \in H \tag{8.7}$$

该模型与模型 8-1 相比，增加了一个公平性目标函数（8.11）、应急物资分配总量约束（8.12）、应急物资满足率的定义（8.13），其他目标函数和约束条件都相同。其中式（8.12）表示应急物资分配总量等于 S_0，表示我们试图分析在应急物资分配总量不变的情况下，应急物资分配方案调整对效率和公平的影响。这里的 S_0 可以按照模型 8-1 取得最优解时的应急物资分配总量来确定。

二、算法

本书使用约束法求解这一多目标规划问题。约束法，又称为参考目标法，其基本思想是：根据决策者的偏好，选择一个主要目标，通过设定约束参数将其他目标函数放到约束条件中（徐玖平和李军，2005），从而将多目标规划问题转化为单目标规划问题。约束法的优点是通过适当地选择约束参数，问题的每一个有效解都可以求出来。因此，使用约束法可以将模型 8-5 的有效解集合求出来，便于分析效率与公平的背反关系。求解步骤具体如下：

第一步：确定约束参数的有效范围。为了有效地选择约束参数，首先求解以一个目标函数为单一目标时目标函数的最大值和最小值，作为约束参数的范围。假设 L^* 和 L_* 分别是模型 8-5 以式（8.3）为单一目标函数时求得的受灾点损失的最小值和最大值，即效率的最优值和最差值。则将式（8.3）作为约束条件时，约束参数 ε_L 取值的有效范围为 $[L^*, L_*]$。同样，假设 E^* 和 E_* 分别是模型 8-5 以式（8.11）为单一目标函数时求出的加权基尼系数的最小值和最大值，即公平的最优值和最差值。则将式（8.11）作为约束条件时，约束参数 ε_E 取值的有效范围为 $[E^*, E_*]$。

第二步：使用约束法将模型 8-5 转化为单目标模型。可以将式（8.3）作为单一目标，将式（8.11）作为约束条件（8.14），得到模型 8-6-1。也可以将式

(8.11)作为单一目标,将式(8.3)作为约束条件(8.15),得到模型 8-6-2。

模型 8-6-1:

$$\min L = \sum_{j \in J} \sum_{h \in H} v_j w_h \frac{1}{D_h}(D_{jh} - S_{jh}) \tag{8.3}$$

$$s.t. \sum_{j \in J} S_{jh} \leqslant a_h, \forall h \in H \tag{8.4}$$

$$\sum_{h \in H} S_{jh} \leqslant c_j, \forall j \in J \tag{8.5}$$

$$S_{jh} \leqslant D_{jh}, \forall j \in J, h \in H \tag{8.6}$$

$$\sum_{j \in J} \sum_{h \in H} S_{jh} = S_0 \tag{8.12}$$

$$R_{jh} = \frac{S_{jh}}{D_{jh}}, \forall j \in J, h \in H \tag{8.13}$$

$$\frac{1}{2n^2} \sum_{h \in H} \left(\frac{\omega_h}{\overline{\overline{R}}_h} \sum_{j=1}^{n} \sum_{l=1}^{n} |R_{jh} - R_{lh}| \right) \leqslant \varepsilon_E \tag{8.14}$$

$$S_{jh} \geqslant 0, \forall j \in J, h \in H \tag{8.7}$$

模型 8-6-2:

$$\min E = \frac{1}{2n^2} \sum_{h \in H} \left(\frac{\omega_h}{\overline{\overline{R}}_h} \sum_{j=1}^{n} \sum_{l=1}^{n} |R_{jh} - R_{lh}| \right) \tag{8.11}$$

$$s.t. \sum_{j \in J} S_{jh} \leqslant a_h, \forall h \in H \tag{8.4}$$

$$\sum_{h \in H} S_{jh} \leqslant c_j, \forall j \in J \tag{8.5}$$

$$S_{jh} \leqslant D_{jh}, \forall j \in J, h \in H \tag{8.6}$$

$$\sum_{j \in J} \sum_{h \in H} S_{jh} = S_0 \tag{8.12}$$

$$R_{jh} = \frac{S_{jh}}{D_{jh}}, \forall j \in J, h \in H \tag{8.13}$$

$$\sum_{j \in J} \sum_{h \in H} v_j w_h \frac{1}{D_h}(D_{jh} - S_{jh}) \leqslant \varepsilon_L \tag{8.15}$$

$$S_{jh} \geqslant 0, \forall j \in J, h \in H \tag{8.7}$$

定理 8.3 模型 8-6-1(模型 8-6-2)的最优解是模型 8-5 的有效解。

定理 8.4 对于模型 8-5 的有效解,则存在一个约束参数 ε,使其为模型 8-

6-1(模型 8-6-2)的最优解。

定理 8.3 和 8.4 的证明可以参考徐玖平和李军(2005)。

第三步:约束参数 ε_E 在 $[E^*, E_*]$ 范围内取值,求解模型 8-6-1 的最优解,得到模型 8-5 的有效解,代入模型 8-5 目标函数,得到效率与公平的目标函数值,记为 (L_i, E_i)。通过 (L_i, E_i) 的集合得到效率与公平关系曲线。同样,也可以求解模型 8-6-2,得到同样的结果。

三、算例分析

根据模型 8-1 的算例分析结果,取 $S_0 = 5800$。首先以式(8.3)为模型 8-5 的单一目标函数求效率的最优值和最差值 L^* 和 L_*,得到 L^* 为 2.5692,L_* 为 5.1706。则约束参数 ε_L 的取值范围为 $[2.5692, 5.1706]$。而以式(8.11)为模型 8-5 的单一目标函数时,使用 MATLAB 软件的 BNB20 分支定界工具箱求解,求出公平的最优值和最差值 E^* 和 E_*,得到 E^* 为 0.0689,E_* 为 0.5331。则约束参数 ε_E 的取值范围为 $[0.0689, 0.5331]$。

对约束参数在取值范围内取不同的值,使用 MATLAB 软件的 BNB20 分支定界工具箱求解模型 8-6-1(模型 8-6-2)的最优解,得到模型 8-5 的有效解,计算效率与公平的目标函数值,并得到模型 8-5 取得有效解时效率与公平的关系曲线,如图 8.1 所示。从图 8.1 可以看出,效率与公平呈现背反关系,公平程度越高(加权基尼系数越小),则效率越低(受灾点损失越大)。因此,公平程度的提高是以牺牲效率为代价的,效率的提高则是以牺牲公平为代价的。当然,这一结论的前提是模型 8-5 取得了有效解。如果模型 8-5 的应急物资分配方案不是有效解,那么从非有效解转化成有效解时,公平和效率有可能都会得到提升。如对于 $L_* = 5.1706$ 对应的效率—公平点 $(5.1706, 0.2851)$,当转化为图 8.1 曲线上的点时,可以同时提升效率和公平。

在曲线上取 10 个点进行具体分析,代号分别为 1—10。其中点 1 为效率最高(受灾点损失最小)的点,点 10 为公平最高(加权基尼系数最小)的点。10 个

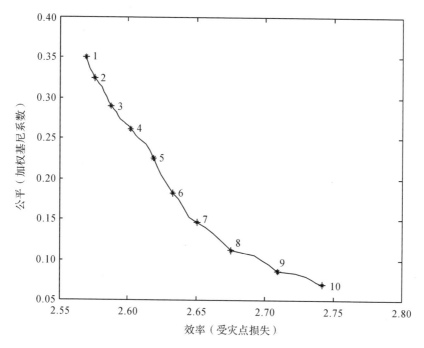

图 8.1　模型 8-5 效率与公平的关系曲线

点的受灾点损失 L 和加权基尼系数 E 如表 8.14 所示。同时,以点 1 为基点,计算其他点受灾点损失 L 增加的百分比和加权基尼系数 E 减少的百分比;以点10 为基点,计算其他点受灾点损失 L 减少的百分比和加权基尼系数 E 增加的百分比。当以点 1 为基点时,从点 1(效率最高的点)到点 10(公平程度最高的点),受灾点损失仅仅增加了 6.73%,而基尼系数却减少了 80.32%,也即效率的小幅度降低带来了公平程度的大幅度增加。当以点 10 为基点时,从点 10(公平程度最高的点)到点 1(效率最高的点),基尼系数增加了 408.13%,受灾点损失却仅减少了 6.31%,也即尽管公平程度大幅度下降,效率却仅有很小幅度的增加。可以发现,当有效解在有效解集合中移动或变换时,效率与公平的变化程度与选择的基点相关,以不同的点作为基点时,效率与公平的变化幅度不同。当以效率较高点(受灾点损失较小点)为基点时,效率的变化幅度会相对较大;当以公平较高点(加权基尼系数较小点)为基点时,公平的变化幅度会相对较大。

表 8.14　受灾点损失值和加权基尼系数值的变化情况

点	L（效率）	E（公平）	L 增加百分比（以点 1 为基点）/%	E 减少百分比（以点 1 为基点）/%	L 减少百分比（以点 10 为基点）/%	E 增加百分比（以点 10 为基点）/%
1	2.5692	0.3501	0.00	0.00	6.31	408.13
2	2.5759	0.3246	0.26	7.28	6.06	371.12
3	2.5879	0.2903	0.73	17.08	5.62	321.34
4	2.6021	0.2608	1.28	25.51	5.11	278.52
5	2.6188	0.2251	1.93	35.70	4.50	226.71
6	2.6325	0.1825	2.46	47.87	4.00	164.88
7	2.6507	0.1455	3.17	58.44	3.33	111.18
8	2.6755	0.1108	4.14	68.35	2.43	60.81
9	2.7095	0.0857	5.46	75.52	1.19	24.38
10	2.7421	0.0689	6.73	80.32	0	0

在对效率与公平的背反关系进行平衡时，可以考虑以下 3 个准则：

（1）在不同的有效解之间进行选择时，可以将效率和公平的变化幅度作为选择标准：当效率增加的幅度大于公平降低的幅度时，选择效率更高的方案；而当公平增加的幅度大于效率降低的幅度时，选择公平程度更高的方案。在本例中，从点 1 到点 10，后一个点与前一个点相比，公平的增加幅度大于效率的减少程度，因此在 10 个点中应该选择点 10。按照这一选择标准选择方案，会受到基点的影响，当基点不同时，变化幅度会有差异，有效解的选择也会不同。

（2）由于应急物流决策的最终目的是降低受灾点损失，因此在不同的有效解之间进行选择时，可以将效率作为主要目标，根据决策者偏好考虑将效率降低幅度控制在一定的水平上。假设选择有效解的标准为：有效解的效率降低幅度与最高效率点相比不能大于 2.46%，则根据表 8.14，应该选择点 6。当然也可以通过取适当的约束参数 ε_L 求解模型 8-6-2，获得该有效解。

（3）在不同的有效解之间进行选择时，可以考虑受灾点对不公平的容忍程度,设定基尼系数的最大值。假设选择有效解的标准为:受灾点能够容忍的最大不公平程度(加权基尼系数)为 0.2608,则根据表 8.14,那么应该选择点 4。当然也可以通过取适当的约束参数 ε_E 求解模型 8-6-1 获得该有效解。

在对模型 8-5 的效率(受灾点损失)与公平(加权基尼系数)进行平衡以后,可以选择出满意的有效解,以图 8.1 中点 5 为例,其应急物资分配方案如表8.15所示,应急物资满足率如表 8.16 所示。

表 8.15 点 5 的应急物资分配方案

受灾点	食用油	方便食品	粮食	衣物	帐篷
1	3.5000	53.8000	353.1867	218.0745	171.4388
2	8.3000	38.4230	871.8162	628.3883	903.0725
3	1.9727	11.0618	216.3840	389.1815	731.4000
4	1.0658	20.6903	93.4920	371.9557	162.7963
5	0.6615	11.0250	65.1210	276.9000	196.2925

表 8.16 点 5 的应急物资满足率

受灾点	食用油	方便食品	粮食	衣物	帐篷
1	1.0000	1.0000	0.9299	0.3675	0.3675
2	1.0000	0.8792	0.7967	0.3675	0.6634
3	0.4197	0.3675	0.3675	0.4230	1.0000
4	0.3675	0.3675	0.3675	0.9357	0.5263
5	0.3675	0.3675	0.3675	1.0000	0.9050

模型 8-5 与模型 8-1 相比,其应急物资分配总量没有变化,都是 5800,但是应急物资分配方案发生了变化。应急物资分配方案的变化带来了效率和公平的变化,也使应急物资分配能够兼顾效率与公平。模型 8-1 可以看作模型 8-5 的一种特殊情况,当模型 8-6-1 中 ε_E 取比较大的值时,就等价于模型 8-1。因此,模型 8-1 的最优解也是模型 8-5 的一个有效解,即图 8.1 中的点 1。

第七节　本章小结

在应急恢复阶段,受灾人员会比较自然地关注公平问题,并且与应急物资响应阶段相比,他们更加有条件关注应急物流决策是否公平。因此,在应急恢复阶段,应急物流决策的效率与公平问题尤为突出。在对现有效率—公平模型进行归纳的基础上,本章首先建立了一个不包含公平目标或公平约束的单出救点、多受灾点、多种应急物资的应急物流决策效率模型作为基础模型。然后,以该模型为基础,依次建立了具有非线性目标函数的效率模型、具有公平约束的效率模型、具有多目标的效率—公平模型等。这些模型都使用受灾点损失作为效率的度量指标,使用基尼系数作为公平度量指标。同时,这些模型基本使用同样的约束条件,以便于相互比较。本章的创新点包括:

(1)将资源分配的效率—公平模型归纳为 4 种类型:平均主义方法、极小极大方法或极大极小方法、将对公平的偏好纳入社会福利函数或效用函数中作为目标函数、建立以效率和公平为目标的多目标优化模型。对于建立各类资源分配的效率—公平模型具有一定的借鉴意义。

(2)回顾了资源分配中常用的公平测度指标,根据 10 个选择标准,选择出 4 个合适的不公平指标,即变异系数、基尼系数、泰尔指数和阿特金森指数。针对比较复杂的多资源、多阶段资源分配问题,对这些不公平指标进行加权求和,得到了综合的不公平指标。

(3)建立了一组相关但又存在差异的应急物流决策模型,对应急物流决策方案的效率和公平进行了综合评价和比较,对不同应急物流决策模型的关系进行了分析。这种建立一组相关模型并对其进行综合评价与比较的建模思路,对于资源分配问题建模具有一定的借鉴意义。

(4)提出了一种比较简单的实现效率与公平均衡的应急物资两阶段分配策略:第一阶段按照相同的应急物资满足率分配;第二阶段将剩余的物资按照效

率最大化分配。这样,应急物资分配的第一阶段追求公平,而第二阶段则注重效率,在一定程度上实现了效率与公平的均衡。

（5）提出了对效率与公平的背反关系进行平衡时可以考虑的三个准则:以效率和公平的变化幅度作为选择标准;将效率降低幅度控制在一定的水平上;考虑受灾点对不公平的容忍程度。

（6）针对本章建立的应急物流决策线性规划模型,设计了比较简单的贪婪算法,可以有效提高求解的效率。

第九章　研究结论及展望

第一节　研究结论

本书综合运用了物流系统理论、区域灾害系统论、应急管理理论、统计决策理论与复杂系统理论,基于突发事件演化规律分析应急管理的应急准备、应急响应、应急恢复等三个阶段的灾情信息特征,基于应急管理不同阶段灾情信息的特征,建立了以受灾人员损失最小为主要目标的应急物流决策模型,设计模型的算法并给出算例,分析模型特征与变量之间的关系。归纳起来,得到以下研究结论:

(1)从灾情信息的动态性和不确定性出发,对应急管理不同阶段中灾情信息的特性进行研究。一般来讲,应急准备阶段灾情信息的特征是静态不确定信息,应急响应阶段灾情信息的特征是动态不确定信息,而应急恢复阶段灾情信息的特征是静态/动态确定信息。

(2)提出了基于应急管理不同阶段灾情信息特征进行应急物流决策建模的观点,给出了不同应急管理阶段的信息特征、应急物流决策类型及决策方法(模型)之间的关系。在此基础上,提出了基于应急管理不同阶段灾情信息特征、决策问题、决策特征和决策准则确定应急物流决策建模方法的选择框架。应急准备阶段的应急物流决策为静态不确定决策,合理的决策方法(模型)包括随机规

258

划、模糊规划、鲁棒规划、灰色规划、模糊随机规划、随机模糊规划、粗糙集决策等；应急响应阶段的应急物流决策为动态不确定决策，合理的决策方法（模型）包括贝叶斯决策、局内决策、不完全信息动态博弈、马尔可夫决策、随机网络、基于 D-S 证据理论的决策、动态仿真等；应急恢复阶段应急物流决策为静态/动态确定决策，合理的决策方法（模型）包括线性/非线性规划、网络图、动态规划、动态仿真等。

（3）分析了一些应急响应活动具有不可逆决策的特征，应急响应决策方案一旦做出就无法调整，或者调整的成本非常高。在应急物流决策为不可逆决策或者调整的成本非常高时，应急物流决策方案难以调整，只能通过确定最优决策时间来选择决策时机，此时决策时机就变得特别重要。

（4）提出了以灾情信息作为情景要素的基于灾情信息分类与组合的两阶段灾害情景构建方法。以地震灾害为例，给出了灾害情景构建的 7 个步骤，并给出了实例，为灾害情景构建提供了一种方法和框架。

（5）考虑了更多的不确定信息和随机变量，基于灾害情景，在应急准备阶段建立了一个应急设施选址、应急物资库存与分配决策的两阶段随机规划模型，问题比较复杂，模型也更加接近现实决策。本书提出了有效的算法：通过重新编码，将选址—库存模型转化为一个无约束非线性优化模型，使用自适应免疫克隆选择文化算法进行求解，通过"势能抵消算法"求解物资分配决策模型，并结合四川地震带的实际数据给出了算例。

（6）在应急响应阶段"黑箱"期，可用于决策的灾情信息非常有限，即使是相关专家和现场人员，对于灾情信息的认识也是部分无知的，这种情景下优化应急物流决策的前提是要将这些多源的、部分无知的信息表达出来并进行组合和转换。将 D-S 证据理论应用于应急响应阶段"黑箱"期的应急物流决策中，可以比较好地解决多源、无知信息情景下的应急资源配置决策问题。主要表现在：第一，灾情信息的证据表达方式允许部分灾情信息是无知的，可以使专家更加准确地表述对灾情信息的真实认知程度，因此更加实事求是。第二，证据组合可以对多源的灾情信息进行处理，组合以后证据中不同的地方相互折中，证据中一致的地方得到增强,证据信息的无知程度下降。

(7)在应急响应阶段初期,结合突发事件的演变规律,基于应急响应阶段应急物流决策属于不可逆决策的特征及突发事件灾情信息不断观测和更新的特征,将贝叶斯统计决策分析与运筹优化决策分析结合起来,建立了一个两阶段模型,将动态更新的灾情信息纳入应急物流决策框架。第一阶段根据灾情信息的先验特征和观测特征,确定最优决策时间和最优物资分配量,以使物资分配决策相关的损失最小;第二阶段基于第一阶段模型得到的最优物资分配量,确定出救点及其应急物资供应量,以使应急时间最短。通过数值模拟与仿真,分析了受灾比例先验均值、受灾比例先验标准差、受灾比例观测标准差、最大观测次数等相关参数与最优决策时间、总期望决策损失、最大观测周期之间的关系。为了缩短实际最优决策时间、降低总期望决策损失、缩短最大观测周期,应该尽量增加灾情信息观测频率,减少观测间隔时间,使用精密的观测方法,提高观测的精度。同时,应该积极建立灾情数据库,不断丰富灾情数据,并对灾害情景进行有效分类,以便获得更加精确的灾情先验信息。

(8)在应急响应阶段中后期,延续型突发事件部分灾情信息概率分布相对稳定,可以使用特定的突发事件模型来对突发事件的演化进行模拟仿真。同时,考虑到突发事件演化与应急物流动态决策之间存在着复杂的交互与反馈关系,可以建立突发事件演化与应急物流动态决策的仿真模型。以传染病疫情的应急物流决策为例,可以将 SEIR 传染病模型与应急物流决策模型结合起来进行疫情演化与应急物流决策的交互仿真,根据疫情演化情况得到动态的应急物流决策方案。而应急物流决策又会反过来影响疫情演化,形成一种复杂的动态反馈系统,体现了一种"灾害情景—应急物流决策……灾害情景—应急物流决策"的反馈式"情景—应对"决策方法。

(9)在应急恢复阶段,应急物流决策的效率与公平问题尤为突出。当灾害比较严重时,兼顾公平才能保证效率,此时公平与效率往往是一种促进关系,而不是背反关系。一种简单的应急物资两阶段分配策略就可以保证效率与公平的均衡:第一阶段按照相同的需求满足率分配应急物资;第二阶段将剩余的物资按照效率最大化分配。以受灾点损失最小作为效率目标、以加权的基尼系数最小作为公平目标的双目标规划模型可以求出应急物资分配效率与公平的帕累托有效解集合,从而根据受灾点和决策者的偏好,在效率与公平之间进行权衡。

第二节　研究展望

针对本书存在的一些不足,未来可以在以下几个方面进一步深入研究:

(1)建立跨学科的应急物流决策综合模拟模型。应急物流决策问题及各类应急管理问题得到良好解决的前提是对灾害规律的科学刻画,涉及灾害学、管理学、信息科学、心理学、行为科学及各类工程科学等科学和社会学领域,因此需要建立跨学科的综合模拟模型,包括使用气象或地质法则及工程和社会行为模型获得一些技术细节,以把握自然现象和社会行为的一些重要维度,使应急物流决策模型更加接近现实。

(2)应急物流决策模型的构建和实证分析应尽量使用真实的问题设置和真实的数据。在国内的研究中,使用真实数据的研究相对较少。因此,我们的研究需要真实的问题设置和真实的数据,使用新的解决方法得到一般性的结论,并力求对未来研究具有启示作用。

(3)由于灾情信息的特性会影响应急物流决策问题的建模方法,因此需要对应急管理不同阶段中孕灾环境、致灾因子、承灾体和防灾减灾等灾情信息的特性进行更加深入的研究。首先,本书主要对灾情信息的动态性和不确定性进行了研究,除此之外还应该进一步深入研究灾情信息的多源性、冲突性和复杂性等特征。其次,灾情信息的不确定性包括随机性、模糊性、粗糙性、模糊随机性及其他的多重不确定性,本书主要涉及随机性,还应该研究其他不确定性形式。

(4)对应急物流决策的动态不确定决策模型进行更加深入的研究。目前用于应急物流决策动态不确定决策建模的方法主要包括贝叶斯决策、局内决策、不完全信息动态博弈、马尔可夫决策、随机网络、基于 D-S 证据理论的决策、动态仿真等,使用这些方法解决的问题往往是具有单维不确定信息、物资单一、网络结构简单(往往是单受灾点或单出救点)、约束条件少的应急物流决策问题,但是求解起来却比较复杂。如何使用这些决策方法解决具有多维不确定信息、多物资、复杂网络、复杂约束的应急物流决策问题,并设计简单有效的算法,是一个非常重要的研究方向。

(5)对应急管理不同阶段应急物流决策模型之间的转换关系进行研究。应急管理是一个连续的过程,应急物流决策也应该是一个连续的过程,因此应急准备阶段的应急物流决策模型应该能够转换成应急响应阶段的模型,而应急响应阶段的模型应该能够转换成应急恢复阶段的模型,从而形成针对突发事件演化过程的全过程决策序列。这种模型的转换取决于信息处理技术的发展,能将各类不确定信息进行转换,并转换为确定信息,同时取决于数学建模技术的发展,特别是动态不确定建模技术的发展。

(6)对应急物流决策的应用工具与软件进行研究和开发。应用工具与软件是连接理论和实践的有效载体,是管理科学与管理工程的有效结合。因此,应该充分利用和集成现有的软件技术、信息技术和理论模型,开发用于指导应急物流决策实践的应用工具和软件。

参考文献

[1]安李璐.灾后首批应急物资优化分配策略研究——以地震应急物流系统为例[D].广州:华南理工大学,2010.

[2]陈安,周丹,吴晓涛,等.应急管理知识体系指南[M].北京:中国科学技术出版社,2017.

[3]陈波,王芳,肖本夫."情景—应对"型理论体系的发展及其在地震灾害应急管理中的应用探讨[J].震灾防御技术,2021,16(4):605-616.

[4]陈刚,付江月.兼顾公平与效率的多目标应急物资分配问题研究[J].管理学报,2018,15(3):459-466.

[5]陈升,杨永恒,李明,等.灾民当前需求及重建意愿差异研究[M]//赵昌文.应急管理与灾后重建:5·12 汶川特大地震若干问题研究.北京:科学出版社,2011:438-519.

[6]陈涛,黄钧,朱建明.基于信息更新的两阶段鲁棒-随机优化调配模型研究[J].中国管理科学,2015,23(10):67-77.

[7]陈学忠.四川地区 7 级以上地震危险性分析[J].国际地震动态,2002(12):5-8.

[8]陈学忠,郭祥云,李艳娥.龙门山断裂带地震活动的月尺度频度分布特征[J].地震,2010,30(2):20-28.

[9]陈莹珍,赵秋红.基于公平原则的应急物资分配模型与算法[J].系统工程理论与实践,2015,35(12):3065-3073.

[10]邓凌凌.灾情评估基本步骤探讨[J].中国减灾,2005(1):41-42.

[11]邓先明,汪传旭.基于模糊需求的灾后应急救援物资运输模型[J].上海海事大学学报,2009,30(2):72-77.

[12]范如国,王奕博,罗明,等.基于SEIR的新冠肺炎传播模型及拐点预测分析
[J].电子科技大学学报,2020,49(3):369-374.

[13]方志耕,陶良彦,陆志沣,等.复杂体系过程的随机网络理论与应用[M].北
京:科学出版社,2023.

[14]冯春,向阳,薛坤,等.多周期多品种应急物资配送多目标优化模型[J].中
国管理科学,2017,25(4):124-132.

[15]傅正堂,董沛武,李周秩,等.突发公共卫生事件下疫情防控与医疗物资协
同保障研究[J].工业工程与管理,2021,26(3):8-17.

[16]高建国.地震应急期的分期[J].灾害学,2004,19(1):11-15.

[17]高建国.中国地震紧急救援理论研究[J].华南地震,2006,26(1):118-125.

[18]高建国,贾燕.地震救援能力的一项指标——地震灾害发布时间的研究
[J].灾害学,2005,20(1):31-35.

[19]高建国,肖兰喜.2003年中国地震救灾评价[J].国际地震动态,2004(2):
1-5.

[20]高孟潭,陈国星,谢富仁,等.《四川、甘肃、陕西部分地区地震动参数区划
图》编制[J].国际地震动态,2008(6):9-12.

[21]高庆华.中国自然灾害风险与区域安全性分析[M].北京:气象出版
社,2005.

[22]高庆华,聂高众,苏桂武,等.中国自然灾害危险性分析与区划[R].国家"十
五"科技攻关课题"综合自然灾害信息共享"研究成果之二,2003.

[23]葛洪磊.多源无知灾情信息情境下的应急资源配置决策模型[J].产业创新
研究,2021(18):22-26,46.

[24]葛洪磊,刘南.基于灾情信息序贯观测的应急物流决策模型[J].统计与决
策,2011(22):46-48.

[25]葛洪磊,刘南.资源分配中的公平测度指标及其选择标准[J].统计与决策,
2012(9):50-53.

[26]葛洪磊,刘南.复杂灾害情景下应急资源配置的随机规划模型[J].系统工

程理论与实践,2014,34(12):3034-3042.

[27]葛洪磊,刘南.重大传染病疫情演化情境下应急物资配置决策建模分析:以新冠肺炎疫情为例[J].管理工程学报,2020,34(3):214-222.

[29]葛洪磊,刘南,张国川,等.基于受灾人员损失多受灾点、多商品应急物流决策模型[J].系统管理学报,2010,19(5):541-545.

[29]葛全胜,邹铭,郑景云,等.中国自然灾害风险综合评估初步研究[M].北京:科学出版社,2008.

[30]巩前胜.基于动态贝叶斯网络的突发事件情景推演模型研究[J].西安石油大学学报(自然科学版),2018,33(2):119-126.

[31]郭立夫,李北伟.决策理论与方法[M].北京:高等教育出版社,2006.

[32]郭文强,孙世勋,郭立夫.决策理论与方法(第三版)[M].北京:高等教育出版社,2020.

[33]郭一楠,王辉,程健.自适应免疫克隆选择文化算法[J].电子学报,2010,38(4):966-972.

[34]郭子雪,齐美然.模糊环境下的应急物资储备库选址模型及算法[J].计算机应用研究,2010,27(4):1259-1262.

[35]国家减灾委员会-科学技术部抗震救灾专家组.汶川地震灾害综合分析与评估[M].北京:科学出版社,2008.

[36]国务院.国务院关于四川汶川特大地震灾后恢复重建工作情况的报告[EB/OL].(2009-06-27)[2022-05-31].http://www.npc.gov.cn/zgrdw/huiyi/cwh/1109/2009-06/27/content_1508509.htm.

[37]海姆斯.风险建模、评估和管理[M].胡平,等译.西安:西安交通大学出版社,2007.

[38]何建敏,刘春林,尤海燕.应急系统多出救点的选择问题[J].系统工程理论与实践,2001(11):89-93.

[39]何瑞春,赵敏,向万里.基于AnyLogic的系统建模与仿真[M].北京:化学工业出版社,2020.

[40]何珊珊,郭彦,朱文海,等.疫情下考虑均衡松弛库存的双目标应急物流网络优化研究[J].铁道运输与经济,2023,45(1):16-22,29.

[41]和媛媛,姜盼松,温禄兴,等.权衡公平—经济—效率的多品种防疫物资配送策略[J].工业工程与管理,2021,26(6):146-153.

[42]胡祥培,丁秋雷,于楠.物流配送系统干扰管理研究的问题与思考[J].东南大学学报(哲学社会科学版),2009,11(1):60-67.

[43]胡祥培,于楠,丁秋雷.物流配送车辆的干扰管理序贯决策方法研究[J].管理工程学报,2011,25(2):186-191.

[44]湖北省卫生健康委员会.防控新型冠状病毒感染肺炎疫情信息发布[EB/OL].(2020-03-12)[2023-05-31].http://wjw.hubei.gov.cn/bmdt/ztzl/fkxxgzbdgrfyyq/xxfb/.

[45]黄崇福.自然灾害风险分析与管理[M].北京:科学出版社,2012.

[46]黄力菲,黄颖,李衍达.效用 max-min 公平准则及其在 ABR 业务中的应用[J].通信学报,2001,22(7):10-17.

[47]黄沙.通信业反思汶川地震证明卫星通信的重要性[EB/OL].(2008-05-23)[2021-09-21].https://www.chinanews.com.cn/it/mtps/news/2008/05-23/1259609.shtml.

[48]计国君,朱彩虹.突发事件应急物流中资源配送优化问题研究[J].中国流通经济,2007(3):18-21.

[49]计雷,池宏,陈安,等.突发事件应急管理[M].北京:高等教育出版社,2005.

[50]蒋雯,吴翠翠,贾佳,等.D-S 证据理论中的基本概率赋值转换概率方法研究[J].西北工业大学学报,2013,31(2):295-299.

[51]蒋阳升,韩佳哲,朱娟秀,等.考虑新冠疫情扩散规律的医疗物资动态配送优化[J].安全与环境学报,2023,23(5):1579-1587.

[52]李丹,刘晓.需求不确定下的应急资源公平配置策略[J].工业工程与管理,2013,18(6):54-60,90.

[53]李健梅,贾源源,段博儒.灾害链学术思想的提出及两个概念概述[J].地震工程学报,2020,42(6):1735-1738.

[54]李金锋,黄崇福,宗恬.反精确现象与形式化研究[J].系统工程理论与实践,2005(4):128-132.

[55]李进,张江华,朱道立.灾害链中多资源应急调度模型与算法[J].系统工程理论与实践,2011,31(3):488-495.

[56]李艳,叶春明,任剑锋,等.疫情环境下考虑患者恐慌心理的多周期应急医疗物资分配问题研究[J].安全与环境学报,2021,21(4):1643-1651.

[57]廖守亿.复杂系统基于 Agent 的建模与仿真[M].北京:国防工业出版社,2015.

[58]廖守亿,戴金海.复杂适应系统及基于 Agent 的建模与仿真方法[J].系统仿真学报,2004(1):113-117.

[59]林德尔,普拉特,佩里.应急管理概论[M].王宏伟,译.北京:中国人民大学出版社,2011.

[60]刘宝碇,赵瑞清,王纲.不确定规划及应用[M].北京:清华大学出版社,2003.

[61]刘长石,朱征,刘立勇.震后初期应急物资配送 LRP 中的干扰管理研究[J].计算机工程与应用,2017,53(20):224-230.

[62]刘丹,曹建彤,陈建名.基于 Agent 建模的应用:研究综述[J].技术经济,2014,33(11):96-102.

[63]刘浩,关艳玲,赵文吉,等.三维减灾系统中灾情数据管理与灾情信息集成显示技术研究[J].测绘科学,2011,36(1):87-89.

[64]刘克.实用马尔可夫决策过程[M].北京:清华大学出版社,2004.

[65]刘姝昱,刘鑫,刘涛,等.城市震后应急食品供应优化调配模型研究[J].自然灾害学报,2022,31(2):77-83.

[66]刘舒悦,朱建明,黄钧,等.地震救援中基于信息实时更新的两阶段应急物资调配模型[J].中国管理科学,2016,24(9):124-132.

[67] 刘思峰,福雷斯特.不确定性系统与模型精细化误区[J].系统工程理论与实践,2011,31(10):1960-1965.

[68] 刘耀龙,许世远,王军,等.国内外灾害数据信息共享现状研究[J].灾害学,2008,23(3):109-114.

[69] 龙圣杰,张得志,李双艳,等.考虑患者转运的跨区域动态协同应急物流选址-分配优化研究[J/OL].(2023-10-17)[2023-12-01].https://doi.org/10.19713/j.cnki.43-1423/u.T20230993.

[70] 龙小霞,延军平,孙虎,等.基于可公度方法的川滇地区地震趋势研究[J].灾害学,2006,21(3):81-84.

[71] 马卫民,王刊良.局内管理决策问题及其竞争策略[J].管理科学学报,2003,6(2):29-34.

[72] 马宗晋.汶川地震灾区恢复重建重视生命线工程的防灾减灾能力.[EB/OL].(2008-09-04)[2021-09-21].https://www.gov.cn/content_1087132.htm.

[73] 南锐,肖叶静,王静.突发事件应急管理情景分析:宏观审视与微观解构[J].矿业科学学报,2023,8(2):265-276.

[74] 倪建军,徐立中,王建颖.基于CAS理论的多Agent建模仿真方法研究进展[J].计算机工程与科学,2006(5):83-86,97.

[75] 聂高众,高建国,苏桂武,等.地震应急救助需求的模型化处理——来自地震震例的经验分析[J].资源科学,2001,32(1):69-76.

[76] 祁超,卢辉,王红卫,等.应急医院工程快速建造及其对疫情防控的作用——以武汉市抗击新冠疫情为例[J].管理世界,2021,37(6):12,189-201,213.

[77] 乔红波.应急物资需求分类及需求量研究[D].北京:北京交通大学,2009.

[78] 瞿音,袁鸿,张俊.汶川县水磨镇应急救灾物资发放与监管的调查[J].中国西部科技,2010,9(31):48-50.

[79] 人民网.中央气象台专家谈台风梅花路径预报难度[EB/OL].(2011-08-

参考文献

09)〔2023-12-01〕.http://politics.people.com.cn/h/2011/0809/c226651-2952809354.html.

〔80〕阮俊虎,王旭坪.中转点变化的应急医疗物资联合运送干扰管理研究〔J〕.运筹与管理,2016,25(4):114-124.

〔81〕沙勇忠,付磊.面向突发重大传染病事件的情景构建研究〔J〕.文献与数据学报,2022,4(3):23-38.

〔82〕石丽红,栗斌,张清浦.防灾减灾系统灾情信息集成技术研究〔J〕.地理信息世界,2007(2):47-51.

〔83〕史培军.再论灾害研究的理论与实践〔J〕.自然灾害学报,1996(11):6-17.

〔84〕史培军.三论灾害研究的理论与实践〔J〕.自然灾害学报,2002,11(3):1-9.

〔85〕史培军.四论灾害研究的理论与实践〔J〕.自然灾害学报,2005,14(6):1-7.

〔86〕史培军.中国自然灾害风险地图集〔M〕.北京:科学出版社,2011.

〔87〕宋英华,白明轩,马亚萍,等.考虑区域灾情分级的应急物资公平调度优化模型〔J〕.中国安全科学学报,2022,32(1):172-179.

〔88〕苏英,刘晓.2001—2007年四川及周边地区地震时空分布特征〔J〕.安徽农业科学,2009,37(35):17575-17577.

〔89〕孙云展,陈宏.基于应急供应链的救灾物资管理流程的设计与实施——以汶川地震为例〔J〕.物流科技,2009(8):42-46.

〔90〕田军,马文正,汪应洛,等.应急物资配送动态调度的粒子群算法〔J〕.系统工程理论与实践,2011,31(5):898-906.

〔91〕汪成民,翟明磊.对汶川地震预测存在两种尖锐对立的意见〔EB/OL〕.(2009-05-22)〔2023-12-01〕.http://www.wyzxsx.com/Article/Class14/200905/85474.html.

〔92〕王大鹏.灾害评估员描述北川灾情:村子随山石滑下山坡〔N〕.北京晨报,2008-05-17.

〔93〕王付宇,汤涛,李艳,等.疫情事件下多灾点应急资源最优化配置研究〔J〕.复杂系统与复杂性科学,2021,18(1):53-62.

269

[94]王付宇,汤涛,李艳,等.重大突发灾害事件下应急资源供给与配置问题研究综述[J].自然灾害学报,2021,30(4):44-54.

[95]王宏伟.新时代应急管理通论[M].北京:应急管理出版社,2019.

[96]王建颖,李臣明,倪建军.基于多 Agent 的 CAS 建模仿真方法研究综述[J].徐州工程学院学报(自然科学版),2008,23(4):36-39.

[97]王晶红,胡小锋.试析玉树地震 72 小时灾害报道与危机传播特点[EB/OL].(2010-07-01)[2023-12-01]. http://media. people. com. cn/GB/22114/49489/196579/12081408. html.

[98]王晴,许映龙,董林,等.2012—2021 年中央气象台台风 3~5d 路径预报误差分析[J].海洋预报,2022,39(6):25-33.

[99]王莉,张诚刚,霍颖楠.基于 Bayes 网络的地铁水灾事件情景构建及演化分析[J].安全与环境工程,2023,30(1):101-106,172.

[100]王炜,刘茂,王丽.基于马尔科夫决策过程的应急资源调度方案的动态优化[J].南开大学报(自然科学版),2010,43(3):18-25.

[101]王新平,王海燕.多疫区多周期应急物资协同优化调度[J].系统工程理论与实践,2012,32(2):283-291.

[102]王旭坪,牛君,胡祥培,等.车辆路径问题的受扰救援策略[J].系统工程理论与实践,2007(12):104-111.

[103]王旭坪,杨相英,樊双蛟,等.非常规突发事件情景构建与推演方法体系研究[J].电子科技大学学报(社科版),2013,15(1):22-27.

[104]王毅,杨舒楠,张立生,等.三个全球气象灾害数据库对比及展望[J].气候变化研究进展,2022,18(2):253-260.

[105]王子豪,赵凯峰,王晨瑀.武汉 14 家方舱医院最全图解,为何是"休舱"不是"封舱"[EB/OL].(2020-03-10)[2023-12-01]. https://ie. bjd. com. cn/5b165687a010550e5ddc0e6a/contentApp/5b16573ae4b02a9fe2d558f9/AP5e67925fe4b00ca727da8315? isshare=1.

[106]魏国强,景琳.多应急点资源优化调度模型研究[J].统计与决策,2010

(2):10-12.

[107]魏国强,罗晓棠.应急资源布局与调度的模糊决策模型[J].计算机工程,2011,37(22):284-287.

[108]文雯,隋明坤,庄儒新,等.基于历史地震烈度资料的云南地区地震危险性评估[J].地震研究,2023,46(3):422-429.

[109]吴吉东,何鑫,王菜林,等.自然灾害损失分类及评估研究评述[J].灾害学,2018,33(4):157-163.

[110]武汉交通.4月2日武汉疫情防控交通战报[EB/OL].(2020-04-03)[2023-12-01].https://weibo.com/2551562944/IBAdNDQ4z.

[111]武杰,李润珍.非线性相互作用是事物的终极原因吗?[J].科学技术与辩证法,2001,18(6):15-17.

[112]武小悦.决策分析理论[M].北京:科学出版社,2010.

[113]夏萍,刘凯.应急物流中基于PPSVM的应急物资分类研究[J].交通运输系统工程与信息,2010,10(2):174-177.

[114]肖田元,范文慧.离散事件系统建模与仿真[M].北京:电子工业出版社,2011.

[115]徐玖平,李军.多目标决策的理论与方法[M].北京:清华大学出版社,2005.

[116]薛坤,冯春.公平关切下的应急物资局部配送问题[J].系统工程,2015,33(1):103-107.

[117]杨保华,方志耕,刘思峰,等.基于GERT网络的应急抢险过程资源优化配置模型研究[J].管理学报,2011,8(12):1879-1883.

[118]杨继君,吴启迪,程艳,等.面向非常规突发事件的应对方案序贯决策[J].同济大学学报(自然科学版),2010,38(4):619-624.

[119]杨文超,王征,胡祥培,等.行驶时间延迟的物流配送干扰管理模型及算法[J].计算机集成制造系统,2010,16(2):331-339.

[120]杨然.汶川震后对提高通信网络应对能力的思考与建议[J].现代电信科

技,2008(6):1-5.

[121]姚桂福,林广发,祁新华,等.基于微信文本的台风灾情快速评估方法研究[J].福建师范大学学报(自然科学版),2023,39(1):130-139.

[122]叶永,刘南,詹沙磊.基于信息更新的应急资源配置序贯决策方法[J].浙江大学学报(工学版),2013,47(12):2212-2220,2242.

[123]易涛.疫情之下武汉医用物资统筹采购供应[J].中国卫生,2020(5):65-66.

[124]于辉,刘洋.应急物资的两阶段局内分配策略[J].系统工程理论与实践,2011,31(3):394-403.

[125]余瀚,郭浩,王静爱.区域自然灾害风险综合区划——以广东台风灾害人口与经济风险区划为例[J].灾害学,2022,37(2):131-137.

[126]原国家科委国家计委国家经贸委自然灾害综合研究组.中国自然灾害综合研究的进展[M].北京:气象出版社,2009.

[127]袁艺.自然灾害灾情评估研究与实践进展[J].地球科学进展,2010,25(1):22-32.

[128]岳超源.决策理论与方法[M].北京:科学出版社,2003.

[129]詹沙磊,刘南.基于灾情信息更新的应急物资配送多目标随机规划模型[J].系统工程理论与实践,2013,33(1):159-166.

[130]张玲,黄钧,韩继业.应对自然灾害的应急资源布局模型与算法[J].系统工程理论与实践,2010a,30(9):1615-1621.

[131]张玲,王晶,黄钧.不确定需求下应急资源配置的鲁棒优化方法[J].系统科学与数学,2010b,30(10):1283-1292.

[132]张玲,曾倩.考虑需求点差异性的应急资源配置优化研究[J].电子科技大学学报(社科版),2021,23(6):57-64.

[133]张旭凤.应急物资分类体系及采购战略分析[J].中国市场,2007(8):110-111.

[134]张维迎.博弈论与信息经济学[M].上海:上海三联书店,上海人民出版

社,1996.

[135]赵昌文.应急管理与灾后重建:5·12汶川特大地震若干问题研究[M].北京:科学出版社,2011.

[136]赵银婷,徐晓敏,周行.疫情暴发初期应急医疗物资配送优化研究[J].公路交通科技,2022,39(12):231-238.

[137]赵志军,徐刚,白基恒,等.重庆市自然灾害综合区划研究[J].灾害学,2017,32(1):194-198.

[138]中华人民共和国国务院新闻办公室.《抗击新冠肺炎疫情的中国行动》白皮书[EB/OL].(2020-08-01)[2023-08-12].http://www.scio.gov.cn/ztk/dtzt/42313/43142/index.htm.

[139]中华人民共和国中央人民政府.国务院联防联控机制权威发布往期回顾[EB/OL].(2020-03-12)[2023-08-12].http://www.gov.cn/xinwen/gwylflkjzqwwqhg.htm.

[140]中国-世界卫生组织新冠肺炎联合专家考察组.《中国-世界卫生组织新型冠状病毒肺炎(COVID-19)联合考察报告》[EB/OL].(2020-02-16)[2023-12-03]http://www.nhc.gov.cn/jkj/s3578/202002/87fd92510d094e4b9bad597608f5cc2c.shtml.

[141]钟永光,贾晓菁,钱颖.系统动力学[M].2版.北京:科学出版社,2013.

[142]周林,黄鹏,代应,等.区域互救与外部救助耦合的突发性疫情初期应急物资协同调度研究[J/OL].(2022-06-30)[2023-10-18].https://doi.org/10.16381/j.cnki.issn1003-207x.2021.2293.

[143]周美含,葛洪磊,蒋薇,等.基于SEIR模型的新冠肺炎疫情系统动力学仿真分析——以武汉市为例[J].中国市场,2022(3):5-7.

[144]朱莉,曹杰,顾珺,等.考虑异质性行为的灾后应急物资动态调度优化[J].中国管理科学,2020a,28(12):151-161.

[145]朱莉,曹杰,顾珺,等.公平缓解灾民创伤下的应急物资动态调配研究[J].系统工程理论与实践,2020b,40(9):2427-2437.

［146］Adnan，Z. H.，Ashik，A. H.，Rahman，M.，et al. Applying linear programming for logistics distribution of essential relief items during COVID-19 lockdown：Evidence from Bangladesh［J］. International Journal of Logistics Economics and Globalisation,2022,9(3):191-198.

［147］Altay，N.，Green，III W. G. OR/MS research in disaster operations management［J］. European Journal of Operational Research,2006,175 (1):475-493.

［148］Balcik，B.，Beamon，B. M. & Smilowitz，K. Last mile distribution in humanitarian relief［J］. Journal of Intelligent Transportation Systems, 2008,12(2):51-63.

［149］Barbarosoglu，G.，Arda，Y. A two-stage stochastic programming framework for transportation planning in disaster response［J］. Journal of Operational Research Society,2004,55(1):43-53.

［150］Beraldi，P.，Bruni，M. E. & Conforti，D. Designing robust emergency medical service via stochastic programming［J］. European Journal of Operational Research,2004,158(1):183-193.

［151］Berger，J. O. Statistical Decision Theory and Bayesian Analysis (Second Edition)［M］. New York：Springer-Verlag,1985.

［152］Chang，M. S.，Tseng，Y. L. & Chen，J. W. A scenario planning approach for the flood emergency logistics preparation problem under uncertainty［J］. Transportation Research Part E：Logistics and Transportation Review,2007,43(6):737-754.

［153］Densmore，A. L.，Ellis M. A.，Li Y.，et al. Active tectonics of the Beichuan and Pengguan faults at the eastern margin of the Tibetan Plateau［J］. Tectonics,2007,26(4):1-17.

［154］Dixit，A. K. & Pindyck，R. S. The options approach to capital investment［J］. Harvard Business Review,1995,73(3):105-115.

[155] Dreznera, T., Dreznera, Z. & Guyse, J. Equitable service by a facility: Minimizing the Gini coefficient[J]. Computers & Operations Research,2009,36(12):3240-3246.

[156] Emmett, J., Lodree, Jr. & Selda, T. Supply chain planning for hurricane response with wind speed information updates[J]. Computers & Operations Research,2009,36(1):2-15.

[157] Erbeyoglu, G., Bilge, M. A robust disaster preparedness model for effective and fair disaster response[J]. European Journal of Operational Research,2020,280(2):479-494.

[158] Ge, H. L. & Liu, N. A multi-period model for distribution of emergency commodity based on loss function[C]. Beijing: International Symposium on Emergency Management 2009, December 12, 2009: 500-504.

[159] Ge, H. L. & Liu, N. A Multi-period model for relief resource allocation based on dynamic vulnerability of affected areas[C]. Chengdu: 2010 International Conference on Logistics Engineering and Management, October 8,2010.

[160] Horner, M. W. & Widener, M. J. How do socioeconomic characteristics interact with equity and efficiency considerations? An analysis of hurricane disaster relief goods provision[M]//Jiang B., Yao X. (eds.). Geospatial Analysis and Modelling of Urban Structure and Dynamics, Springer SciencetBusiness Media B. V. ,2010:393-414.

[161] Huang, C. F. Information diffusion techniques and small sample problem[J]. International Journal of Technology and Decision Making, 2002,1(2):229-249.

[162] Jenkins, L. Selecting scenarios for environmental disaster planning[J]. European Journal of Operational Research,2000,21(2):275-286.

[163]Kovács，G. & Spens，K. M. Humanitarian logistics in disaster relief operations[J]. International Journal of Physical Distribution & Logistics Management,2007,37(2):99-114.

[164]Lemaitre, M. , Verfaillie, G. , Fargier, H. , et al. Equitable allocations of earth-observing satellites resources [C]. 5th ONERA Aerospace Symposium, Toulouse, France,2003.

[165]Li, J. Q. ,Borenstein, D. & Mirchandani, P. B. A decision support system for the single-depot vehicle rescheduling problem[J]. Computers & Operations Research,2007,34(4):1008-1032.

[166]Li, M. , Zhang, C. , Ding, M. ,et al. A two-stage stochastic variational inequality model for storage and dynamic distribution of medical supplies in epidemic management [J]. Applied Mathematical Modelling, 2022 (102):35-61.

[167]Liu，N. & Ye，Y. Humanitarian logistics planning for natural disaster response with Bayesian information update[J]. Journal of Industrial and Management Optimization,2014,10(3):665-689.

[168] Mandell，M. B. Modelling effectiveness-equity trade-offs in public services delivery systems[J]. Management Science,1991,37(4):467-482.

[169] McEntire, D. A. Disaster Response and Recovery: Strategies and Tactics for Resilience[M]. Hoboken: John Wiley & Sons,2007.

[170]Mete, H. O. & Zabinsky, Z. B. Stochastic optimization of medical supply location and distribution in disaster management[J]. International Journal of Production Economics,2010,126(1):76-84.

[171]National Hurricane Center. Easy to Read HURDAT(1851—2009)[EB/OL]. (2010-03-01)[2023-12-01]. http://www. nhc. noaa. gov/pastall. shtml♯hurdat.

[172]Ogryczak, W. On the lexicographic minimax approach to location

problems[J]. European Journal of Operational Research,1997,100(3):
568-585.

[173]Ogryczak, W. Fair and Efficient Resource Allocation-Bicriteria Models
for Equitable Optimization [C].//International Conference on
Informatics in Control, Automation and Robotics. DBLP, 2008. DOI:
10.5220/0001485601490156.

[174]Ogryczak, W. , Wierzbicki, A. , & Milewski, M. Bicriteria Models for
Fair and Efficient Resource Allocation[C]//International Conference on
Social Informatics. Springer-Verlag, 2010. DOI:10.1007/978-3-642-
16567-2_11.

[175]Pauwels, N. , Van de Walle, B. , Hardeman, F. , et al. The implications of
irreversibility in emergency response decisions—A constraint satisfaction
problem[J]. Theory and Decision,2000,49(1):25-51.

[176]Paul, J. A. , Zhang, M. Supply location and transportation planning for
hurricanes: A two-stage stochastic programming framework [J].
European Journal of Operational Research,2018,274(1):108-125.

[177]Ramjerdi, F. An evaluation of the performances of equity measures[C].
ERSA conference papers, http://www-sre. wu-wien. ac. at/ersa/
ersaconfs/ersa05/papers/232. pdf. 2005.10.12.

[178]Rawls, C. G. , Turnquist, M. A. Pre-positioning of emergency supplies
for disaster response[J]. Transportation Research Part B,2010,44(4):
521-534.

[179]Rothschild, M. & Stiglitz, J. E. Some further results in the
measurement of inequality[J]. Journal of Economic Theory,1973,6(1):
188-204.

[180]Sadjadi, Jafar, S. , Zokaee, et al. A robust optimization model for
humanitarian relief chain design under uncertainty [J]. Applied

Mathematical Modelling,2016,40(17):7996-8016.

[181]Snyder, L. V. Facility location under uncertainty: A review[J]. IIE Transactions,2006,38(7):547-564.

[182]Tofighi, S., Torabi, S. & Mansouri, S. Humanitarian logistics network design under mixed uncertainty [J]. European Journal of Operational Research,2015,250(1):239-250.

[183]Torabi, S. A., Shokr, I., Tofighi, S., et al. Integrated relief pre-positioning and procurement planning in humanitarian supply chains[J]. Transportation Research Part E: Logistics and Transportation Review, 2018,113(May):123-146.

[184]Tzeng, G. H., Cheng, H. J. & Huang, T. D. Multi-objective optimal planning for designing relief delivery systems[J]. Transportation Research Part E: Logistics and Transportation Review,2007,43(6):673-686.

[185]Widener, M. J., Horner, M. W. A hierarchical approach to modeling hurricane disaster relief goods distribution[J]. Journal of Transport Geography,2011,19(4):821-828.

[186] Yi, W., Özdamar, L. A dynamic logistics coordination model for evacuation and support in disaster response activities [J]. European Journal of Operational Research,2007,179(3):1177-1193.

[187]Yu, G. & Qi, X. T. Disruption management: Framework, Models and Applications[M]. Singapore: World Scientific Publishing,2004.